极简中国史

五胡十六国概述及帝王全览

罗致平◎著

中国文史出版社

图书在版编目（CIP）数据

极简中国史·五胡十六国概述及帝王全览／罗致平
著. —北京：中国文史出版社，2022.9
ISBN 978-7-5205-3775-9

Ⅰ.①极… Ⅱ.①罗… Ⅲ.①中国历史-五胡十六国
时代-通俗读物 Ⅳ.①K209

中国版本图书馆 CIP 数据核字（2022）第 181392 号

责任编辑：詹红旗

出版发行：**中国文史出版社**

社　　址：北京市海淀区西八里庄路 69 号　　邮编：100142
电　　话：010-81136606　81136602　81136603（发行部）
传　　真：010-81136655
印　　装：廊坊市海涛印刷有限公司
经　　销：全国新华书店
开　　本：787 毫米×990 毫米　1/16
印　　张：17.25
字　　数：170 千字
版　　次：2022 年 12 月北京第 1 版
印　　次：2022 年 12 月第 1 次印刷
定　　价：49.00 元

前　言

自秦始皇统一中国以来，作为最高统治者的历代帝王，常常集国家权力于一身，是一国重大决策、重大事件和重要利害的相关者。阅读和研究中国封建历史，如果能够系统了解历朝历代帝王的在位时间、传承次序、更迭过程及其主要功过，也就大体上理清了相关朝代的历史脉络，掌握了历史重点。然而，我们所要了解的所有帝王，都记录在浩如烟海的历史典籍中。暂且不论购买能力、存放条件等客观因素，单就其中包含的历史知识、天文历法、官职地名、纪年干支，以及帝王庙号、年号、谥号、尊号等等来讲，均十分繁杂。一般读者，如果没有深厚的专业知识、完备的工具书、充裕的时间和愚公移山的精神，实在力所难逮。本书旨在满足广大读者的需求，简明扼要、系统连贯地呈现五胡十六国诸位帝王的传承过程、在位时间和主要功过。在介绍每个朝代和帝王之前，简述该朝代的建立背景、疆域范围、立国时限、传承概况、历史贡献和败亡教训，让读者一目了然地对每个朝代和帝王有一个最基本的研判，最终达到快速了解相关朝代历史、增益知识、探究皇权传承过程和社会发展变化规律的目的。

诚然，心有所愿，尽力而为。由于学力水平等方面的限制，不足之处在所难免，真诚希望专家、学者和广大读者赐教。

作 者
2022 年 12 月

目　录

五胡十六国概述

史书所称的"五胡十六国"，其中"五胡"指匈奴、鲜卑、氐、羌、羯五个游牧民族；"十六国"指主要由这五个游牧民族首领和汉族割据者建立的政权。"十六国"这一称谓，来源于北魏史官崔鸿所著的《十六国春秋》一书。但实际上，这一时期和崔鸿所记"十六国"一样建立割据政权的，远不止十六国。崔鸿在《十六国春秋》这本书中，主要将该阶段较有代表性的16个政权加以记录，因此，史学家称这一时期为"五胡十六国"。

"五胡十六国"的兴起，有着复杂的政治、经济、社会等原因，但其中最要者，一是游牧民族大量内迁，二是社会矛盾日趋尖锐，三是西晋八王之乱自毁长城。

游牧民族大量内迁

"五胡"中的匈奴居住在广袤的蒙古草原上，主要依靠放牧马、牛、羊生活，经常受自然条件限制，因此每年都会逐水草移动。而汉地富庶的城邑，肥沃的土地，对游牧者来说极富诱惑性。因此他们时常劫掠汉地边境，侵入汉地郡县洗劫城市，蹂躏庄稼，掠杀人口。当汉军组织回击时，又急速返回草原，四散在茫无边际的旷野中。公元46年，蒙古高原发生空前大旱灾，赤地数千里，草木尽枯竭，人畜亡大半。在这大饥馑、大疠疫时期，匈奴汗国分裂。一部分匈奴人依附东汉，史称南匈奴；称为北匈奴的大部分匈奴人向西迁徙。公元91年，东汉驱逐北匈奴势力出金微山（阿尔泰山），北匈奴与以前西徙的郅支单于遗族会合，越乌拉尔山及伏尔加河，定居里海之北。后北匈奴后裔出现于欧洲东部，之后立国于匈牙利平原，以那里为中心经略中欧。而南匈奴依附东汉，初居五原塞（今内蒙古乌拉特前旗以东、包头市西、乌拉尔山以南），不久迁至西河美稷（今内蒙古准格尔旗西北之纳林）。东汉王朝每年以一亿九十余万钱物供给南匈奴，以期不再犯边。其后鲜卑势力日益西渐，尽占匈奴故地，经常攻袭南匈奴。迫于鲜卑压力，南匈奴继续南迁塞内，到达晋陕高原北部，最后建庭于山西左国城（今山西离石北）。后曹操以南匈奴处内地，人口大增，势力渐盛，为弱其势，分匈奴为五部，每部置帅，选汉人做司马。魏末，改帅为都尉。左部都尉统万余落，居故兹氏县（今山西临汾市南）；右部都尉六千余落，居祁县（今山西祁县东南）；南部都尉三千余落，居蒲子县（今山西隰县）；北部都尉四千余落，居新兴县（今山西忻州）；中部都尉六千余落，居大陵县（今山西文水东北）。至此，匈奴已有三万余落，分布于今山西汾水流域。到西晋初期，塞外匈奴大量内迁，前后有十九种，定居在西河、太原、平阳、新兴等郡（今山西省），人口增至 100 万以上。

鲜卑在公元 1 世纪左右，生活在今西拉木伦河流域以北的蒙古草原东部。北匈奴西迁后，鲜卑人出而占领漠北，成为蒙古草原新的主人。公元 155 年，鲜卑势力推进到匈奴汗国的本部鄂尔浑、土拉河流域。原来滞留的匈奴余众加入鲜卑部落，鲜卑由此发展成为东接辽水、西抵西域、兵马多于匈奴的一大势力。从此，自东北辽水到西北河西走廊，鲜卑人不断向东汉边境发动进攻。而鲜卑势力向匈奴汗国推进的时期，正是他们原始公社制解体而进入家长奴隶制的阶段。在这个阶段，战争和军事组织成为鲜卑人生活的常态。在鲜卑人看来，掠夺是比劳动更容易甚至更荣耀的事情。以前只为报复侵犯或扩大领土而发动的战争，这时目的就是掠夺。从 2 世纪起，鲜卑人组成部落联盟，推选檀石槐为最高军事首领。檀石槐建立政治中心于高柳（今山西阳高西北）北三百余里的弹汗山（今河北尚义大青山），有控弦之士十万，兵马甚盛。参加檀石槐部落联盟的部落贵族有东部大人槐头，中部大人慕容，西部大人推演。檀石槐带领鲜卑获得了北至丁零、东至扶余、西至乌孙的匈奴故地，统治区域东西一万二千余里、南北七千余里，经常侵扰东汉从现在辽宁至甘肃的北部边境。曹魏年间，鲜卑在辽西有宇文、段、慕容诸部，阴山以北有拓跋部，还有秃髪、乞伏、吐谷浑等。其后檀石槐子孙式微，轲比能势力兴起。公元 195 年曹操西征马超，河间郡民田银、苏伯造反，乌桓校尉阎柔征发轲比能三千骑兵前往镇压，由此促使轲比能势力快速发展，控制云中（今内蒙古托克托东北）、五原（今内蒙古包头市西北）、东至辽水，成为塞上最强大的势力。

氐人自称盘瓠之后，在向西发展中与冉駹夷、白马羌混合后，史称其为"西戎"。当氐族历史序幕拉开的时候，他们分布在今四川茂县东北，一直到陕西略阳和甘肃徽县、成县附近，分为十多个部落，其中以白马氐最为强大。汉武帝时西汉统治势力向氐族分布地区推进，并在他们居住的地区成立武都郡（今甘肃成县西）。氐人成为汉王朝的编户以后，便从西南向东北迁徙。曹操西征马超时，遣夏侯渊击破氐兵。曹操在汉中战张鲁，武都氐人挡道，曹操击破氐人，徙武都氐人五万余落出居扶风、天水等地。到西晋初年，氐人布满秦陇地区的天水（今甘肃天水市）、南安（今甘肃陇西东北）、扶风（今陕西三原西南）、始平（今陕西兴平东南）、京兆（今陕西西安市）一带。

羌的名称出现在甲骨文中。西羌各族以青海草原为牧地，他们每遇压迫，便各自为种，即行退却。公元前42年汉元帝时，羌乡姐等七羌进攻陇西（今甘肃临洮），为西汉将领赵充国、冯奉世击溃。新莽时期取西海之地置西海郡，后羌人入居塞内。东汉初，马援击破先零羌，徙其人置于天水、陇西、扶风三郡之地。后移居内地的羌族布满关陇郡县，并经常与东汉政权交战。随着东汉力量的日益衰弱，羌族的进攻更加频繁，而且兵锋南入蜀汉，东掠赵魏，侵及河内。直到西晋之初，冯翊（今陕西大荔）、北地（今陕西铜川市南）、新平（今陕西铜川市西南）、安定（今甘肃镇原南）界内，均布满羌人。

羯为匈奴的一个分支或部落，是晋代入塞的匈奴十九种之一。《魏书·羯胡石勒传》称："其先匈奴别部，分散居于上党、武乡、羯室，羯人入塞之前，隶属于匈奴，即匈奴别落。"

另外有乌桓、丁零、夫余等，都为当时大量徙入的游牧民族。

社会矛盾日趋尖锐

西晋王朝在制度上，就为统治阶级和世族地主大开恣意剥削的绿灯。世家大族既荫宗族又荫佃客，加之爵极公侯，国租户税，收之不竭。《晋书》称王戎"广收八方园田，水碓周遍天下，积财聚钱，不知纪极"，而"石崇百道营生，积财如山"。统治阶级为了满足其奢侈腐化的生活，必然要加重对人民的剥削。从皇帝司马炎起，就卖官鬻爵，当时有正直之士面斥司马炎，比其为东汉末年的桓、灵二帝，而且桓、灵卖官钱入官库，司马炎卖官钱入私门。在灭吴之后，司马炎后宫姬妾近万，史称"并宠者甚众，帝莫知所适，常乘羊车，恣其所之，至便宴寝。宫人乃取竹叶插户，以盐汁洒地，而引帝车。"皇帝如此，贵戚公卿也以淫奢相竞。司马炎丞相曾子劭"食必尽四方珍异，一日之供，以钱二万"；司马炎舅父王恺与荆州刺史石崇斗富，更是恶意暴殄天物。王恺请人吃饭，命女伎吹笛，稍有差池挥手即杀女伎；石崇每次宴客，常令美人行酒，若客人饮酒不尽，即刻斩杀美人；一次有客坚决不肯饮酒，石崇在席间连杀三位行酒美人。统治者残暴到如此地步，哪里还能记得百姓死活？而各族民众入居中原内地之后，大部分充当地主佃客，有些甚至被统治者掠卖为奴隶。如山西大饥荒时，并州刺史司马腾用武力捕捉匈奴族人，二人一枷送往山东、河北出卖。在如此毫无人性的剥削压迫之下，斗争和反抗不可避免。西晋泰始中，鲜卑秃发树机能举兵凉州，历十年之久。公元 294 年，匈奴族人郝散起兵上党谷远（今山西沁源）；元康六年，氐帅齐万年起兵关中，郝散弟郝度元联结冯翊、北地羌、胡族人举兵响应，秦、雍二州氐、羌族人奋起参加，有众数十万。秦、雍一带，自公元 290 年起，水利失修，无年不旱，幽、并、司、冀、秦、雍六州大蝗，草木及牛马毛皆尽，又流行大瘟疫，流尸满地，白骨蔽野。未死民众只能成为流民，整个社会处在一触即发的火山之上。

八王之乱自毁长城

说起祸害国家陷入草菅人命深渊的八王之乱，晋武帝司马炎大封宗室而且给诸王手握重兵镇守一方的特权、立有智力缺陷的司马衷为太子、为司马衷挑选凶险诡诈的贾南风为皇后这三件事，可以说不但为这次大乱埋好了炸药，而且还连好了导火线。

　　晋武帝司马炎亲身的实践和对曹魏政权倾覆的总结，使他得出一个不寒而栗的结论，那就是魏晋年间的帝王更替，大多数通过宫廷政变实现。由此，司马炎推出一个歪理，那就是要防止这种事变的重演，就必须培植皇族在朝野的势力，使他们能够成为维护朝廷的强大力量。因此，司马炎即位后，就大封宗室，一下子封同姓 27 王，而且王国有自己的军队。即以邑二万户为大国，置上、中、下三军，兵五千人；邑万户为次国，置上军、下军，兵三千人；五千户为小国，置一军，兵一千五百人。同时，诸王大多数都担任独领一方的都督诸军事和地方刺史。如汝南王司马亮为大都督，督豫州诸军事，镇许昌；楚王司马玮都督荆州诸军事，镇南将军；赵王司马伦迁征西将军、开府仪同三司，镇关中；齐王司马攸为镇东大将军，开府仪同三司，镇许昌；成都王司马颖为镇北大将军，镇邺；河间王司马颙为平西将军，镇关中。出镇的亲王手握军符，复综民事，州郡本已列置的佐官、将军开府以后，复添许多幕僚。诸王相互猜忌，无不以揽权敛财为目的；各王文武僚属纵横捭阖，个个以显达富贵为归宿；割据称雄的欲望不可遏止，举兵向阙的行动只待时日。而司马炎戒于曹魏孤立之弊而给宗室诸王近于朝廷般的特权，却没有设置必要的约束措施，从而纵虎成患。随着统治集团内部矛盾的发展，宗室诸王一个个挥师上阵、同室操戈，成为分解皇权、葬送晋室、祸害国家、残害百姓、引狼入室的中坚力量。

　　司马炎有 26 个儿子，其中聪明能干者甚多。可长子司马轨早夭，生于公元 259 年的次子司马衷就成为事实上的长子。按照封建宗法制度的规定，司马衷理所当然地成为皇位第一继承人。于是，公元 267 年正月，9 岁的司马衷被立为皇太子。然而，司马衷有一个致命的缺陷，就是智力不够健全。《晋书》有一段广为人传的记载：司马衷"尝在华林园闻蛤蟆声，谓左右曰：'此鸣者为官乎，私乎？'或对曰：'在官地为官，在私地为私。'及天下荒乱，百姓饿死，帝曰：'何不食肉糜？'"也就在当时，朝廷大臣知道司马衷的情况，且司马炎其他儿子年幼，希望司马炎立过继给司马师的司马攸为太子。但司马炎听从司马衷母亲杨皇后和宠臣荀勖之言，坚持立司马衷为皇太子，并在自己去世后由司马衷继承皇位。

贾南风为贾充长女，生于公元 257 年，比太子司马衷大两岁，长得又黑又丑，且阴险毒辣无人可及。司马炎以贾南风为太子妃，始于荀勖、贾充等重臣的一场阴谋。贾充为平阳襄陵（今山西临汾西南）的世家大族，头脑灵活，奸恶险诈，精于献媚，曾为司马昭杀魏帝曹髦篡夺帝位立下汗马功劳。司马炎被立为晋王太子，以至后来成为晋武帝，与贾充在司马昭面前竭力美言有很大关系。因此，司马炎十分宠信贾充。贾充与侍中荀勖等结成小集团，以敌对同在朝中的侍中裴楷、任恺等大臣。公元 271 年，鲜卑秃髪树机能侵扰秦州（今甘肃东部）、雍州（今陕西），司马炎大为忧虑，任恺为排挤贾充出朝，乘机推荐贾充领兵出镇，司马炎允准。无法推辞的贾充忧心如焚，荀勖心生一计，让贾充嫁女给太子司马衷，事成之后，贾充自然会留在京城。于是，贾充妻郭槐用大量金银财宝贿赂皇后杨艳及左右侍从，荀勖等贾充死党千方百计向司马炎游说，贾南风就这样成为太子妃。

　　要说八王之乱中的八王，按出场顺序，第一位为司马炎第五子楚王司马玮，第二位为司马懿第四子汝南王司马亮，第三位为司马懿第九子赵王司马伦，第四位为司马炎侄齐王司马冏，第五位为司马炎第六子长沙王司马乂，第六位为司马炎第十六子成都王司马颖，第七位为司马懿弟司马孚孙河间王司马颙，第八位为司马懿弟司马馗孙东海王司马越。

　　公元 290 年，晋武帝司马炎去世，太子司马衷继位，是为晋惠帝。由于司马衷自身的原因，其本人无法掌管朝政。即位之初，皇太后父杨骏为太傅辅政，独揽大权。皇后贾南风与楚王司马玮合谋，于公元 291 年三月杀杨骏、杨珧、杨济兄弟及杨骏亲族党羽数千人；贾南风废黜皇太后为庶人，接着迫使皇太后绝食而亡。这时，晋廷推举汝南王司马亮和元老卫瓘共执朝政。贾南风见自己专权愿望未能实现，便于这年六月让惠帝司马衷下手诏给司马玮，令其率领北军（守卫京城北部的禁兵）杀司马亮和卫瓘。等到司马玮执行诏令杀司马亮等人之后，贾南风转口否认司马衷下过这道诏书，并以司马玮擅杀大臣之罪，诛杀了司马玮，国家大权终于完全落入贾南风手中。贾南风主要依靠族兄贾模、内侄贾谧等亲党外，起用名士张华为司空，世族裴頠为尚书仆射，裴楷为中书令，王戎为司徒，令他们四人并管机要。因为这四人具有一定的治国经验和为人基本，之后的七八年间，晋廷尚能维持相对稳定的局面。

惠帝司马衷仅有一子，那就是司马衷与后宫谢玖所生的司马遹。司马遹自幼聪明伶俐，年幼时就表现得智谋过人。司马炎最后决定立司马衷的一个重要选项，就是寄厚望于皇孙司马遹。司马衷继位，即立司马遹为太子。而这时，得政后的贾氏亲党，担心有朝一日太子上位，也会像贾南风杀杨骏、逼死杨太后一样对付自己。于是，他们劝贾后先废司马遹的太子位。而未能生育的贾南风，早就以司马遹为心上刀。于是，贾南风一伙制造谎言，设置现场，诬陷太子司马遹要弑君，合力废太子为庶人，接着将其杀害。

在这一重大政治事件发生一个月后，也就是公元 300 年四月，掌握宿卫禁兵的赵王司马伦，利用禁兵普遍对贾南风杀害太子的不满情绪，起兵杀贾南风和张华、裴頠等人。夺得大权的司马伦，于次年正月废司马衷自立为帝。出镇许昌的齐王司马冏起兵讨伐，成都王司马颖、河间王司马颙等积极响应，三王联兵打败司马伦的军队。司马伦的亲信将领王舆也在京城举兵反司马伦，迎接惠帝司马衷复位，司马伦不久被杀，司马冏入京辅政。

司马冏辅政后不久，已经被立为皇太孙的司马遹第三子司马尚病亡，依皇家血统，成都王司马颖本来可以立为皇太弟，司马冏担心司马颖立为皇太弟，会削弱自己的权力，便立司马衷弟清河王司马遐年仅八岁的儿子司马覃为皇太子。这一着导致司马颖与司马冏决裂，也使有可能立为皇太弟的长沙王司马

乂大为不满，同时还得到西镇关中的河间王司马颙的响应。公
元 302 年十二月，司马颙出兵进攻洛阳，与在洛阳的司马乂共
同举兵讨伐司马冏。司马冏兵败，为司马乂所杀。成都王司马
颖、河间王司马颙都不肯离开他们的根据地邺城和长安，故司
马乂在洛阳执政，司马颖以大将军身份在邺城遥控。司马颙原
欲废司马衷立司马颖，自己做宰相专政；司马颖也嫌司马乂不
完全受他摆布，于是二王又联合起来，于公元 303 年八月同时
对司马乂发动进攻。这一次司马颙命都督张方率领精兵七万，
自函谷关（今河南新安东北）向洛阳推进；司马颖调动大军
二十多万，由前锋都督陆机率领渡河南向洛阳。司马乂指挥洛
阳军队数万人，三方结集三十多万军队决战。公元 304 年正
月，东海王司马越勾结洛阳部分禁军拘禁司马乂，将司马乂交
给司马颙部将张方，张方将司马乂活活烤死。这时，成都王司
马颖入洛阳任丞相，但其形美神昏，恃功骄奢，大失众望。东
海王司马越统率洛阳禁军，拥戴司马衷而讨伐司马颖，荡阴
（今河南汤阴西南）一役，司马越战败，皇帝被俘，司马越逃
往自己封国（今山东郯城北），河间王司马颙命部将张方乘机
率兵占领洛阳。幽州刺史王浚、并州刺史司马越弟司马腾联兵
攻破邺城，司马颖挟惠帝司马衷出奔洛阳。

　　司马颖至洛阳后，张方强迫司马衷和司马颖前往长安。司
马颖到长安后被司马颙废黜，司马炎第二十五子豫章王司马炽
被立为皇太弟。公元 305 年七月，东海王司马越在山东起兵，
西向进攻关中，司马颙战败。次年六月，司马越迎司马衷还洛

阳，先后杀司马颖和司马颙。不久，惠帝司马衷中毒去世，皇太弟司马炽立，是为晋怀帝，最终，朝政大权落入东海王司马越之手。

自公元 291 年皇后贾南风杀杨骏，至公元 306 年晋怀帝立，前后长达十六年。这十六年间，诸王互相残杀，皇室元气大损，军队消耗殆尽，百姓生灵涂炭。经过十六年的同室操戈，中原民众死伤无数，不死者为了躲避战乱，大批豪族及汉人"衣冠南渡"，首都周边五胡人口比例快速上升。而且诸王在混战中争相拉拢五胡参战，如司马颖任命匈奴主刘渊为宁朔将军、辅国将军、冠军将军等职，利用其军队攻打司马越，刘渊率匈奴精锐长驱进入邺地；东嬴公司马腾引乌桓羯朱袭击司马颖，乌桓大举入塞；幽州刺史王浚召辽西鲜卑攻邺，鲜卑直扑京地大肆抢掠。相互攻伐的司马诸王欲借五胡兵帅以置自己亲人于死地，结果鹬蚌相残，将折兵损，部属民众却被五胡军队或斩杀或裹胁。在如此日复一日的此消彼长中，大河南北成为五胡部帅纵横的世界，胸怀野心又曾经备受欺凌的五胡首领及汉族割据势力，纷纷于血腥屠戮中争名逐利，涂炭生灵，五胡十六国从此残酷登场。

五胡十六国不止五胡十六国

就这一时期的实际情况和时间顺序来说，公元 296 年十二月，氐族人杨茂搜自称辅国将军、右贤王、仇池公，以位于今甘肃省陇南市西和县南境的仇池山为中心建立的前仇池国，为

"五胡十六国"时代"五胡"建国的开端。当然，这一时期诸势力争夺的核心区域，在以长安为中心的关中地区和以邺（今河北省临漳县）、襄国（今河北省邢台市）、中山（今河北省定州市）为中心的关东地区。占据和支配这两个区域的国家，在当时群起的割据势力中，似乎可以独占鳌头，占据强国地位。

在这两大区域之外，甘肃南部的前仇池和西南的四川，经过氐族杨氏和成汉较为长期的统治之后，又被纳入前秦的统治之下；黄河以西的甘肃至青海北部，一直被前凉统治。前秦灭前凉之后，这一地区便小国林立。公元337年前燕兴起于东北的辽宁，后来被后燕的残余势力和北燕所割据。具体说来，这时在北方先后建立的国家，有氐族人杨茂搜建立的前仇池，苻洪建立的前秦，杨定建立的后仇池，吕光建立的后凉；巴氏族人李雄建立的成汉；匈奴人刘渊建立的前赵，沮渠蒙逊建立的北凉，赫连勃勃建立的夏国；鲜卑人慕容廆建立的前燕，慕容垂建立的后燕，慕容泓建立的西燕，秃发乌孤建立的南凉，慕容德建立的南燕，乞伏国仁建立的西秦，拓跋什翼犍建立的代国，拓跋珪建立的北魏；羯族人石勒建立的后赵；羌族人姚苌建立的后秦；另有汉族人张寔建立的前凉，谯纵建立的后蜀，李暠建立的西凉，冯跋建立的北燕、冉闵建立的冉魏等。

一般史家在叙述"五胡十六国"时，不把杨茂搜建立的前仇池、杨定建立的后仇池、慕容泓建立的西燕、拓跋什翼犍建立的代国、谯纵建立的西蜀和冉闵建立的冉魏列入其中，而其依据，主要为北魏史官崔鸿所著《十六国春秋》的一家之言。但杨茂搜建立的前仇池立国76年，杨定建立的后仇池立国58年，他们在甘、陕、川交界地带，牵制南北各政权势力达一百多年，而且以比较优越的自然条件和相对宽松的统治，为一方百姓开拓出比较稳定的生存之地；拓跋什翼犍建立代国39年，经他之手完成了部落联盟向国家形式的转变；冉魏虽然存国只有两年，但在极端残酷的环境中，冉闵异军突起，消灭了当时强大而又残暴的后赵，这种敢于在强敌刀剑丛中崛起的精神和以其人之道还治其人之身的勇气，在当时很有警示意义；西蜀历9年，西燕历11年，它们无论形式还是内容，都与崔鸿所记的十六国不相上下。再说，二十四史中的《晋书》《魏书》《宋书》《北史》，以及《资治通鉴》等重要史著中，或单独作传，或作合传，或按年份叙述，均将上述前后仇池、西燕、代、西蜀、冉魏等与十六国一样记载。因此，为了给读者尽可能全的"五胡十六国"信息，这里将前后仇池、代、冉魏、西蜀、西燕也同其他十六国一样予以介绍。至于北魏，按史家共识，放在南北朝阶段。

本书共记有二十二国，国名即"五凉五燕三秦二赵二仇池"，再加"汉代冉蜀夏"。"五"即"前后西南北"，"三"即"前后西"，"二"即"前后"。除后赵外，国名中凡有"后"者，均出现在公元383年七月前秦淝水之战崩溃之后。"五胡十六国"时期国名虽然众多，但如下口诀可能对记忆这些国名有一定帮助：

> 五凉五燕已整十，三秦二赵二仇池；
>
> 成汉冉魏代蜀夏，二十二国即可知。

从方位来说，此二十二国均在北方。将当时的北方划分为"中、东、西"三部分。"中"即晋洛关中，"东"即鲁蓟辽，"西"则秦陇凉。

根据这一时期实际情况，中部地区可以分为两赵、前秦、北魏三个阶段。第一阶段两赵完成了对西晋及其北方残部如刘琨、曹嶷的消灭进程，另有冉魏灭后赵而建国；第二阶段由盘踞关陇的氐人建立的前秦统一北方，并开始尝试统一中国。前秦统一北方前，西有前仇池、前凉，东有前燕，北有拓跋代。前秦崩溃以后，后秦取代前秦，后仇池成功复国，拓跋魏开始复兴，东西凉、燕开始复苏。第三阶段的北魏，由西晋边将刘琨时代盘踞雁北的拓跋鲜卑建立，这一阶段的主要特色是完成北方统一，并最终步入北朝。

西部地区有五凉、三秦、二仇池、一夏、一成、一蜀，是由氐羌主导，鲜卑、匈奴别部参与的割据世界。仇池得名于仇池山名，为氐族人杨茂搜和杨定建立。成汉、西蜀得名于成都、四川，成汉为巴氐族李氏在四川盆地建立的政权，西蜀由东晋参军谯纵建立。凉国得名于河西走廊所在的汉朝凉州，河西张氏趁西晋崩溃控制从陇西到西域的广大地域建立前凉；氐人吕氏趁前秦崩溃建立后凉；陇西李氏建立西凉；匈奴卢水胡沮渠氏建立北凉；鲜卑秃髮部建立南凉。秦国得名于氐羌两族老根据地秦州，前氐后羌，前苻后姚，另有鲜卑乞伏部建立于陇西的西秦。夏国得名于司马迁的匈奴夏后说，为匈奴铁弗部在鄂尔多斯与陕北建立的政权。

东部地区为五燕割据世界。慕容部建立前燕，统一了北方东部地区，与前秦形成对峙；前秦长史慕容泓叛前秦建立西燕；前秦崩溃后，慕容垂建立后燕；后燕在参合陂与北魏大战败北，南燕独立于山东；魏军攻克后燕国都中山，后燕迁辽西，冯氏取代慕容氏，于辽西建立北燕。

总之，"五胡十六国"是一个群雄割据、多国林立、血腥杀戮、相互混战而又十分混乱的时期。当然，很多史家都认为这一时期有利于文化交流和民族融合，但如同一场毁灭性的洪水过后，一些污秽被冲走和一些洼地被淤平一样，实在不堪一提。相信读者全览五胡十六国及各国概况，以及二十二国共计90位皇帝之后，一定会对这一时期有一个清晰而又完整的认识。

一、前仇池

（296 年—371 年）

公元 296 年十二月，氐人杨茂搜受氐族部众以及周边部落推崇，自号辅国将军、右贤王、仇池公，以位于今甘肃省陇南市西和县南境的仇池山为中心，占据武都、阴平两郡，创建仇池国，史称前仇池。

氐族杨氏原为西夷的一支，自号白马。秦汉以来，世居岐陇以南，汉川以西，自立豪帅。氐族能织布，善种田，精于饲养马、牛、羊。东汉末年时，氐族杨氏居于略阳郡清水县（今甘肃清水县），杨腾任部落大帅。公元 211 年，杨腾子杨驹率部南迁至今陇南西和县的仇池山。仇池山四面险隘，羊肠蟠道三十六回，上下山交通极为不便。但山上平缓广阔，有良田百顷，土壤肥沃，仇池水盈泉丰，可以引水灌田，而且能够煮土成盐。仇池山北边的骆谷城为当年钟会取汉中的前哨阵地，东边一条长达五十余里的石峡近道，为陇右通往四川的必经要道，而且这里地处长江流域北南秦岭间徽成盆地边缘，气候湿润，物产丰富，米、麦、谷、豆俱全，铜、铁、铅、锌丰产，牛羊肥壮，马匹优良，是一个容易独立生存、对外界依赖度不高的封闭割据宝地。氐族在此聚居，在汉末魏初社会动荡的夹缝中，成为一支割据力量。杨腾之后，继任者杨千万，曾被曹魏封为百顷氐王。至杨千万孙杨飞龙时，氐族杨氏势力逐渐强盛起来。杨飞龙受晋武帝封号，以平西将军名义率部落还居略阳（今陕西汉中）。杨飞龙无子，领养外甥令狐茂搜为子，改外甥名为杨茂搜。杨茂搜继承并致力于杨氏事业，部族力量进一步强大。

仇池国建立后，杨茂搜广开贤路，趁关中混乱之机收纳四方豪杰，一时关中士人流民络绎奔投。同时大量招抚氐、羌民众扩充实力，《华阳国志》称"氐、羌为杨茂搜所占有"。这些措施使氐杨势力迅速发展壮大，很快引起西晋政权的重视，晋愍帝封杨茂搜为骠骑将军、左贤王。杨茂搜在位 21 年，于公元 317 年去世。

杨茂搜去世后，其子杨难敌继承左贤王之位，屯驻于下辨（今甘肃省成县）。而其弟杨坚头则称右贤王，屯驻于河池（今甘肃省徽县）。下辨为武都郡治，在今甘肃武都地区之成县；河池在今甘肃天水地区徽县。二地均在仇池东边，以徽县最远，距仇池一百五十余里。此时氐杨政权已经占有以下辨为中心的邻近地方，疆域扩大到以西汉水为中心、西南至白龙江、东至嘉陵江上游，纵横数百里的广大地区。

当时，尽管西晋已经灭亡，但从陕西西部至甘肃东部一带，仍分布着西晋的残余势力，以及从西晋独立出来的陈安等割据势力。并且，在以姑臧（今甘肃省武威市）为中心的甘肃西部，存在着前凉政权，关中有前赵，四川有成汉，这些政权均比仇池势力强大。前仇池正是在上述势力的相互冲突之中，以灵活多变的外交手段，在夹缝中维护和扩大自己的利益。前仇池一度曾与陈安结盟，公元 322 年又臣服前赵，公元 323 年又转而臣服成汉。之后，杨氏子弟陷入长期内部夺权斗争，使国力渐趋衰弱。在脱离成汉之际，前仇池遭到前赵的攻击，此后又遭到成汉的讨伐。

公元 334 年杨难敌去世后，其子杨毅与杨坚头子杨盘一同继承了集团。杨毅自号使持节、龙骧将军、左贤王、下辨公；杨盘为使持节、冠军将军、右贤王、河池公。为了延续其政权，仇池向东晋纳贡称臣，晋以杨毅为征南将军。公元 337 年，杨毅堂弟杨初袭杀杨毅，自立为仇池公，臣于后赵。之后，在看到后赵的衰落和东晋对成汉的攻势后，杨初又转而向东晋称藩，并在公元 347 年十月被东晋封为仇池公。公元 354 年，东晋穆帝改封杨初为天水公。次年，杨毅弟杨宋奴杀杨初，杨初子杨国又杀杨宋奴，自立为仇池公。晋穆帝封杨国为秦州刺史，封杨国之子杨安为武都太守。公元 356 年，坐席未暖的杨国被叔父杨俊杀死，杨俊自立，杨国子杨安被迫投奔前秦。

公元 360 年杨俊去世，其子杨世自立为仇池公，晋废帝封杨世为秦州刺史、杨世弟杨统为武都太守。杨世去世后，子杨纂继位，并遣使于东晋，东晋简文帝封杨纂为秦州刺史。

这时，北方割据政权中，前秦基本统一黄河中下游地区，势力最为强大。而本来就弱小的仇池国，经过数十年王室子孙的权利之争，国力进一步削弱。公元 371 年四月，前秦苻坚遣将率重兵攻伐仇池国，杨纂落败。前秦将杨纂与其领民一起迁徙至关中。至此，前仇池亡国。前仇池传 8 主，历 76 年，盛时统治范围有今陕西省南部的汉中地区、甘肃省东南部的武都地区和四川省西部的平武、广元地区之全部或大部。

1. 右贤王杨茂搜

白马氐人，本姓令狐，氐族首领杨飞龙外甥兼养子，更名杨茂搜。公元 296 年承养父之职，自封辅国将军、右贤王，建立仇池国，定都清水。杨茂搜广收周边氐、羌民众及关中地区躲避战乱的流民，不断壮大势力。公元 313 年五月，梁州刺史张光讨王如党、李运、王建等，因力量不济，求助于杨茂搜；同时，王建婿杨虎亦向杨茂搜求救，双方都欲借氐杨力量消灭对方。杨茂搜精确谋划，明言助光，实发兵帮助杨虎，大破张光，生擒其部将孟苌，从中大获实利。不久，西晋愍帝封杨茂搜为骠骑将军、右贤王。公元 317 年杨茂搜去世，其在位22 年，生年不详。

2. 武都王杨难敌

杨难敌为杨茂搜长子。公元 317 年杨茂搜去世，杨难敌与弟杨坚头分领部曲。杨难敌号左贤王，屯下辨；杨坚头号右贤王，屯河池。前仇池的崛起，让前赵视为隐患。公元 322 年，前赵刘曜领军攻杨难敌，杨难敌迎战不胜，退保仇池。恰在此时，刘曜军中大疫欲退兵班师，又担心杨难敌尾随追杀，于是遣尚书郎王犷为光国中郎将游说杨难敌，杨难敌审时度势，决定称藩前赵，刘曜以杨难敌为假黄钺，都督益、宁、南秦、凉、梁、巴六州及陇上、西域诸军事，上大将军，益、宁、南秦三州牧，武都王。公元 321 年，天水陈安反叛刘曜，而杨难敌自父辈就与陈安结为秦晋。当陈安兵败身亡后，杨难敌知道祸将及身，便和弟杨坚头奔于汉中。刘曜派大将刘厚追击，获其辎重人口，占领仇池，命大鸿胪田崧为镇南大将军、益州刺史镇守仇池。时隔不久，杨氏兄弟在李雄支持下，乘刘曜出击石勒之机偷袭仇池，大获全胜，重据仇池。此时，刘曜无力顾及氐杨，而成汉则欲取而代之。杨难敌诱敌深入，大败成汉军队，不仅确保了原有土地，还开辟了下辨以东及以南大片领土。公元 334 年杨难敌病逝，其在位 18 年，生年不详。

3. 下辨公杨毅

杨毅为杨难敌长子，公元 334 年其父去世后继位。杨毅自称使持节、龙骧将军、左贤王、下辨公；以叔父杨坚头子杨盘为冠军将军、右贤王、河池公。杨毅向后赵称臣，并遣使称藩于晋，受封征南将军。杨毅继位，基本以守成为主。公元 337 年，杨毅堂弟杨初发动叛乱杀死杨毅。杨毅在位 4 年，生年不详。

4. 天水公杨初

杨初为杨坚头长子。公元 337 年杀堂兄杨毅篡权，自立为仇池公，向后赵称臣。公元 347 年，杨初遣使向东晋称藩，晋以杨初为使持节、征南将军、雍州刺史、仇池公。公元 353 年六月，杨初打败前秦进攻。公元 354 年，东晋改封杨初为天水公。公元 355 年正月，杨毅弟杨宋奴指使亲信梁式王杀害杨初。杨初在位 19 年，生年不详。

5. 仇池公杨国

杨国为杨初子。公元 355 年杨宋奴指使梁式王杀害杨初，杨国率左右杀梁式王及杨宋奴，自立为仇池公。东晋重臣桓温任杨国为秦州刺史，任杨国子杨安为武都太守。公元 356 年，杨国叔父杨俊杀杨国。杨国在位 2 年，生年不详。

6. 仇池公杨俊

杨俊为杨茂搜孙，杨坚头次子，杨国叔父。公元 356 年，杨俊杀杨国继位，东晋封杨俊为仇池公。公元 360 年，杨国子杨安派内应毒杀杨俊。杨俊在位 5 年，生年不详。

7. 仇池公杨世

杨世为杨俊长子。公元 360 年，杨俊被杨国子杨安派人毒死，杨俊子杨世逐杨安继位。公元 368 年，东晋以杨世为秦州刺史。同时杨世又向前秦称臣，前秦任杨世为南秦州刺史。公元 370 年，杨世去世。杨世在位 11 年，生年不详。

8. 仇池公杨纂

杨纂为杨世长子。公元 370 年杨世去世，杨纂继位。杨纂称臣东晋，前秦苻坚闻讯大怒。公元 371 年，苻坚遣将率兵七万攻前仇池，杨纂将可用之兵悉数调至仇池山一带，东晋梁州刺史亦派千余骑兵赶来增援。前秦兵至，杨纂亲率大军设伏于大峡谷，此时晋军亦至，三方展开大战。前仇池军战死者十有其四，晋军亦伤亡殆尽。杨纂退守仇池山，死守不再出战。两军相持日久，山上军心动摇，杨世弟、杨纂叔父杨统趁夜打开城门迎入秦军，杨纂被迫降秦，苻坚将其迁居长安，不久死于之前投奔前秦的杨国子杨安之手。杨纂在位 2 年，生年不详。

二、前 赵

（304 年—329 年）

公元 304 年十月，匈奴酋长刘渊在左国城（山西临汾）称汉王。其后，刘渊侄刘曜改国号为赵，史称前赵。

刘渊为西汉时期匈奴首领冒顿单于的后裔。汉高祖刘邦嫁一位宗室之女于冒顿单于，之后冒顿单于的子孙即以刘氏为姓。公元 184 年，羌渠单于派其子于扶罗率兵援助东汉，讨伐黄巾军。时羌渠单于被国人所杀，于扶罗便将所率兵众留驻东汉，自称单于。接着董卓叛乱，于扶罗率兵劫掠太原、河东，后驻扎河内。于扶罗去世，其弟呼厨泉继位，任命于扶罗子刘豹为左贤王，刘豹即刘渊父亲。后来，曹操将呼厨泉的兵众分为左、右、南、北、中五部，任命刘豹为左部帅。在五部匈奴管理上，曹魏要求部帅将侍子（质子）送到洛阳。因此，刘豹子刘渊作为侍子，在洛阳生活长达 11 年时间，加深了刘渊与中原士人的交流，提高了刘渊在中国文化方面的修养。刘豹去世后，刘渊被西晋任命为左部帅。晋武帝曾改部帅为都尉，刘渊成为左部都尉，刘渊利用这一职位在暗中扩展势力。西晋惠帝司马衷即位初期，由外戚杨骏辅政。杨骏为增加自己势力，任命刘渊为建威将军、五部大都督，封汉光卿侯，给予刘渊统率匈奴五部军事的大权。十年后西晋爆发内战，成都王司马颖为了更有力地残杀亲人，便极力拉拢刘渊，表其为行宁朔将军，监五部军事，进一步加强了刘渊在匈奴五部中的地位，并命刘渊居邺城。原北部都尉、右贤王刘宣与各部贵族商议，共推刘渊为大单于，遣呼延攸到邺联络刘渊。刘渊借口回部会葬，但成都王司马颖没有答应。刘渊暗中遣呼延攸先归旧部，告知刘宣等召集五部及杂胡，以助司马颖为名发兵反晋。公元304年八月刘渊离邺返回山西，在南单于根据地离石（今山西省离石市）称大单于，当年十月在离石左国城称汉王，宣告独立。

建国后的同年十二月，晋并州刺史司马腾遣兵攻刘渊，双方大战于大陵（今山西省文水北），刘渊大胜，并遣刘曜等攻取上党、太原、西河各郡县。当时在青、徐二州的王弥，魏郡的汲桑、石勒，上郡的四部鲜卑陆逐延，氐族酋长单征等人，均拥刘渊为共主。刘渊命王弥、石勒等人攻取河北各郡县，并一度攻入西晋的重镇许昌，其兵锋进抵至西晋首都洛阳城下。

公元308年刘渊派石勒领兵东侵，石勒于九月攻陷邺城。同年十月，刘渊在蒲子（今山西省隰县）即皇帝位，设置大司马、大司徒、大司空，以及相、御史大夫、太尉等具有中原王朝色彩的官职，次年一月迁都平阳。

公元310年七月刘渊病逝，其子刘和即位后，失德猜忌，滥杀诸王，被其弟刘聪发动政变夺权。刘聪继位后，派遣族弟刘曜、东莱公王弥等率领四万大军攻取洛阳周边的郡县。公元311年，石勒在苦县（今河南鹿邑县）消灭西晋主力部队十余万人。同年夏，刘曜、王弥攻破洛阳，俘获并弑杀晋怀帝。得知晋怀帝被杀，晋秦王司马邺于公元313年在长安称帝，即晋愍帝。公元316年，刘聪遣刘曜攻破长安，晋愍帝投降，西晋亡。

公元318年七月，刘聪病逝，太子刘粲继位，立靳氏为皇后，大司空、司隶校尉靳准因其女而得宠于刘粲。八月，靳准发动平阳政变杀刘粲，镇守长安的中山王刘曜发兵攻靳准。十月，刘曜带军行至赤壁（今山西省河津市赤石川）后登基称帝，次年改国号为赵。此时，石勒起兵反叛，自称赵王，史称后赵。此后，刘曜、石勒经常互相攻伐。由于刘曜对各民族采取高压政策，加之治国无方，一味征战，国势日颓。公元329年初，前、后赵大战于洛阳城西，刘曜被后赵擒杀，前赵主力被消灭。公元329年，后赵军乘胜西进，前赵太子刘熙弃长安而奔于上邽（今甘肃省天水市）。九月，后赵石虎攻克上邽，杀刘熙及文武百官，前赵灭亡。

前赵政治制度基本承袭汉魏而又杂以旧俗，中央设丞相、御史大夫、太尉及六卿等中枢官；军事官有大司马、太尉、大将军等；地方沿袭魏晋以来的州郡制，采用胡汉分治进行统治；大单于权力仅次于皇帝，单于，左、右贤王及以下，皆用少数族豪酋担任。另一方面又大体沿用魏晋九品官人法，设立学校，肯定士族特权，与汉族豪门望族相勾结维护统治。前赵传5主，历26年，都平阳（山西临汾西北）。统治区域有今陕西、河北、山西、河南、甘肃大部或部分地区，公元329年八月亡于后赵。

1. 光文帝刘渊

公元304年十月，匈奴酋长刘渊在左国城称汉王。刘渊为匈奴左部帅刘豹子，母亲呼延氏。刘渊自幼聪明，而且爱好学习，拜上党人崔游为师，学习《毛诗》《京氏易》《马氏尚书》，尤喜《春秋左氏传》《孙吴兵法》《史记》和《汉书》，在同学中识记见解都超过他人，并注重知行合一，很早的时候，就开始学习武学和技能，骑马射箭样样精通。从曹魏开始，朝廷要求匈奴部帅必须将侍子送到洛阳。公元264年开始，刘渊以人质身份在西晋都城洛阳生活十多年。这期间，刘渊广泛结交上层人士，精研文武之学，受到西晋统治阶层的普遍重视，晋武帝司马炎也给予高度评价。

公元279年，刘渊父左部帅刘豹去世，西晋朝廷任命刘渊为代理左部帅。公元289年，晋武帝任命刘渊为北部都尉。刘渊任职以后，更加严明刑法，禁止各种奸邪恶行，尤其不看重财物，爱好施舍，与人相交，推诚相见，匈奴五部豪杰纷纷投奔刘渊门下。公元290年，晋惠帝司马衷继位，由外戚杨骏辅佐朝政，杨骏任命刘渊为建威将军、五部大都督，封爵为汉光乡侯。成都王司马颖镇守邺城时，上表推荐刘渊任宁朔将军、监五部军事、辅国将军等要职。机智多谋的刘渊以要职之便，借八王之乱渔翁得利，广交各路豪杰，扩充自己军队，并趁机返回故地起兵叛晋，自称汉王，后于公元 308 年十月改称皇帝。公元 309 年刘渊派兵攻占晋黎阳、延津，包围洛阳。但相比同期及之后割据势力丧失人性般地烧杀抢掠，动辄坑杀或屠城，刘渊尚能严格约束部下滥杀无辜，多次责罚下属暴行，也实属难能可贵。

公元 310 年七月，刘渊卧病。为托后事，刘渊任命刘欢乐为太宰，刘洋为太傅，刘延年为太保，刘裕为大司徒，刘聪为大司马、大单于，并且统领尚书事务。公元 310 年七月十八日，在位 7 年的刘渊病逝，生年不详。

2. 刘和

刘渊去世，太子刘和即位。刘和为刘渊长子，母亲呼延皇后。刘和生来英俊，自幼好读诗书，很得刘渊器重；长大身材伟岸，仪表堂堂，而且认真学习《毛诗》《左氏春秋》《郑氏易》等，得到众人赞许。公元 308 年十月刘渊称帝后，次月任命刘和担任大将军；十二月升刘和为大司马，封梁王；公元 310 年正月，刘和被立为皇太子。成为储君的刘和，往日德行渐去，自私狭窄、嫉妒猜疑、刻薄寡恩日甚。之后刘渊去世，太子刘和即位。

刘和继位掌权以后，猜疑之心更甚，加之卫尉、西昌王刘锐和舅父、宗正呼延攸因怨恨未能被刘渊封为顾命大臣而恣意游说挑拨，刘和便觉得三王统领宫廷禁军、大司马刘聪在近郊掌握十万劲旅，实在应该紧急处治。于是，刘和在登极四天后，下令刘锐带领马景在单于台攻打楚王刘聪，呼延攸带领永安王刘安国往司徒府攻打齐王刘裕，侍中刘乘带领安邑王刘钦攻打鲁王刘隆，尚书田密、武卫将军刘璿攻打北海王刘乂。安昌王刘盛苦谏刘和，反被刘和处死。田密、刘璿等不愿听从刘和调遣，派人斩杀守关卫兵投奔刘聪。刘聪整顿军马，严阵以待刘锐大军。刘锐得知刘聪已有防备，迅速回师，与呼延攸、刘乘一起攻打刘隆、刘裕。呼延攸与刘乘又怀疑刘安国、刘钦有异心，转而将二人斩杀，并杀齐王刘裕和鲁王刘隆。公元 310 年七月二十四日，刘聪带兵攻克西明门，刘锐等人逃进南宫。刘聪率前锋跟进，在光极殿斩杀刘和，同时抓住刘锐、呼延攸、刘乘，一并斩首。刘和在位 7 天，生年不详。

3. 昭武帝刘聪

刘聪斩杀刘和，众臣拥其即位。刘聪为刘渊第四子，母亲张夫人。刘聪自幼明理好学，通晓经史及百家之学，熟读《孙吴兵法》，善写文章，擅长草隶；勤习武艺，优于射箭，能张三百斤强弓，勇猛矫捷，冠绝一时，可谓文武双能。二十岁后，刘聪游历洛阳，结交大批名士，结识当时的豫章王司马炽。其后，刘聪迁任匈奴右部都尉，因安抚接纳得宜而得到匈奴五部豪族信任。时河间王司马颙上表刘聪为赤沙中郎将，因为刘渊在邺城任官，为避免驻守邺城的成都王司马颖加害父亲，刘聪主动投奔司马颖。司马颖任刘聪右积弩将军。在此期间，刘聪充分运用谋略和心机，在西晋反目成仇的各王中见风使舵，使自己利益得到最大化。公元304年司马颖允准刘渊返回故地，同时又封刘聪为右贤王。

刘渊回到左国城即自立为单于，并封刘聪为鹿蠡王。公元308年刘渊称帝，同年派刘聪镇守太行山，后来又封为大将军。此后刘聪多次率军征战，先后多次击败西晋军队，并且攻下屯留、长子和壶关等地。公元310年刘渊病重时，封刘聪为大单于。刘渊驾崩刘和继位，疑心日增的刘和忌惮刘聪手握10万大军而下令诛杀刘聪等四王，反被刘聪斩杀。经过众臣演戏般一番呼拥，刘聪成功即皇帝位。

刘聪即位三个月后，即派刘曜、王弥和其子河内王刘粲领兵进攻洛阳，与石勒在渑池击败晋将裴邈，直入洛川，掳掠梁、陈、汝南、颍川之间大片土地，并攻陷一百多个壁垒。次年又派前军大将军呼延晏领兵进攻洛阳，击败抵抗晋军，杀三万多人；后刘曜、王弥和石勒奉命与呼延晏会合，一起攻陷洛阳城宣阳门，王弥、呼延晏攻入南宫太极殿，纵兵抢掠，尽收晋宫珍宝和宫人，刘曜大杀官员和宗室三万余人，俘虏晋怀帝和羊皇后，将他们及传国玉玺移送到平阳。晋怀帝被掳至平阳后，被刘聪任命为特进、左光禄大夫、平阿公，后改封会稽郡公。公元313年正月，刘聪借机将晋怀帝和十多名晋朝旧臣杀害。刘聪虽然自幼学习中原文化，秉性却野蛮残暴。他率领大军在洛阳大肆烧杀抢掠，俘虏晋怀帝和一干晋室宗亲，为历史留下著名的"永嘉之乱"。后又派兵攻破长安，俘虏并杀害晋愍帝，覆灭西晋王朝。

刘聪在位前期，大力开拓疆域领土，采用胡汉分治的政治体制，也算很有建树。但公元314年十一月，刘聪册立刘粲为相国、大单于总管各项事务以后，自己开始贪恋享乐，次年设上皇后、左皇后和右皇后，后来更立中皇后，造成"四后并立"。刘聪宠信中常侍王沈、宣怀、俞容等宦官，群臣有事只能向王沈等人报告。王沈等人又贬抑朝中贤良，任命奸佞小人。公元316年二月，刘聪听信王沈等人谗言，杀特进綦毋达、太中大夫公师彧、尚书王琰等忠正大臣，后又杀皇太弟刘乂，立善于察言观色的刘粲为皇太子，引起众皇子拥兵争权夺利，使朝政混乱不堪。公元318年七月十九日，在位9年的刘聪病逝，生年不详。

4. 隐帝刘粲（càn）

刘聪病逝次日，太子刘粲登极。刘粲为刘聪子。刘聪杀兄自立为帝后，封刘粲为河内王。公元310年十月，刘粲与始安王刘曜以及王弥率领四万人进攻洛阳，在渑池打败晋朝监军裴邈，刘粲从辕地出兵，在梁、陈、汝、颖等地区纵兵攻掠。次年又作为援军征讨南阳王司马模，并在司马模被俘之后将其斩杀。公元312年，刘粲等人率军击败西晋并州刺史刘琨，于当年八月进入晋阳；公元314年刘聪任命刘粲为丞相，并改封为晋王。公元 314 年正月，刘聪任命刘粲为丞相，兼任大将军、录尚书事，进封为晋王。十一月，刘聪任命刘粲为相国、大单于，总领文武百官。自此，刘粲骄纵奢侈，独断专行，亲近奸邪谄媚之人，刻薄任性，拒绝劝谏，大建宫室，相国府模仿紫宫。公元 315 年三月，东宫舍人荀裕告发皇太弟刘乂谋反，刘聪软禁刘乂。公元 317 年四月，刘粲指使党羽王平诱骗刘乂内穿甲衣以备不测，刘乂信以为真，令东宫臣属都内穿甲衣。刘粲以刘乂手下内着甲衣准备作乱为辞禀报刘聪，刘聪令刘粲率军包围东宫，刘粲以严刑拷问听命于东宫的氐、羌酋长十多人，以谋反诛杀东宫属官，坑杀士卒一万五千多人。四月，刘聪废黜刘乂皇太弟身份，不久被刘粲杀害。七月，刘聪立刘粲为皇太子，领相国职务、大单于称号，总摄朝政。

公元 318 年七月十九日刘聪去世，七月二十日刘粲即位，立妻靳氏为皇后，子刘元公为太子。封国丈靳准为大将军，并委其全盘执掌国政。靳准向刘粲谗言济南王、大司马刘骥等预谋夺权，刘粲于是收捕太宰、上洛王刘景，太师、昌国公刘顗，大司马、济南王刘骥，大司徒、齐王刘劢，将他们全部处死。

刘粲沉湎酒色，经常在后宫游乐，军国大事全都由靳准决断。靳准假称刘粲诏令，任堂弟靳明为车骑将军，靳康为卫将军。一番准备之后，靳准于公元 318 年九月发动政变，杀刘粲，灭刘氏皇族，掘刘聪墓。靳准自称大将军、天王，以皇帝身份发号施令。刘粲在位两个月，生年不详。

5. 赵王刘曜

靳准杀隐帝刘粲政变，并以皇帝身份发号施令。时身为相国、都督中外诸军事并驻屯长安的中山王刘曜得知消息，立即从长安起兵，并于公元318年十月在蒲阪（今山西省永济市）即皇帝位。

刘曜为刘渊侄，父亲刘绿早逝，刘曜自幼生活在刘渊身边。公元304年刘渊建国时，刘曜已为前赵建威将军，率兵相继攻克泫氏（今山西省高平县）、屯留（今山西省长子县）、中都（今山西省平遥县西南），为前赵在并州的发展奠定了基础。刘聪继位后，刘曜与刘粲长驱入洛川，与西晋军队周旋于河南一带，攻陷晋壁垒一百余处，包围洛阳。公元311年，刘曜同石勒、王弥会攻洛阳，刘曜命其部下烧毁洛阳坊市，杀诸王公及百官以下三万余人，将晋怀帝、羊后及传国玺送于平阳。刘曜以功被署为车骑大将军，开府仪同三司、雍州牧，封中山王。接着，刘曜奉命进攻关中南阳王司马模。司马模投降后，刘聪任命刘曜为车骑大将军、开府仪同三司、雍州牧，改封中山王。公元316年，刘曜攻破长安，晋愍帝出降，西晋灭亡。

公元318年刘聪去世，太子刘粲继位。此时，靳准因其女得宠于刘粲，不久靳准发动政变，杀死刘粲，并将居于平阳的刘氏宗室无论少长皆斩于东市，自号大将军、汉天王。刘曜时为相国、都督中外诸军事，在攻破长安灭亡西晋后，一直镇守长安。闻平阳靳准叛乱，刘曜率领军队由长安出发赴平阳，行至赤壁（今山西省河津市西北的赤石川），遇到从平阳出逃的太保呼延晏与太傅朱纪。众人劝刘曜称尊号，于是刘曜即帝位，改元光初。刘曜称帝后，挥师继续讨伐靳准，与驻守河北的石勒共同进攻平阳。时靳准为部下靳明所杀，其众共推靳明为主，靳明送传国玺于刘曜，刘曜尽斩靳氏男女老幼。不久，平阳被石勒攻占。这时刘曜同石勒已成剑拔弩张之势，因刘曜在关陇立脚不稳，遂授石勒为太宰、领大将军、加殊礼，以河内 24 郡封石勒为赵王，欲以此稳住石勒。

公元 319 年，刘曜迁都长安，同时改国号为赵，前赵之称由此而生。伴随更改国号，刘曜一方面将冒顿单于配祀于天，以此来增强匈奴民族感；另一方面通过建立太学、小学，设置国子祭酒等措施尽力维护对汉文化的尊重。同时继续实行胡汉分治，迁氐、羌、匈奴等族 10 多万人于长安，令其各保持部落编制。但当时关中、陇右一带很多氐、羌等少数族人，常与西晋残余势力联合进攻刘曜，给刘曜政权造成严重威胁。公元 320 年，刘曜部下长水校尉尹车连结巴氐酋长徐库彭反叛，刘曜杀尹车与 5000 囚徒，引起巴、氐族人奋起反抗，一时关中大乱。刘曜以游子远为车骑大将军前去安抚，最后叛乱平息。

此后，刘曜攻陇城陈安，在涧曲将陈安斩杀。接着大举用兵凉州张氏。刘曜二十万大军长驱进入西河，百余里中，钟鼓之声沸河动地，凉州震怖。张茂遂以牛羊、金银、女妓、珍宝、珠玉及凉州特产贡献刘曜并向其称藩，刘曜署张茂为西域大都护、凉王等职，旋即班师。

公元 324 年，后赵对前赵发起全面攻势。前、后赵经过五年残酷交战，后赵石勒渐据上风。公元 328 年后赵石勒派石虎率兵自轵关（今河南济源西北）西上蒲阪攻打刘曜，刘曜率精锐驰救蒲阪。刘曜担心前凉张骏、前仇池杨难敌趁虚攻击长安，于是遣河间王刘述调发氐羌部众驻扎在秦州。刘曜尽发精锐迎战石虎，两军战于高侯（今山西闻喜县境），石虎大败，其部将石瞻被杀，后赵军陈尸 200 余里，石虎南奔朝歌（今河南淇县）。刘曜乘胜渡河进军追击石生于金墉（今河南洛阳以来），决千金堨（在今河南洛阳以北）以灌城，洛阳为之震动。同年十一月，石勒发兵三路进攻刘曜。十二月，后赵诸军集结于成皋，刘曜却未设防，石勒军队迅速开至洛河，刘曜忙陈兵十万于洛西。石勒命石虎引兵自洛阳城北而西攻刘曜中军，命石堪率兵自城西而北攻刘曜前锋，石勒自出洛阳阊阖门，夹击刘曜，前赵军队大溃，刘曜被石堪生俘，押送到石勒处。石勒让刘曜写信令其子刘熙投降。刘曜却在信中鼓励儿子团结大臣匡扶社稷，不要因为自己被俘而改变主意。石勒见刘曜不肯屈从，于是下令将其杀害。第二年九月，石虎在上邽（今甘肃省天水市）杀刘熙，前赵亡。刘曜在位 12 年，生年不详。

三、成 汉

（304 年—347 年）

公元 304 年十月，巴氐人李雄攻取成都自立，并于公元 306 年六月进一步即皇帝位，国号"大成"，都成都。公元 338 年，在位的李雄侄李寿改国号为"汉"，史称"成汉"。

巴氐族是我国的一个古老民族，《山海经》中有"氐人国在建木西"之说。战国秦惠文王时，司马错率军攻入巴蜀，巴蜀首领分别称巴王和蜀王。李雄祖辈居住于当时的巴西郡宕渠县，宕渠县包含现今的渠县、营山、广安、邻水、大竹等地。东汉末年，张鲁在汉中建立政权，李雄高祖带领一支氐族人迁往汉中杨车坂，号称杨车巴。后来曹操平定汉中，李雄曾祖李虎带领族人五百多户北迁略阳（今甘肃省秦安县），号称巴氐。李虎归降曹操，曹操授李虎等人将军之职，其中李雄祖父李慕被拜为东羌猎将。李慕五子李辅、李特、李庠、李流、李骧，个个身材高大，武艺高强，智能过人。从此开始，李家世代簪缨，成为当时略阳氐人中的名门望族。

西晋末年，统治者只顾自己享乐而滥施暴政，关中一带氐、羌、卢水等少数民族接连爆乱。公元296年，氐族齐万年发动民变，晋廷调兵围剿，关中陷于混乱之中。加之饥荒蔓延、疫病流行，关中百姓被迫流亡他乡。当时，由于汉中无法收容日益增多的流民，流民百姓上书请求寄食巴、蜀。朝廷遣侍御史李苾持节前往监察，以防流民进入巴、蜀。李苾至汉中接受流民贿赂，上表为流民进入巴、蜀开脱，梁、益等地流民蜂拥巴、蜀。在此期间，李雄父李特兄弟显示杰出的治众才能，他们对疾病者营护抚恤，对穷困者收留施食，而且广泛吸纳，善于组织，自然成为流民领袖。

这时，阴险弄权引起晋室八王之乱的皇后贾南风被诛杀，为贾南风姻亲的益州刺史赵廞（xīn），担心遭到株连而企图割据巴蜀，便有意拉拢声望在民的李特兄弟。成都内史耿滕一直想取代赵廞成为益州刺史，便向朝廷上表建议遣返流民消除隐患。西晋朝廷下令调赵廞回京任大长秋，改任耿滕为益州刺史。赵廞拒不受诏，起兵造反，杀死前来接任的耿滕，自领益州牧、大将军、大都督。李特弟李庠率四千部众归顺赵廞，赵廞命李庠招募两万流民扼守益州北道。然赵廞忌惮善于统兵打仗又有很高民望的李庠，于是以大逆不道罪名将李庠和他的十几个子侄处死。当时，李特、李流兄弟统兵在外，赵廞派专人前去安抚，并给他们加官进爵。但李特、李流兄弟很快组织反击，成功夜袭费远军后进攻成都。赵廞带妻儿逃走途中被部下杀死，李特兄弟攻入成都杀死赵廞属官，派人向朝廷报告赵廞罪状，希望得到应有封赏。然而，朝廷并未封赏李特兄弟，而是派罗尚前来任平西将军、益州刺史。罗尚在流民必经之路设关立卡，恣意夺取流民财物，执意要把流民赶回关中。李特多次向官府请求放宽遣返流民期限，并公开在绵竹设营收容流民，流民纷纷投奔李特。眼见绵竹流民大营渐成气候，罗尚派部将带三万士兵前去偷袭，早有准备的李特率领流民大败官军。流民知道官府不会罢休，便推举李特为镇北大将军，李流为镇东大将军，带领流民反抗。几天以后，李特部众攻下广汉，打开官府粮仓，救济贫苦百姓，大量收容流民，公开对抗官府。

为进一步增加号召力，李特于公元 302 年五月自称益州牧，自封为大将军。至此，这一割据政权已经成立。不过，此举导致李特与西晋益州刺史罗尚之间展开激烈对抗。公元 303 年三月，罗尚在荆州刺史宋岱等人支援下，打败并将李特杀害。

李特被害后，众人推举李流为益州牧、大都督、大将军。可是面对即将到来的罗尚援军，李流心生恐惧，有意投降罗尚。李特子李雄坚决不同意，即与堂兄李离带领队伍打败前来支援的晋军。李流见李雄带兵打仗和领导部众有方，便将军权完全交给李雄。同年九月，李流病故，李雄自领益州牧、大将军、大都督。罗尚派人攻打李雄，反被李雄打败。公元 303 年十一月，李雄进攻罗尚，占领成都，并于次年十月自称成都王，两年后进一步即皇帝位。

李特从关中南迁时，就注重大量吸收各族流民。李雄接纳了这些归附者，并对他们因才施用。政治结构方面引入包括设置丞相以下百官、采用郡县制等汉族统治体制。李雄实行与民休养生息政策，规定男丁每年交三斛谷，女丁减半，有病也减半；户调每年几匹绢，几两绵。李雄随后又兴办学校、选贤任能、减轻刑罚，社会稳定，百姓安乐，不少外地流民纷纷投向西蜀。公元 314 年，汉中杨虎和梁州张成归附，相对安定的大成国，成为当时中国大西南一个很有吸引力的地区。

李雄没有嫡生子，虽然庶生子众多，但才能人品不为李雄称道。而兄李荡子李班为人谦顺节俭，处事大度，孝顺父母，李雄不顾群臣反对，立李班为太子。公元 334 年四月李雄去世，太子李班继位。李班一门心思扑在李雄丧事上，将国事交给叔父李寿打理。前来奔丧的李雄庶子李越不满李班继位，与弟李期商议要除掉李班。当年十月的一个夜晚，李越潜入灵堂，将全心料理李雄丧事的李班刺死。李越本想自己当皇帝，但李期很小就过继给皇后，故把皇位让给了李期。李期登基上位，只知贪图享乐，致使整个朝廷乌烟瘴气。公元 338 年，李雄叔父李骧子李寿发动政变，攻入成都，将李期贬为邛都县公。李寿夺取政权，改国号为汉，将李雄子全部杀害，皇室实力更为削弱。

李寿即位初期，勤于政事，崇尚俭朴，但不久开始奢侈腐化，大兴土木，建造宫殿，采用铸造小钱的办法加重对百姓的剥削。李寿去世后，长子李势即位。李势心胸狭隘，冷酷残暴，成汉政权更不稳定，国力迅速衰退，在东晋安西将军桓温的攻势面前很快灭亡。

成汉传 5 主，历 44 年，统治区域有今四川、湖北、云南、贵州、陕西、甘肃大部或部分地区，公元 347 年三月亡于东晋。

1. 武帝李雄

公元 304 年十月，李雄在益州（四川成都）自称成都王，公元 306 年称帝。

李雄为李特第三子，生于公元 274 年，母亲罗氏。李特曾率领流民在巴蜀起事，公元 303 年二月，益州刺史罗尚在新繁（今成都新都区新繁镇）击杀李特。李特死后，其弟李流继续统领部众。三月，李雄长兄李荡去世在战场。此时，荆州兵攻占德阳，形势危急，继任者李流深感恐惧，在降与战之间举棋不定。坚决主张战斗到底的李雄独自率军袭破孙阜军，六月又攻占郫城（今成都郫都区）。九月李流病故，临终交权于李雄。李雄自称大都督、大将军、益州牧。罗尚派部将攻打李雄，李雄将其击败，并夜袭成都少城。李雄叔父李骧攻打犍为，切断罗尚运粮路线。十二月，罗尚留下牙门罗特固守，自己连夜弃城逃至江阳郡（今四川泸州）。李雄一路进攻，很快攻克成都。李雄为人谦逊、宽厚，善于听取不同意见，诚心惠民安民，深得流民和将领拥护。公元 304 年十月，群臣拥李雄为成都王，同时宣布废除晋朝法律，分封李氏子弟。公元 306 年，李雄宣布登基。之后李雄打败罗尚，剿灭周边分据势力，自己尽有天府之国。

公元 310 年，李雄派大军攻取汉中，凉州守将溃逃至长安，李雄攻下南郑。次年，李雄大军再次攻克涪城。李雄注重发展农业，减轻徭役赋税，规定男丁年缴谷 3 斛，妇女减半，病者再减半。他选贤任能，宽刑省罚，社会安定，百姓乐业，周边州郡相继归附。对于前来归附者，李雄颁布一系列政策进行安抚。对于远道而来的，李雄下令免减其赋；对于兵败投降的，李雄则授予职权给予厚待。通过类似措施，大成政权内部各族安定有序。李雄还虚心纳谏，勤于学习，兴办学校，倡导文化教育。经过李雄的勤政治理，大成政权日渐强大。公元 330 年，李雄大军攻下巴东之地，次年又攻下阴平、武都、宁州，从此南中之地尽归李雄。李雄重情义，知恩图报，认为自己皇位为叔伯兄弟共同血战所得，胜利成果也应大家分享，就连皇帝也应该轮流来坐。这一缺乏政治智慧的思路一旦付诸实施，就成为引发政治混乱的源头。

公元 324 年，李雄决定册立太子。李雄有庶子十多个，但都不被李雄看好，而且李雄认为当初起兵，只为保护自己和流民，本不希求称王为帝。而建立这份基业，功劳本属父子兄弟。兄长李荡为嫡子，本应继承大统。可惜兄长英年早逝，理当由其子李班继承皇位，何况李班性情仁厚孝顺，好学素有所成，必定会成为大器。叔父李骧和司徒王达及众臣谏阻。李雄不为所动，最终册立兄长李荡子李班。正是李雄这一看似宽宏高尚的决定，为日后埋下无穷隐患。公元 334 年六月二十五日李雄病逝，其在位 31 年，终年 61 岁。

2. 戾太子李班

　　武帝李雄病逝，47 岁太子李班即位。李班为李雄长兄李荡第四子，生于公元 288 年。李荡早逝，李班一直追随叔父李雄。李班为人谦虚，性情博爱，能广泛采纳意见，尊敬爱护儒士贤人，以老师的礼节对待朝臣，又接纳名士王嘏和陇西人董融、天水人文夔等作为宾客朋友，行为符合轨范法度。当时，李氏子弟大都奢侈靡费，李班却能自省自勉，深得李雄信任，朝廷有重大问题讨论，李雄总让李班参与。李雄还放弃自己十多个儿子，封李班为太子。

　　公元 334 年李雄一病不起，李班日夜侍奉身边。李雄年轻时频频作战，浑身带伤，病重时疤痕化脓溃烂，李雄子李越等人远避不及，唯李班贴身守护，悉心照料。公元 334 年六月李雄驾崩，李班登基，任命堂叔建宁王李寿为录尚书事辅佐朝政，委政事于李寿和司徒何点等人，自己在宫中依礼服丧。李雄在世时，其亲生子对封李班为太子不敢阻拦；李雄去世，镇守江阳的李雄子李越，于公元 334 年九月回成都奔父丧，和其弟安东将军李期密谋除掉李班。李班亲弟李玝劝李班遣送李越回江阳，任命李期为梁州刺史，镇守葭萌，以防备不测。李班以己之心度人，认为李雄还未下葬，亲子服丧理所当然，不相信兄弟之间会自相残杀，也未对李越兄弟设防。公元 334 年十月二十三日，在李班全心料理李雄丧事期间，被李雄子车骑将军李越刺杀在殡宫。李班终年 47 岁，在位仅四个月。

3. 哀帝李期

李越杀死李班的第二天，拥自己22岁弟弟李期为帝。李期为李雄第四子，生于公元313年，母亲任氏。李期自幼勤奋博学，20岁时文章就很出众，而且轻财好施，虚心招纳人才。其父李雄曾命众子及宗室子弟以恩德信义聚集徒众，李期所聚达千人，而且多半为李雄任用。李雄在位时期，曾有大臣劝说封李期为太子，李雄最终册立长兄李荡子李班。李雄去世李班继位，李期等人暗中谋划，趁李班夜晚守灵之际，将李班刺杀于殡宫。

李期登基后，认为图谋大事已经成功，很快恃才骄纵，懈怠政事，嫉贤妒能，滥杀无辜，暴虐至极。李期不重视各位旧臣，朝堂则信任尚书令景骞、尚书姚华、田褒。田褒没有多少才能，只因李雄在位时曾劝立李期为太子，得到李期特别信任；宫内则相信宦官许涪等人。国家刑狱政事，奖赏刑罚，均由这几个人决定，致使国家法纪迅速紊乱。宠臣诬陷尚书仆射、武陵公李载谋反，致使李载下狱而死。亲兄弟李霸、李保无病而死，人言为李期毒杀，于是大臣个个心怀恐惧。李期诛杀很多人家，抄没妇女及财物充实后庭，宫内宫外人心惶惶。李期毒死李寿养弟安北将军李攸，和李越、景骞、田褒、姚华商议袭击李寿等人，多次派中常侍许涪前往察看李寿动静。

李攸死后，汉王李寿十分担心，又见许涪往来频繁神情怪异，便于公元338年四月打着"洁君侧"旗号，率兵从涪城出发前往成都，声称景骞、田褒扰乱朝政，所以发晋阳兵士，以清除皇帝身边恶人。李寿发兵进击，李期并未防备，李寿占领成都，在宫门前驻兵。李期派侍中慰劳李寿，李寿上奏称李越、景骞、田褒、姚华、许涪、征西将军李遐、将军李西等人心怀奸诈扰乱朝政，图谋倾覆社稷，大逆不道，罪该诛杀。迫于李寿之兵封门，李期顺从李寿意见，杀李越、景骞等人。李寿假托太后任氏之令，废李期为邛都县公，幽禁别处。李期叹息一国之君一夜之间竟成小小县公，真乃生不如死，便于公元338年自缢而死。李期在位4年，终年25岁。

4. 昭文帝李寿

李寿拥兵废李期自立为帝。李寿为李特弟李骧子、李雄堂弟，时年39岁。

李寿从小知书达礼，敏而好学，雅量大度，李雄认为李寿才能不凡，足以担负重任，李寿19岁时，被拜为前将军、督巴西军事，升任征东将军。李寿赴巴西就任，即聘请处士谯秀做宾客，听从谯秀建议，治理巴西很有政绩。父亲李骧去世，李雄升李寿为大将军、大都督、侍中，封扶风公，录尚书事。李寿征讨宁州，平定各郡有功，李雄封李寿为建宁王。公元334年六月李雄患病，召李寿受诏辅佐朝政。李班即位，任命李寿为录尚书事，朝廷政事皆由李寿和司徒何点、尚书王瑰决断。

公元334年李期弟李越杀李班，拥立李期为帝。李期继位后，改封李寿为汉王。李寿威名远扬，深受李越、景骞等人忌惮，李寿也很担忧。李寿见李期、李越兄弟十多人正当壮年，而且拥有强兵，担忧自己难以保全。而李期登基后滥开杀戒，并剑指李寿，李寿率兵攻入皇城并废李期自立，改国号为汉。

李寿初登基，封赏大臣，重用贤士，下令群臣直言进谏，似一派明君风范。然而不久李寿开始放纵欲望，小有失误之臣，李寿以各种罪名处死；以各种借口，将太宗李雄儿子全部屠杀，暴虐甚于李期；为示繁华，强迫百姓迁入京城；建立尚方御府，调各州郡能工巧匠，大规模修造宫室，引水进城，一味追求奢侈；左仆射蔡兴极力谏阻，李寿认为是在诽谤自己，下令将蔡兴诛杀；右仆射李嶷屡次直言，李寿假托罪名将李嶷关进监狱并指使杀害。公元 343 年七月李寿去世，其在位 6 年，终年 44 岁。

5. 归义侯李势

李寿去世，李势即位。李势为李寿长子，母亲李氏，公元 338 年被立为太子。公元 344 年，李势采纳大臣建议，再次祭祀先帝李雄和李特，这一举动为安定民心、鼓舞朝臣起了不小作用。然而李势骄傲荒淫，残害大臣，滥用刑法，骄狂吝啬，贪财好色，杀人夺妻，致使人人自危，民不聊生。公元 345 年因为立储一事，李势大肆诛杀朝臣。李势没有子嗣，其弟李广上书，请求立自己为皇太弟，李势没有同意。朝中老臣马当、解思明认为李势兄弟稀少，册立皇太弟正好可以巩固李势帝位，于是劝李势答应。李势怀疑他们与李广勾结，便夷灭马当、解思明三族，派军讨伐李广，迫使李广自杀。公元347年三月，东晋大司马桓温率军讨伐李势，李势兵败投降，成汉灭亡。桓温将李势及其亲族十多人迁往晋都建康（今江苏南京），封李势为归义侯。公元361年李势去世，其在位5年，生年不详。

四、前　凉

（317 年—376 年）

前凉是西晋灭亡之后，由西晋护羌校尉、凉州刺史张轨子孙继续统治的一个汉族割据政权。史书一般以西晋灭亡次年司马睿建立东晋、张轨子张寔仍奉西晋愍帝建兴年号的公元 317 年三月为前凉起始。但事实上，在张轨以西晋护羌校尉、凉州刺史身份成功接管凉州的公元 301 年一月，前凉就已经独立。

位于交通、贸易要冲之地的凉州中心姑臧，属于西汉武帝所设的武威郡，西晋时这里为凉州治所。出身于安定乌氏（今甘肃省平凉市）的汉人望族张轨，为参与陈胜、吴广反秦起义、汉朝开国元勋、常山景王张耳第十七代孙。张耳子张敖为刘邦独女鲁元公主驸马，孙女张嫣为汉惠帝刘盈皇后。张氏世代举孝廉，以专攻儒学著名。张轨祖父张烈为曹魏外黄县令，父亲张温为太官令。张轨年少聪明好学，很有才能声望，公元 265 年继承叔父恩荫成为五品官。之后，卫将军杨珧征张轨为属官，授职为太子舍人，累次升任至散骑常侍、征西军司。至西晋内乱升级，张轨暗自看准河西之地，于是四方奔走，请求朝廷任己为凉州刺史；公卿大臣认为张轨才干足能统辖远方，也都全力推举，于是，晋惠帝任命张轨为护羌校尉、凉州刺史，张轨如愿独得凉州。

张轨率兵到达凉州，正值鲜卑族反叛，盗匪横行。张轨立即予以讨伐，剿灭叛贼盗匪，斩首一万多人，社会秩序迅速得到恢复，于是威名大振。之后张轨以宋配、阴充、泛瑗、阴澹为谋士，注重处理民族关系，争取各地上层人士支持，吸收地方实力人物进入权力中心；在官府设立主管教育官员，大力推行儒学教育，建立学校广招士宦士族子弟入学；努力发展地方经济，重视与中土和西域商贸往来，颁行钱币法规，铸造五铢钱币，鼓励商品流通，增加贸易收入；开拓疆土，设置郡县，广泛接收安置中原流民；大兴水利建设，推广中原先进生产工具和生产技术，较好解决粮食问题；如此等等，张轨统治的河西之地，成为中原百姓和士人向往之地，凉州成为乱世中整个北方的汉文化中心，后世学者如陈寅恪先生称前凉"文化上续汉魏、西晋之学风，下开魏齐、隋唐之制度，承前启后，继绝扶衰，五百年间延绵一脉"；而前凉在儒学思想指导下推行的政策和制度，对后凉、南凉、西凉、北凉都产生了重要影响，甚至影响到北魏乃至隋唐制度的形成。

公元314年五月，60岁的张轨病逝，其子张寔继承其位。与张轨时代相比，张寔进一步增强了独立程度。公元320年六月，前凉刘弘发动宗教叛乱，事先察觉的张寔处死刘弘，不料自己却被刘弘部下阎涉杀害,张寔弟张茂继承接管凉州。当时前赵迁都长安,强化对关中的控制。张茂为避开前赵攻势,向其臣服。前赵授予张茂凉州牧、护氐羌校尉、凉王称号。

公元 324 年五月张茂病逝,张寔子张骏继承其位。东晋任命张骏为凉州牧、护羌校尉、西平公,而前赵仍授予其凉州牧、凉王称号。当后赵灭亡前赵,张骏为避免被后赵攻击,于公元 330 年向后赵称藩。同时为牵制后赵,张骏还向南部的成汉称藩。这一时期,张骏维持了一种非常微妙的政权形态,即在形式上臣属于后赵、成汉、东晋,实质上保持着独立地位,并将势力扩展至西域,实际控制到塔里木盆地东部地区,在西部设置了沙州郡,在东部设置了河州郡,完善了地方统治体制。最终,张骏自称假凉王,效仿中原王朝制定官号,健全了作为王国的各种形式。

张骏去世后,其次子张重华继位。张重华病逝,其子张耀灵以西平公身份即位。年仅十岁的张耀灵在次月被张骏庶长子张祚废黜后杀害。篡夺政权的张祚最初称凉公,后即皇帝位,在形式上完全独立。后张祚被镇守枹罕的同族张瓘等人杀害。张瓘推举张重华子张玄靓即位,而实权掌握在张瓘手中。公元 359 年五月,张瓘遭到辅国将军宋氏兄弟的讨伐。两年后,宋氏兄弟被张骏少子张天赐消灭。掌握实权的张天赐杀死张玄靓,以西平公身份掌握政权。这时,势力强大的前秦于公元 376 年五月,派苟苌、梁熙等人率领军队进攻姑臧,八月张天赐向前秦投降,前凉灭亡。

前凉传8主，历60年，统治区域有今新疆、甘肃、宁夏大部或部分地区，史载其疆域"南逾河、湟，东至秦、陇，西包葱岭，北暨居延"。

1. 昭王张寔（shí）

张寔于公元317年三月建立政权，史称前凉。张寔为张轨长子，生于公元271年。张寔好学明察，敬贤爱士，德才兼备。晋怀帝时张寔辞去骁骑将军职务，经朝廷准许回到凉州，因征讨曹祛之功封为建武亭侯，公元313年授任西中郎将，领护羌校尉。公元314年二月因张轨年老多病，西晋任命张寔为副刺史。当年五月二十日张轨去世，张寔继任父亲职务，晋愍帝下诏授任张寔为持节、都督凉州诸军事、西中郎将、凉州刺史、领护羌校尉、西平公。张寔为人坦率，乐意纳谏，下令所属官吏百姓直言指错，并给予相应奖励。张寔治下，政治清明，百姓乐业。

公元316年八月，前赵刘曜进逼长安，张寔派将军王该率军救援京城。在此之后，张寔多次派遣将士远赴中土，尽力帮助朝廷解除危难。虽然杯水车薪，但忠心可鉴。公元317年正月，张寔得知刘曜强迫晋愍帝迁徙，聚哭告哀多日。

擅长旁门左道之术的京兆人刘弘，客居凉州天梯山，于山穴中点灯悬镜，迷惑百姓，跟从民众达千余人，张寔身边也有不少人崇拜刘弘，其中张寔帐下将军阎沙、牙门赵仰为刘弘同乡，也对刘弘五体投地。公元320年六月，刘弘蛊惑说上天已经送来神玺，自己将在凉州称王。阎沙、赵仰深信此话，暗中联络张寔身边信徒密谋杀害张寔，拥刘弘为君主。张寔弟张茂知此阴谋，请求诛杀刘弘。张寔命令牙门将史初拘捕刘弘，这时，阎沙等人已经怀藏凶器，潜入宫中将张寔刺死。张寔在位3年，终年49岁。

2. 成王张茂

张寔遇刺去世，其子张骏年幼，众臣推举张寔弟张茂袭位。张茂为张轨次子、张寔同胞弟，生于公元278年。张茂聪敏好学，清虚恬静，不重名利。公元313年南阳王司马保举荐张茂为散骑侍郎、中垒将军，张茂辞不就任。次年朝廷征召张茂入任侍中，张茂以父亲年老为由坚辞。不久，朝廷任张茂为平西将军、秦州刺史。同年五月父张轨去世，兄张寔继位，张茂忠心辅佐。

公元320年张寔被部下阎沙等人杀害，大臣推举张茂为大都督、太尉、平西将军、凉州牧。张茂只接受平西将军和凉州牧职位，继续兄长事业。张茂一主事，立即诛杀阎沙及党羽，实行大赦，任命兄张寔子张骏为抚军将军、武威太守，封西平公。

张茂有志向节操，善于决断大事。凉州大姓贾摹为张寔妻弟，势力碾压西土，有与朝廷抗衡之势。张茂设计诛杀贾摹，从此，倚势骄横的豪门大族都不敢节外生枝，张茂威严风行前凉各地。公元321年十二月，张茂令将军韩璞率领将士攻取陇西、南安地区，设置秦州郡。公元 322 年，刘曜派部将刘咸在冀城进攻韩璞，呼延寔在桑壁进攻宁羌护军阴鉴。临洮人翟楷、石琮等驱逐令长，以县城响应刘曜，河西大为震动。张茂亲自挂帅严阵以待，任陈珍为平虏护军，率步骑与韩璞合力击退刘曜，收复南安。公元 324 年五月十四日张茂病逝，其在位 5 年，终年 48 岁。

3. 文王张骏

张茂去世，被其封为世子的张骏即位。张骏为张寔子，生于公元 307 年。张骏初继位，西晋愍帝派使臣封张骏为使持节、大都督、大将军、凉州牧，领护羌校尉、西平公；前赵刘曜遣使拜张骏凉州牧、凉王。

张骏从小清俊英率，能学善记，自己有谋略，又能磨砺节操。继位以来广听忠言，诚心纳谏，及时改过，勤于政务，文武官员均能发挥才智，远近之人称颂张骏为积贤君。公元 326 年，张骏派武威太守窦涛、金城太守张阆、武兴太守辛岩、扬烈将军宋辑等率军与韩璞会合，进攻讨伐秦州诸郡。刘曜派其部将刘胤前来抵御，在狄道城驻军集结。韩璞进兵越过沃干岭，与刘曜军相持达七十多天，军粮匮竭，刘胤趁机击溃前凉军队。将军韩璞缚手请罪，张骏不但赦免他们，还主动承担责任，鼓舞将帅士气。至石勒灭刘曜，长安一片混乱，张骏派兵一举收复河南地区直到狄道，设置武卫、石门、侯和、泇川、甘松五屯护军。至张骏全盛时，占有全部陇西之地，兵马强盛。张骏派其部将杨宣率军越过沙漠，征伐龟兹、鄯善，西域诸国随即降服。龟兹、鄯善、焉耆、于阗诸国进献汗血马、孔雀、大象以及各种珠宝珍奇数百种，并经常遣使往来。张骏分出州西部边境的三个郡设置沙州，东部边境六个郡设置河州。群僚劝张骏称凉王，领秦、凉二州牧，设置公卿百官，张骏不从。然而，境内官民齐称张骏为王，在群臣劝说下，张骏立儿子张重华为世子。

张骏也曾大兴土木，为满足自己奢靡生活需要。张骏修谦光殿，大事铺张，穷极珍巧；修闲豫堂，堂前开闲豫池，池底饰以五龙，日出见形，波光水色相映，实在劳民伤财。公元346年五月二十三日张骏病逝，其在位23年，终年40岁。

4. 桓王张重华

张骏去世后，20岁世子张重华即位。张重华为张骏次子，母亲马氏，生于公元327年。张重华继位后自称使持节、大都督、太尉、护羌校尉、凉州牧、西平公、假凉王，大赦境内。

张重华性情宽和，善美端重，沉毅少语。据三州之地，拥十万雄兵，继位之初，壮志满怀。然凉州之地寒冷干燥，自然灾害频繁，百姓生活不易。张重华继位时，后赵石虎频繁调动军队，加大攻击前凉力度。为了赢得战争胜利，张重华一边安定民心，轻赋薄役，去除关税，减少园林，赈济贫困，安定民生，发展经济；一边重用贤臣良将，以保国境。以穷兵黩武著称的后赵石虎，从公元343年开始对河西用兵，连年不断。张重华继位后，石虎派王擢、麻秋、孙伏都等多路进攻。一路由王擢率领，直扑河南，攻占武街（今甘肃岷县西南），造成与后赵分界的五屯护军防线崩溃。王擢强迫狄道和武街一带凉民徙往雍州。另一路由麻秋与孙伏都率领进攻金城，金城人守张冲坚守待援。张重华急派西域校尉张植与奋威将军刘霸率骑兵救援，援军未到，金城失陷，张冲与金城令车济都成为赵军俘虏，凉州大为震动。张重华调集全境军队，委任征南将军裴恒为帅御敌。裴恒怯战，将军队驻扎在广武（今甘肃永登县）而不前进。在生死危难关头，牧府相司马张耽向张重华推荐谢艾。张重华拜谢艾为中坚将军，命他率军迎击敌军。谢艾大破敌军，斩首五千。张重华封谢艾为福禄伯。公元 347 年，石虎令麻秋进攻前凉枹罕。麻秋率军八万，以云梯鼋车攻城，挖地道上百条通到城内。城中张璩攻防兼用，杀伤麻秋数万人。石虎又派部将刘浑等率步骑两万增援，终被前凉打败。其后谢艾与麻秋多次交战，前凉斩杀麻秋部将杜勋、汲鱼，俘虏斩杀一万三千人，麻秋单骑逃走。张重华任谢艾为太府左长史，进封为福禄县伯，食邑五千户，赐帛八千匹。

连破强敌之后，张重华便荒怠政事，少见宾客，虽听忠言却不思悔改，沉溺在与左右小臣的棋弈娱乐之中，屡次赏赐左右小人钱帛，造成政务荒疏，小人得宠，吏治败坏。公元 353 年十月张重华患病，立十岁儿子张曜灵为太子。同年十一月十八日，在位 8 年的张重华病逝，终年 27 岁。

5. 凉宁侯张曜灵

张重华去世，太子张曜灵继位，自称大司马、凉州牧、校尉、刺史、西平公。

张重华庶兄长宁侯张祚，具有果敢勇猛的禀性和处事用人的才干，然而为人狡诈，善于看风行事，左右逢源，和张重华的宠臣右长史赵长、尉缉等人结拜为异姓兄弟。都尉常据曾奏请张重华将张祚调离朝廷，张重华却要以张祚为周公，辅佐幼子张曜灵。公元353年十一月初十日，张重华病重，手写命令征召谢艾担任卫将军、监察中外诸军事，辅佐朝政。然而，张祚、赵长等人密谋，隐藏手令不加公布。张重华去世，太子张曜灵继位，右长史赵长等人假称张重华遗令，以张祚为使持节、都督中外诸军事、抚军大将军，辅佐朝政。

一个月后，赵长等人以国难当头、张曜灵年幼为由，建议立年长者长宁侯张祚为君主，张曜灵祖母马氏以太后令，废黜张曜灵君位，降封张曜灵为凉宁侯。张祚成功篡位后，于公元355年八月将12岁的张曜灵杀害。

6. 威王张祚

张祚为前凉文王张骏庶长子，在张骏诸子中年龄最大。张骏传位张重华，封张祚为长宁侯。张祚博学威武，有治理政事之才，但为人狡诈，善于内外奉承，结交张重华宠臣赵长、尉缉等为异姓兄弟，又与张重华生母有染。张重华去世时，张祚指使赵长等人矫诏统揽国政。后张重华病逝，其10岁儿子张曜灵继位。张祚见幼主可欺，便加快篡位步伐，遂指使赵长等人提议、串通张曜灵祖母马太后废张曜灵而改立张祚。

张祚登位称王，自称人都督、人将军、凉州牧、凉公。此时的张祚，即刻丢弃正人君子面具，继续与马氏通奸，又奸淫弟妻及侄女，史称禽兽不如，国人深以为耻。

在张祚登上王位之前，凉国早已接受东晋封号，虽然实质与割据政权并无二致。张祚篡取王位之后设立宗庙，享用天子礼仪，仿照东晋王朝设置百官，于公元354年自立为帝。登基之后，张祚追封曾祖张轨为武王，祖父张寔为昭王，从祖张茂为成王，父张骏为文王，弟张重华为明王、张天锡为长宁王。立妻辛氏为皇后，子张泰和为太子。然而，张祚此举并未得到国中大臣支持，加之天灾异象屡现，尚书马岌抓住机会，劝谏张祚暂缓称王，却被张祚罢免。其后，郎中丁琪再次直言劝谏，权欲熏心的张祚竟下令将丁琪处死。

张祚勾结内外废去张曜灵的第二年，东晋大司马桓温举兵北伐，与前秦白刃相见，前秦西线战场一时兵力空缺。当时担任秦州刺史的王擢看准时机发兵东进，对前秦展开猛烈进攻，取得一定战果。此时张祚应抓住战机出兵支援王擢，以获取更大利益，但张祚却担心王擢以后可能对自己不利，密派亲信刺杀王擢。事情败露之后，张祚更加心虚，便大举集结军队，派平东将军牛霸率兵进攻王擢，迫使王擢投靠前秦苻健。如此一来，由王擢镇守的秦州成为前秦领地，前凉东部防守压力骤然升级。王擢投降前秦之后，前凉其他军事将领也公开反对张祚统治，其中陇右李俨起兵割据，让当地脱离前凉。前凉东部防守压力再次上升。

张祚连续倒行逆施激起国内强烈不满，而张祚不仅毫无收敛，反而四处用兵。听说有人要拥立张曜灵复辟，便派人折断张曜灵腰肢将其杀害。得位不正的张祚一直对军事将领抱有疑心，除王擢之外，在外领有重兵的同宗张瓘和在姑臧城中的骁骑将军宋混、宋澄，都受到张祚猜忌。张祚派出心腹领兵攻打张瓘，暗中迫害宋混兄弟。逃出姑臧的宋混、宋澄征召军队反击张祚，张瓘领兵击溃张祚军队继续向姑臧城进军，张瓘弟张琚及其子张嵩和宋混兄弟带兵杀入宫中，无心为张祚而战的卫士纷纷弃枪溃逃，公元 355 年九月，张祚被砍下头颅暴尸，国人纷纷欢呼雀跃。

张祚死后以平民身份下葬，后其弟张天锡即位，将其改葬于愍陵，追谥为威王。张祚在位 2 年，生年不详。

7. 冲王张玄靓（jìng）

张祚被杀，张玄靓即位，自称大都督、大将军、凉州牧、西平公。张玄靓为桓王张重华子，哀公张曜灵弟，公元 354 年被张曜灵封为凉武侯。

公元 355 年，张瓘击败前来讨伐的张祚部将，一路向姑臧进军。宋混与其弟宋澄等聚众响应，张祚军众震恐，其宠臣赵长等畏罪自保，即先行丢弃张祚，入宫请张重华之母马太后立刚满七岁的张玄靓为君主。张玄靓即位后，任命张瓘为卫将军，行使大将军职事，辅佐朝政。其时，陇西李俨自立为主，西平卫綝据郡反叛，酒泉太守马基不听调遣，张瓘与其弟张琚率大军一一征讨获胜。自以为功高盖天的张瓘更加飞扬跋扈，目中无人，朝中大臣不愿与他来往，却纷纷亲近辅国将军宋混。张瓘对此非常嫉恨，加紧谋划诛杀宋混兄弟。公元359年六月，辅国宋混与弟宋澄先行下手征讨张瓘，并灭其同党。张玄靓任命宋混为都督中外诸军事、车骑大将军，辅佐朝政。公元361年四月宋混去世，张玄靓任命其弟宋澄为领军将军，接替宋混辅佐朝政。右司马张邕憎恨宋澄独专朝政，于是起兵杀宋澄。张玄靓任张邕为中护军，任叔父张天锡为中领军，命二人共同辅佐朝政。

张邕傲慢自负，滥施杀戮，纵行淫虐，网罗朋党，专擅朝政，国人痛恨，张天锡与亲信刘肃等人暗中谋划铲除张邕。公元361年十一月，张天锡在张邕入朝时击杀未果，逃脱的张邕率领将士攻打宫门，不料将士中途奔散逃走，众叛亲离的张邕自刎而死。张玄靓又任命张天锡为使持节、冠军大将军、都督中外诸军事，辅佐朝政。

年幼的张玄靓性情软弱，除掉张邕的张天锡独掌朝政，目中并无幼主。公元363年八月，张玄靓庶母郭太妃等人不满张天锡专权，与大臣张钦等商议诛讨张天锡。事情泄露，张钦等被处死，张玄靓十分害怕，主动提出让位于张天锡，张天锡未接受。同年闰八月，张天锡命右将军刘肃等人趁夜入宫杀死张玄靓。张玄靓在位 9 年，终年 14 岁。

8. 悼公张天锡

张天锡为文王张骏少子，公元 354 年被其兄张祚封为长宁王。公元 363 年闰八月，张天锡杀张玄靓而自称使持节、大都督、大将军、凉州牧、西平公。然成功篡位之后，张天锡荒淫声色，不理政事，沉溺于园林池塘宴会之中，给了前秦大好机会。

张玄靓在位时，陇西人李俨叛凉割据。公元 367 年，张天锡发兵征讨李俨，李俨大败，退守枹罕，派其子李纯求救于前秦苻坚。苻坚派部将王猛救援，张天锡大败。王猛致函张天锡劝其退兵，张天锡接书撤兵而回。

时前秦经常攻打前凉，张天锡恐惧。公元 376 年夏，前秦大举用兵前凉。苟苌、毛盛、梁熙、姚苌等统领步兵骑兵十三万，浩浩荡荡向河西进发。前军刚出，苻坚续派苟池、李辩、王统带领秦、河、凉三州军队为后继，同时派阎负、梁殊为使者，劝张天锡投降。张天锡杀阎负、梁殊，命龙骧将军马建率兵迎战前秦军。

前秦闻知张天锡杀阎负、梁殊，即加大攻伐力度。几经混战，前凉军非溃即降，张天锡亲自出城迎战，城内反叛，张天锡与数千骑逃回姑臧。秦兵围姑臧，在位 14 年的张天锡于公元 376 年八月二十七日出城投降，前凉亡。

前秦将领苟苌等送张天锡到长安，苻坚任张天锡为尚书，封归义侯。公元 383 年苻坚发动淝水之战，任命张天锡为苻融征南司马。淝水之战失败，张天锡改投东晋。东晋任张天锡为散骑常侍、左员外，恢复西平郡公爵位。然有爵无实，几为司马道子、司马元显玩物。桓玄篡位，欲借张天锡之名安抚四方远地，即封张天锡护羌校尉、凉州刺史。公元 406 年张天锡去世，终年 61 岁。

五、后 赵

（319 年—351 年）

公元 319 年十一月，前赵安东大将军石勒在襄国（今河北邢台）自称赵王，国号赵，史称后赵。

石勒出身于上党武乡（今山西省榆社县）羯族。"羯"这一族名，仅见于这一时期。至西晋初期，从属于匈奴的羯族已经在以上党为中心的河北一带定居，主要从事畜牧业，并且尚未独立，仍以雇佣等形式依附于汉族社会。石勒祖父耶奕于、父亲周曷朱，都曾为部落小头目。石勒长大后健壮而有胆量，雄武而又爱好骑射，喜欢结交各类朋友，而父亲周曷朱性格凶狠粗暴，胡人不愿亲近。于是，周曷朱让石勒代替自己监督治理群胡。石勒待人平和，处事公道，得到各部胡人的信任。

自公元 302 年开始的十余年，并州一带（山西大部及邻近的河北、内蒙古部分地区）连年饥荒，社会动荡不安，石勒与一同做佃客的胡人四处逃亡。当时，并州刺史、东瀛公司马腾派部将郭阳、张隆劫掠胡人，两个胡人用一套大枷枷住驱赶贩卖。石勒当时二十多岁，也在被劫掠贩卖的胡人当中。

不久，石勒被卖给清河郡贝丘（今山东茌平县）人师欢做奴隶。师欢见石勒相貌奇特，行事得当，便免除了石勒的奴隶身份。师欢所居之地靠近马牧地区，因为石勒能够相马，便经常前往马牧，其间认识并依附身为牧帅的汲桑。而汲桑能力扛百钧，呼声百里可闻，让石勒佩服而信任。之后，石勒生存难以为继，便投身于周边群盗之中，不久成为群盗首领，在现在的河北省、河南省和山东省交界地带进行劫掠，并且逐渐成了气候。

西晋八王之乱中的公元304年，匈奴人刘渊称汉王建立前赵。成都王司马颖帐下都督公师藩自称将军，在清河郡䢴县（今山东平原县）起兵，人马多达数万，石勒与汲桑率领数百骑投奔公师藩。这时，汲桑作出一个决定：让石勒以石为姓，以勒为名。从此，石勒才成为一个有名有姓的男子汉，并且接受和认定了这个姓名。

当时，公师藩任命石勒为前队督兵，跟随大军前往邺城攻击平昌公司马模。司马模派将军冯嵩迎战，将公师藩击败。公师藩从白马渡河南逃，濮阳太守苟晞讨伐公师藩并将其斩杀。石勒与汲桑逃到苑中，率领人马劫掠各郡县囚犯，招募山泽中的亡命之徒组成军队。公元307年，汲桑自称大将军，以石勒为扫虏将军、前锋都督，攻打郡县，收编囚徒，打败司马腾的将领冯嵩攻入邺城，斩杀司马腾，杀死守军万余人，劫掠众多妇女珍宝。汲桑、石勒在乐陵攻击幽州刺史石鲜，石鲜战死。乞活将军田禋率领五万兵众救援石鲜，石勒迎战，击败田禋，与苟晞等人在平原、阳平之间相持数月。不久，汲桑、石勒被苟晞击败，战死万余人。于是，汲桑、石勒收合其余兵众，打算前往投奔刘渊，被冀州刺史丁绍截击，汲桑被杀。石勒逃脱后，投奔胡部冯莫突，为冯莫突所器重。于是，石勒乘势劝冯莫突一起归顺刘渊。刘渊任石勒为辅汉将军、平晋王。

刘渊曾屡次招募在乐平壁垒的乌桓人伏利度，伏利度概不应诏。石勒知道后，假装得罪刘渊而投奔伏利度，伏利度非常高兴，与石勒结为兄弟，并派石勒率诸胡四出劫掠，石勒所向无敌，劫掠频频得手。于是，众胡兵敬畏佩服石勒，石勒乘机率伏利度部下归顺刘渊。刘渊喜不自胜，加封石勒督山东征讨诸军事，还将伏利度部众交由石勒指挥。从此以后，石勒在刘渊帐下，击破刘琨军队，攻陷壶关；进攻信都，杀冀州刺史王斌；南渡黄河，攻陷白马，攻下鄄城和仓垣；北渡黄河进攻冀州诸军，招降聚拢兵民九万多人。

刘渊去世后，杀兄刘和继位的刘聪，任命石勒为征东大将军、并州刺史、汲郡公。随后，石勒会合刘粲、刘曜、王弥进攻洛阳，直入洛川。这时的石勒，知道羯族人文化基础薄弱，自己不识字，为成就大业，石勒开始学习汉族文化，重用汉族士人。由于石勒骁勇善战，重用谋士，势力日益强大。公元309年夏天，石勒平定冀州（今河北省南部）的郡县，获得冀州部分汉族士人，石勒专门将其编为君子营，这其中就有张宾。之后，张宾作为石勒谋臣活跃于历史舞台。就这样，石勒一边臣服于前赵，一边稳健地构筑自己势力，扩大自己地盘。

公元 312 年之后，以襄国为基地的石勒，逐渐发展成为今河北、山东地区的一大割据势力。此后，石勒以襄国为据点，与叛离西晋盘踞幽州（今河北省北部）的王浚对峙。石勒离间土浚麾下的辽西鲜卑段部，接纳乌桓势力，与他们联合打败王浚，获取幽州。公元 317 年七月，石勒联合鲜卑拓跋部、段部等势力，击败盘踞并州的刘琨，第二年刘琨被段部所灭。至此，整个华北地区已经没有可以引起群雄惦念的汉族势力。接着，乞活势力被石勒压制，公元 319 年四月陈川归顺，大半主力被石勒收编。在扩大势力后，石勒以前赵靳准政变为契机，于公元 319 年十一月在襄国称大单于、赵王，建立后赵。

公元 323 年，石勒派石虎攻灭一直割据青州的曹嶷，尽有青州。公元 325 年六月，石勒大将石生占据洛阳后，进攻东晋的司州刺史李矩。李矩等人不敌，向刘曜投降。刘曜派中山王刘岳率一万多精兵驰援，并在孟津打败后赵军队，俘杀五千多人。石勒大怒，命中山公石虎率四万步骑飞驰成皋关，与前赵刘岳大战于洛水。刘岳大败，退守石梁。石虎攻克石梁，俘虏刘岳等前赵将领八十多人，坑杀一万多士兵。此战过后，石勒已经扩展势力至淮河流域。

公元 327 年，石勒派石虎击败代王拓跋纥那，令对方徙居大宁，后顾之忧被扫除。公元 328 年，前后赵在洛阳周边爆发冲突。在这场战争中，前赵皇帝刘曜披挂上阵，包围洛阳；后赵石勒亲自率军迎击，双方投入数十万兵力展开激战。最终，石勒侄石虎俘获刘曜，后赵取胜。石虎为追讨从长安西逃的刘曜太子刘熙西征，于公元 329 年九月在上邽杀刘熙，前赵灭亡。至此，石勒几乎占据从山东直到陕西、甘肃东部和华北全域。公元 330 年二月，石勒称赵天王，当年九月即皇帝位。

此后数年间，高句丽、鲜卑宇文部以及前凉相继向后赵遣使，后赵外交影响力进一步扩大。石勒初起时，对攻下的坞堡壁垒征收义谷，或以掠夺方式获取军粮军资。公元 313 年开始采用租调方式，公元 314 年下令州郡检查户口，征收田租户调。自称赵王以后，石勒比较重视农业生产，常遣使者循行州郡，劝课农桑。至石勒统治晚期，邺都中仓每年输入租谷达一百多万斛。后赵采用胡、汉分治政策，设置大单于统治各少数族人，又设置专门的官职管理汉人；整顿官僚机构，制定官吏任用办法。沿用前赵徙民之法，将被征服地区的各族人民迁往统治中心襄国、邺及周围地区加以控制。石勒曾对西晋王公卿士、坞堡主及士大夫多加杀戮，以后则在俘虏中区分士庶，将士族编为君子营以示优待，并选用一些士族为官。称赵王以后，命令部下俘获读书之人不许杀害，必须送到襄国；对个别士族委以要职，明令不准侮易衣冠华族，恢复魏晋以来的九品官人制度。石勒自己不识字，却十分看重读书。称帝后听从张宾建议，设立学校，让将领子弟进学校读书，还建立保举和考试制度，凡各地保举之人，经考核评定合格者，便授以官职。

然而，在石勒之后，后赵权力斗争不断激化，国力快速衰退。公元 332 年七月石勒去世，石勒堂侄、中山王石虎劫持太子石弘，收捕右光禄大夫程遐、中书令徐光，交付廷尉治罪，又召儿子石邃带兵入宫宿卫，文武官员纷纷逃散。八月，石弘被迫任石虎为丞相、魏王、大单于，赐加九锡，划分十三郡作为石虎的封国，总领朝廷大小政事。十一月，石虎废黜石弘为海阳王，不久将石弘及太后程氏、秦王石宏、南阳王石恢全数杀害，自称居摄天王的石虎即位。

石虎为十六国时期著名暴君。称天王后，石虎不顾人民负担到处征杀。为攻打东晋，石虎在全国征调物资，规定每五人出车一乘、牛两头、米谷五十斛、绢十份，不交者格杀勿论。石虎下令从民间掠夺十三岁至二十岁女子三万多人，仅公元345 年一年中，各郡县官吏为搜罗美女上交差事，公然抢掠有夫之妇九千余人，另有三千多名妇女不堪侮辱自杀。

公元349 年四月石虎病逝，太子石世即位，石虎子石遵自李城发兵讨伐并杀死石世，镇守蓟城的沛王石冲遂讨伐石遵，石遵派石闵率十万精兵迎击石冲，大败的石冲被就地赐死。镇守长安的后赵宗室石苞见石遵称帝，也率关中部队起兵欲夺帝位，但石苞未及进攻邺城，东晋已经兵临城下。石遵听闻石苞要攻邺城推翻自己，即以讨伐东晋为名，派车骑将军王朗将石苞捆送邺城。

石遵养子、曾名石闵的冉闵总揽内外兵权，中书令孟准、左卫将军王鸾劝石遵剥夺冉闵权力。公元349 年一月，石遵召石鉴和乐平王石苞、汝阴王石琨、淮南王石昭等人入宫商议除掉冉闵。石鉴将这一消息告诉冉闵，冉闵派将军苏彦、周成率甲士入宫杀死石遵，立石鉴为帝。公元350 年初，冉闵杀石鉴，并杀石虎二十八个子孙。公元 350 年三月，后赵新兴王石祗听说石鉴被杀，便在襄国称帝。公元 351 年，石祗被刘显杀死。接连不断的内部争斗和持续混乱，很快断送了后赵的命运。

后赵传 7 主，历 33 年，都襄国，后迁都于邺，统治区域有今河北、山西、山东、河南、陕西、甘肃、江苏、辽宁大部或部分地区。公元 351 年四月，后赵被冉魏所灭。

1. 明帝石勒

公元 319 年十一月，前赵大将军石勒自称赵王，国号赵。石勒出生于公元 274 年，父亲周曷朱为羯族一个小部族的首领，母亲王氏。以畜牧为生的羯族生产力低下，基本依附于汉族社会。公元 302 年之后，石勒所在的并州（今山西省）发生大饥荒，造成其羯族部落解体。无奈之下石勒加入逃亡队伍，后被并州刺史司马腾抓为奴隶，并被两人一组戴着枷锁卖到山东从事耕种劳作。石勒因为相貌奇特、善于行事，被主人解除奴隶身份。石勒瞅准时机投身群盗之中，不久成为群盗之首。在八王之乱的混乱局面中，成都王司马颖故将公师藩取得独立，于是石勒投奔公师藩。随着公师藩的战死，石勒几经辗转投奔刘渊。在刘渊麾下，石勒军事才能更加显现，降服乌桓伏利度部众以后，被封为辅汉将军、平晋王。

公元 308 年十月刘渊称帝时，派遣使者授予石勒持节、平东大将军、校尉、都督、平晋王。此后的石勒，作战几乎所向无敌。石勒率军进攻邺城，邺城守军溃散；在三台活捉魏郡太守王粹；进攻赵郡，斩杀冀州西部都尉冯冲；在中丘攻击斩杀乞活将军赦亭、田禋；石勒进攻钜鹿、常山，杀死二郡守将；攻陷冀州一百多个郡县堡垒，收降兵众多达十余万，集中其中的汉族名人贤士建立君子营，从此石勒以汉人张宾为谋主，以刁膺、张敬为助手，以夔安、孔苌作为卫士，以支雄、呼延莫、王阳、桃豹、逯明、吴豫等人为将帅。此后的石勒一马当先，率领众将进攻中山、博陵、高阳诸县，降服数万兵众。同时，石勒一方面铁腕剿灭强大对手，一方面派出将领赴并州以北诸县劝说胡人、羯人归附。石勒从石桥暗渡黄河，攻陷白马；向东袭击鄄城，杀死兖州刺史袁孚；趁势攻陷仓垣，杀死王堪；进攻广宗、清河、平原、阳平诸县，得九万降众。接着，石勒在武德进攻冠军将军梁巨，晋怀帝派兵救援不及，梁巨请降，石勒不许并将梁巨斩杀，活埋万余降兵，黄河以北众堡垒大为震惊，纷纷向石勒请降。

公元310年刘渊去世，继位的刘聪加封石勒为征东大将军、并州刺史、汲郡公，持节、开府、都督、校尉、平晋王。刘粲率兵进攻洛阳，石勒前往会战，在渑池大败晋军。之后石勒到达南阳，攻克宛城，兼并众多兵众；向南进攻襄阳，攻陷长江以西壁垒三十余所；公元311年正月攻克江夏；东海王司马越曾率军二十余万讨伐石勒，司马越死于军中，众人推举太尉王衍为主帅。王衍率兵东下，石勒轻骑追击冲杀，王衍军死伤如山，王衍以及襄阳王司马范、任城王司马济、西河王司马喜、梁王司马禧、齐王司马超、吏部尚书刘望、豫州刺史刘乔、太傅长史庾颛等人被石勒活捉，并将他们全部杀死。接着，石勒率精锐骑兵会合刘曜、王弥攻下洛阳。又转身进攻谷阳，杀死冠军将军王兹，攻破阳夏并活捉王赞，击破蒙城活捉大将军苟晞。

西晋汝南太守王颀之孙王弥，公元 306 年掳掠青徐两州，拥兵数万，声势浩大。公元 308 年进逼洛阳，败于司徒王衍后归附刘渊，被刘渊拜为司隶校尉，迁征东将军，封东莱郡公，与石勒同为刘渊效力。王弥与石勒表面亲近而内心猜忌，且都怀有不臣之心。王弥谋划消灭石勒，石勒以计获得王弥信任后，制造机会斩杀王弥，全数吞并王弥兵众。之后，石勒攻掠豫州诸郡，收降诸多夷族，至长江而还；公元 313 年，石勒攻击邺城三台，攻破邺城；攻定陵杀兖州刺史田徽，青州刺史薄盛归降，山东地区各个郡县尽归石勒。

在西晋官至司空、领乌桓校尉、宁北将军、青州刺史、都督幽州诸军事的王浚，乘永嘉之乱立太子，置百官，打算自立为帝。公元 314 年，石勒以到幽州支持王浚称帝为名，进军至幽州治所蓟县，将送王浚礼物的数千头牛羊驱赶入城阻塞道路，纵容士兵入城抢掠，乘乱活捉并将王浚斩首，又尽杀王浚手下精兵万人，焚毁王浚宫殿。得到战报的刘聪任石勒为大都督、督陕东诸军事、骠骑大将军、东单于，并增封二郡；次年又赐石勒弓矢，专掌征伐，准石勒拜授刺史、将军、守宰、列侯，封石勒长子石兴为上党国世子。

公元318年，刘聪患病，征石勒为大将军、录尚书事，受遗诏辅政，石勒不受。刘聪于是又命石勒为大将军、持斧钺，都督等如故。不久刘聪去世，太子刘粲继位后被靳准杀害。石勒率兵五万讨伐自称汉天王的靳准，进据襄陵北原，沿途羯羌四万多落投降石勒。十月北上讨伐靳准的刘曜中途称帝，任命石勒为大司马、大将军，加九锡，增封十郡，进爵为赵公。石勒进攻首都平阳，靳准被靳康等人所杀，为主的靳明请降刘曜。石勒大怒，领兵进攻靳明，刘曜派兵接靳明出城。石勒进平阳城，焚毁宫室，迁城内浑仪、乐器到襄国。公元319年二月，石勒派左长史王修献捷报给刘曜，刘曜担忧王修刺探军情而杀王修，自此两赵仇怨已经摆上桌面。当年十一月，石勒称大将军、大单于、领冀州牧，于襄国即赵王位，建立后赵。

公元321年，石勒派石虎攻灭段匹磾，晋朝在河北一带的所有藩镇全被消灭。公元323年，石勒攻灭割据青州的曹嶷，尽有青州之地。公元324年，后赵司州刺史石生进攻并杀死前赵河南太守尹平，掠夺新安县五千多户。次年，前赵大举进攻后赵，均被后赵击败，后赵尽有司、豫、徐、兖四州之地。公元327年，石勒派石虎击败代王拓跋纥那，令对方徙居大宁。公元328年，石虎攻蒲阪，前赵帝刘曜率全国精兵救援，大败石虎，于是乘势进攻洛阳，以水灌城，后赵举国震惊。石勒命桃豹、石聪、石堪等到荥阳会合，自己领兵直攻洛阳金墉城。及至十二月，石勒与后赵诸军集于成皋，轻兵潜行渡过黄河。刘曜仓皇列阵于洛西，石勒与石虎、石堪、石聪分三道夹击刘

曜，前赵大败，刘曜被生擒。公元 329 年，留守长安的前赵太
子刘熙弃长安西奔上邦，关中大乱，前赵将领献长安城归降后
赵。当年八月，前赵刘胤率大军反攻长安，被石虎击败，前赵
一众王公大臣被杀；同年石勒杀刘曜，前赵亡。至此，后赵几
乎占领整个中国北方。公元 330 年二月，石勒称大赵天王，行
皇帝事，并设立百官，分封宗室。九月，石勒正式称帝，立儿
子石弘为皇太子。

石勒为政勤勉，奖励农耕，抚恤孤寡，看重知识，尊重人
才，崇尚儒学，倡导佛教；下令减租缓刑，打击贪污，依法办
事，缓和矛盾；设立太学小学，选部下子弟接受教育，亲临学
校考核学生学习成绩；建立考试机制，令僚佐及州郡每年举秀
才、至孝、廉清、贤良、直言、武勇之士，供朝廷选用。石勒
各项措施并用，百姓获得一线生机，社会暂时趋于稳定。然石
勒不听劝告放任堂侄石虎，为社稷和子孙留下致命后患。公元
333 年七月二十一日，在位 15 年的石勒病逝，终年 60 岁。

2. 海阳王石弘

石勒去世，20 岁太子石弘即位，石勒侄石虎总摄朝政。

石弘生于公元 314 年，为石勒次子，母亲程氏。石弘长兄
石兴早逝，石勒称帝后，立石弘为太子。石弘自幼恭谨谦虚，
很有孝行，曾随杜嘏学习经学，随续咸学习诗赋律令，是一位
知书达礼、虚怀若谷的儒生。虽然立为太子后被任命为中领
军、卫将军，镇守邺城，但这种谦逊让人的君子性格，在虎狼

环伺的年代和残暴血腥的对手面前，仅博好名而任人宰割。石弘堂兄石虎颇有将才，在后赵建立过程中，石虎立下赫赫战功。至石弘为太子时，嚣张跋扈的石虎已经掌握朝中大权。尽管大臣徐光、程遐等曾经苦劝石勒除掉石虎，以君子之心度人的石勒，认为石虎不至于残暴无形而没有听从。

公元333年石勒去世，石虎挟持石弘，强令石弘坐在殿前，当面下令逮捕曾经建言石勒防备石虎的程遐、徐光，召其子石邃带兵入宫宿卫。石弘十分惊恐，要让位给石虎，石虎逼迫石弘即位。石弘无奈，便效仿汉献帝刘协，依石虎之意任命石虎为丞相、魏王、大单于，加九锡，以魏等十三郡为食邑，统领百官；进而立石虎妻郑氏为魏王后，其子石邃为魏太子，加封使持节、侍中、大都督中外诸军事、大将军、录尚书事；石虎其余儿子石宣、石韬、石遵、石鉴等一干人等应封尽封；石虎府僚旧亲皆官居要职；石勒宫中美女及车马、珍宝、服用、器物尽移石虎府中。

石勒妻刘太后见皇运灭绝指日可待，便与石勒养子、彭城王石堪等暗中联合人马起兵反抗石虎，反被石虎剿灭，刘太后被石虎逼杀。公元334年十一月，石弘带着玺印绶带亲自来到石虎王宫，向石虎说明禅让帝位之意，石虎不接受禅让之名，而是派丞相郭殷持节入宫，废石弘为海阳王。石弘迈步登车，对群臣表示不能继任先帝大业，愧对群臣，百官无不落泪。同年，石虎把石弘和其生母程太后，以及石勒子石宏、石恢囚禁在崇训宫，不久全部杀害。石弘在位2年，终年22岁。

3. 武帝石虎

公元 334 年十一月，石虎杀石弘夺位自立。石虎父亲寇觅为明帝石勒堂兄，石虎即石勒堂侄。不知因何缘由，史载石虎为石勒父亲周曷朱抚养长大，而且周曷朱对石虎疼爱非常。早年，在饥荒和变乱中，石虎与石勒父子失散。公元 311 年十月，西晋名将刘琨为拉拢石勒对抗前赵刘渊，将流落治下的石勒母亲王氏和石虎送归石勒，石虎这年十七岁。这时，石勒已经起兵。

石虎性情残忍，游荡无度，喜欢打猎，更喜欢滥杀取乐。石勒教训无效，很想一杀了之，母亲王氏极力劝说阻拦，方才作罢。但石虎力量过人，胆量无穷，心狠手辣，敢于拼命，能骑善射，之后跟随石勒征战四方，勇冠当时，屡立战功，受到石勒重用。

公元 313 年四月，石勒派石虎攻打邺城，邺城溃败。公元 316 年四月，石勒派石虎到廪丘攻打刘演，廪丘攻克。公元 318 年十一月，石虎率军进攻平阳，靳明战败逃奔前赵。公元 319 年石虎在朔方重创鲜卑族日六延，斩杀二万多人；同年十一月，石勒任石虎为单于元辅、都督禁卫各种军务，不久又担任骠骑将军、侍中、开府，赐爵中山公。公元 320 年二月，石虎率军围攻厌次，活捉邵续；八月石虎攻击徐龛，徐龛投降。公元 321 年三月，石虎进攻驻守厌次城的东晋幽州刺史段匹磾，段匹磾兵败被杀。公元 322 年七月，石虎攻取泰山，徐龛被擒；八月，石虎率兵攻击安东将军曹嶷，收降青州大部郡县，曹嶷投降，石虎坑杀降众三万多人。公元 325 年，石虎率兵四万从成皋关入内，与刘岳在洛水以西交战，刘岳战败；同年六月，石虎攻取石梁，擒获刘岳，坑杀刘岳士兵近万人；石虎随即进攻驻守并州的王腾，擒获杀死王腾后，坑杀王腾士兵七千多人。在石虎等勇敢而又残暴血腥的屠刀下，司州、豫州、徐州、兖州地区全部归于后赵，后赵自此以淮水为界逼视东晋。

公元 326 年，石虎攻击代王拓跋纥那，拓跋纥那为避后赵之祸迁都大宁；同年十二月，石虎带领步兵进攻前赵中军，斩杀五万多前赵士兵。公元 329 年九月，石虎在义渠大败前赵军队并乘胜追击，尸体延绵数百里；石虎攻破上邽，擒前赵太子刘熙、南阳王刘胤及其将军、郡王、公卿、校尉三千多人，全数杀害，灭亡前赵，迁徙前赵朝廷文武官员、关东流民、秦州雍州大族九千多人到襄国，在洛阳坑杀屠各部众五千多；石虎进攻河西羌族集木且部，俘虏数万人，秦州、陇西全部平定，迁氐羌十五万居民到司州和冀州。公元 330 年二月，石勒称大赵天王，任石虎为太尉、尚书令，进爵为王；任石虎子石邃为冀州刺史，封为齐王。而这次封爵引发石虎愤怒，石虎私下对长子石邃说，我身当箭石，冲锋陷阵，主上却把大单于授给自己儿子。等主上驾崩，主上儿子将不会活在世上！

本来，鉴于石虎居功狂傲，暴戾无常，冷酷寡恩，右仆射程遐等大臣多次苦劝石勒除掉石虎，石勒不听。公元 332 年六月，石勒病重卧床，石虎进入禁中侍卫，矫诏不许群臣、亲属、亲戚入内。七月二十一日石勒去世，石虎召儿子石邃带兵入宫宿卫，劫持太子石弘到殿前，收捕程遐、中书令徐光，强迫石弘即位。

公元334年十一月，石虎派亲信进宫，废黜石弘为海阳王。将石弘和太后程氏、石勒的另外两个儿子秦王石宏和南阳王石恢幽禁在崇训宫，不久全部杀害，石勒众子全部死于石虎刀下。

石虎不顾人民死活，一味热衷穷兵黩武，连年征段辽，伐前燕，袭前凉，攻仇池，侵东晋，到处征杀。为满足战争欲望，石虎下令凡有免兵役特权的家族，四丁取其二；没有免兵役特权的家族，所有丁壮都要服役。为打东晋在全国征调物品，下令每五人出车一乘、牛两头、米谷五十斛、绢十份，交不上者一律斩杀。无数百姓不得不卖掉或遗弃儿女以减轻征派。而倾家荡产仍然交纳不起自缢村头路旁树杈上的百姓，远远望去成排成行，随风晃动。

石虎变本加厉大兴土木，公元342年十二月，石虎驱赶四十多万民工，在邺城以西三里广建桑梓苑，苑内临漳水修建连绵豪华宫殿，每个宫殿内美女充盈；从襄国至邺城二百里内，每隔四十里建一行宫，每宫都有数以百计美女。石虎在全国挑选掠夺民间美女三万多人，太子、王公私下发令征选美女一万多人。为完成选送美女重任，各个郡县强行夺占百姓妻女，不惜杀害她们的丈夫和父亲。

初登王位不久，石虎将首都由襄国（今河北省邢台）迁至邺（今河北省邯郸市临漳县城西南），把家国大事交由太子石邃，自己沉湎于荒淫享乐之中。岂知儿子石邃荒淫凶残更甚于父，比如石邃喜欢将美丽姬妾装饰打扮起来，然后斩下首级，洗去血污，盛放盘中与宾客传览观赏，再烹饪姬妾尸体品尝下酒。如此父子，很快产生了不可调和的矛盾。

本来，太子石邃素来骁勇，深得石虎宠爱。后来，石虎也宠爱河间公石宣和乐安公石韬，石邃对此恨之入骨。公元337年七月，石邃称病不理政事，专心密谋要杀河间公石宣，再乘机弑杀石虎。石虎知道后，杀死石邃，诛杀石邃东宫臣属二百多人，立次子石宣为太子。岂知，石宣的残暴更甚于父兄。

公元348年四月，秦公石韬受到石虎宠爱。现任太子石宣与亲信杨杯等人密谋，加快除掉石韬，等石虎哀悼石韬时趁机弑杀父亲，然后抢班夺权。八月，石宣派杨杯等人杀死石韬。石虎知道以后，用铁环穿透石宣下颌，将石宣锁在贮存坐具的仓库中，命石宣跪舔自己杀害石韬所用刀箭用具上面的血污，石宣的哀嚎声震动宫殿。接着，石虎在邺城北堆起干柴，设置安装辘轳的高杆，命石韬所宠宦官郝稚拽着石宣舌头强拉石宣上梯，然后用辘轳绞于半空，再砍断石宣手脚，挖出石宣双眼，破开石宣肠肚，然后点燃大火焚烧，即完全以石宣杀害石韬的手段处死石宣。而石宣生父石虎，就坐在高杆旁边的中台上观看。

公元349年正月，一直称王的石虎宣布称帝，改年号为太宁，并晋爵其余儿子为王。同年四月，石虎患病，不久便一病不起。四月二十三日，在位16年的石虎去世，终年55岁。

4. 谯王石世

石虎去世当日，太子石世即位，尊母亲刘氏为皇太后。刘皇太后当朝行使皇帝权力，任命张豺为丞相。张豺奏请任命彭城王石遵、义阳王石鉴为左右丞相，以此来安抚宗室重臣，皇太后刘氏允准。

公元329年，后赵灭亡前赵，后赵戎昭将军张豺在攻克上邽时，掳获前赵昭文帝刘曜幼女安定公主刘氏。刘氏当时十二岁，因姿色出众，被石虎纳为小妾，并深得石虎宠爱。公元339年，刘氏生下儿子石世。石世出生后，被石虎封为齐公。公元348年，石世被册立为太子前11年，石虎就已经册立长子石邃为太子。后因石邃谋逆被石虎处死，又接着册立次子石宣为太子，但第二年石宣也以同样原因被杀。公元348年，张豺考虑到石虎年老有病，想立石世为继承人，希望刘氏为太后，这样，自己就能够长期辅佐朝政。基于这种考虑，张豺进言石虎应该选择母贵子孝者立为太子，石虎一听就知道应该册立石世。而石虎的算盘是，自己立为太子的儿子年过二十，就要杀父弑君；石世年方十岁，等到石世二十岁时，自己也就年岁已高。于是便与张举、李农作出决定，命令公卿大臣上书，请求立石世为太子。就这样，在貌似慎重地走完一番过场之后，便确立石世为太子，刘氏为皇后。天真烂漫的10岁孩童石世，在皇王与众位大臣的阴谋中，被活活地架在了火炉上。

石世立为太子第二年，石虎因病去世，石世继位为帝。由于石世年幼，刘太后采纳群臣建议，由彭城王石遵、义阳王石鉴分别担任左右丞相，一方面辅助朝政，一方面表达安抚之意。然而，朝中一些大臣本来对石虎立幼做法不满，于是纷纷劝说石遵挥兵入城，夺位自立。早有此意的石遵当即发兵，于五月十四日兵临邺城。五月十五日，石遵身穿铠甲进城登上太武前殿，下令杀张豺灭其三族，逼刘太后下旨让石世禅位。石世禅位后被贬为谯王，不久被石遵连同其母刘太后一并杀害。石世在位33天，终年11岁。

5. 彭城王石遵

石遵杀石世后，自立为帝。石遵为石虎第九子，母亲郑樱桃。公元333年八月，石弘任命石虎为丞相、魏王、大单于、总领朝廷大小政事，石虎滥封诸子为王时，石遵被封为齐王。次年石虎废黜石弘，公元337年正月石虎自称大赵天王时，降封石遵为彭城公。

相对来说，在石虎众多儿子中，石遵多少沾一点文人气息，在两位太子提前谋位被杀之后，石遵一度成为朝野最为看好的太子人选，谁知石虎出于个人歪理，册立了最小的儿子石世，却封石遵为彭城王。石虎病重时，以石遵为大将军，镇守关右，石斌为丞相、录尚书事，张豺为镇卫大将军、领军将军、吏部尚书，共同接受遗诏辅佐朝政。刘氏忌惮石斌辅政将会谋害石世，与张豺密谋假诏废黜软禁最后杀死石斌。石虎去世，太子石世即位，尊刘氏为皇太后。张豺请求以安抚计，应任命石遵和义阳王石鉴为左右丞相，刘太后答应。

行军在河内的石遵，得知父亲石虎死讯，于是屯兵河内。讨伐梁犊归来的征虏将军冉闵、武卫将军王鸾，以及姚弋仲、苻洪等人，在李城相遇石遵，一起劝石遵挥师京城声讨张豺罪行。石遵听从劝谏，自李城发兵，掉头直奔邺城，洛州刺史刘国率领洛阳部众前来会合。讨伐檄文传到邺城，张豺十分害怕，急忙命令包围上白的军队返回。公元349年五月十一日，石遵部队驻扎荡阴，士兵已达九万人，以冉闵为前锋。张豺打算出城拦截，但邺城羯族士兵纷纷翻越城墙投奔石遵，张豺以杀头制止也未能奏效。紧要关头，太后刘氏下诏任命石遵为丞相，兼领大司马、大都督、督中外诸军、录尚书事，并加授石遵持黄钺、加九锡等特殊权力和礼遇，又增加十郡作为石遵食邑。

五月十四日，石遵抵达安阳亭，张豺十分害怕，出城迎接，石遵命令将他拘捕。五月十五日，石遵身着铠甲，从凤阳门进入邺城，登上太武前殿，捶胸顿足，宣泄悲哀，然后退至东阁，杀张豺于平乐集市，随后灭其三族。石遵等假刘太后令宣布太子年幼，以石遵为皇位继承人。于是，石遵在太武前殿即皇帝位，封石世为谯王，废黜刘氏为太妃。不久，石世和刘氏全部被害。

当时，镇守蓟城的沛王石冲，听说石遵杀石世自立为帝，便率领五万士兵南下，并将讨伐石遵的檄文传递到燕、赵之地。石冲抵达常山时，已有十多万兵众。石遵急派王擢送信劝说石冲，石冲不予理会。石遵派冉闵和李农率士卒十万讨伐石冲。双方在平棘交战，石冲军队大败，冉闵在元氏县擒获石冲。石遵赐死石冲，并坑杀石冲降卒三万多人。

接着，镇守长安的乐平王石苞，谋划率领关中兵众攻打邺城。石苞性贪婪，无谋略，雍州豪门不愿配合，于是派人把石苞要打邺城的行动禀报东晋梁州刺史司马勋，司马勋随即率兵讨伐石苞。司马勋派刘焕攻打长安，杀京兆太守刘秀离，又攻克贺城。三辅地区豪杰大多杀掉后赵郡守县令响应司马勋。此时司马勋已有三十多座营垒、五万兵众。石苞于是放弃攻打邺城的图谋，派部将麻秋、姚国等统领士兵抵抗司马勋。石遵派车骑将军王朗率精锐骑兵，以讨伐司马勋为名劫持石苞送到邺城。司马勋担心王朗精锐骑兵，不敢继续前进，十月攻克宛城，杀死后赵南阳太守袁景后撤兵回梁州。

当初，石遵李城起兵时，许诺事情成功之后，封养子冉闵做皇太子，后来石遵却立侄石衍为太子，冉闵恨石遵言而无信。冉闵历来英勇善战，屡立战功，眼下为总揽内外兵权的都督，曾安抚手下将领，说要奏请石遵封众将领为殿中员外将军，封爵关外侯。石遵却对冉闵这一建议不予准许，引发冉闵和众将怨恨。中书令孟准、左卫将军王鸾劝石遵剥夺冉闵兵权或杀掉冉闵，冉闵越发忌恨石遵。公元 349 年十一月，石遵召石鉴和乐平王石苞、汝阴王石琨、淮南王石昭等人入宫，商议除掉冉闵。这时石鉴借故外出，派宦官杨环把这一消息告诉冉闵。冉闵闻讯，与李农及右卫将军王基密谋废黜石遵，派将军苏彦、周成率领甲士三千，在南台如意观捉拿石遵。随即，周成等人在琨华殿将石遵弑杀。石遵在位183天，生年不详。

6. 义阳王石鉴

石遵去世，石鉴继承皇帝位。石鉴为石虎第三子。公元333年，石虎封石鉴为代王；公元349年改封为义阳王。当年四月，石虎去世，太子石世即位33天后，石鉴九弟石遵废黜石世自立为帝，任命石鉴为侍中、太傅。石遵养子冉闵英勇善战，石遵政变前允诺，事成之后封冉闵为皇太子。石遵夺位成功，却册立六弟石斌子石衍为太子，此举深深刺痛冉闵。深感失望的冉闵难免情绪流露，石遵便于当年十一月召石鉴等宗室子弟入宫，商议除掉冉闵。石鉴即派心腹宦官杨环向冉闵告密。冉闵闻讯，派将军周成等率三千甲士入宫，活捉并杀死石遵。石遵死后，石鉴继承皇帝位，任命冉闵为大将军，进封冉闵为武德王。

石鉴为帝后，知道自己仅为傀儡，便暗中派遣乐平王石苞、大臣李松和将军张才等人，趁夜前去刺杀冉闵。这次暗杀行动夭折后，石鉴为消除冉闵怀疑，当即诛杀李松和张才，进而将四弟石苞一并处死。此后不久，朝中将领孙伏都、刘铢等人谋划诛杀冉闵，于是入宫请石鉴同行，石鉴大加赞赏，鼓励他们忠心英勇。当孙伏都等人被冉闵击败，为示自己无辜，石鉴主动打开宫门迎接冉闵。冉闵下令诛杀孙伏都等人，并将石鉴看押在观龙台。公元350年，冉闵改国号为卫，石氏宗室纷纷起兵反抗。石鉴从宫中派人联络外地宗室子弟，告知宫中兵力部署情况，请宗室子弟乘虚袭击邺城。所派之人则将情报直接呈给冉闵，冉闵废黜石鉴帝位，不久石鉴被杀。石鉴在位103天，生年不详。

7. 赵王石祗（zhī）

石鉴被杀以后，在襄国的石虎第十子、新兴王石祗于公元350年三月自立为帝，五胡拥兵头领纷纷响应。石祗任命汝阴王石琨为相国，任命羌人姚弋仲为右丞相、亲赵王，任命姚弋仲子姚襄为骠骑将军、豫州刺史、新昌公，任命氐人苻健为都督河南诸军事、镇南大将军、开府仪同三司、兖州牧、略阳郡公，全力围攻冉闵。

同年四月，石祗派相国石琨领众十万攻打邺城；六月，石祗进兵据守邯郸，冉闵在邯郸大败石琨，死者数以万计。公元350年十一月，冉闵带领十万步骑兵到襄国，攻打石祗长达一百多天，挖掘地道，垒筑土山，建造房屋，翻地耕作。石祗非常恐惧，于是去掉帝号，改称为赵王，派使者奔前燕请求援军。这时，石琨自冀州前来援救石祗，姚弋仲遣子姚襄率领三万八千骑兵自滠头前来，前燕慕容儁派遣将军悦绾率领三万披甲士兵自龙城赶到，三方强劲士卒达十多万人。姚襄、悦

绾、石琨等部三面夹击，石祗猛攻其后，冉闵军大败，冉闵
潜逃邺城。

石祗派刘显带领七万士众攻打邺城，冉闵带领全部兵马作
战，大败刘显，追击刘显到阳平，斩杀三万余人。刘显畏惧，
密派使者请求投降，并以杀死石祗为表示投降的诚心。四月，
刘显杀死石祗及其太宰赵鹿等十余人，送石祗首级到邺城，后
赵亡。石祗在位 13 个月，生年不详。

六、前 燕

（337 年—370 年）

公元 337 年十月，曾被东晋封为辽东公的慕容皝自立为燕王，都龙城（今辽宁朝阳），后迁都于蓟城（今北京西南）、邺城，史称前燕。

慕容氏是鲜卑族的一支，三国曹魏初年，慕容部首领莫护跋率诸部由鲜卑山（今内蒙古呼伦贝尔）徙居辽西地区。公元 238 年莫护跋协助司马懿征讨辽东太守公孙渊有功，被封为率义王，安置其部于棘城（今辽宁省北票市）以北地区。其后，慕容木延、慕容涉归先后继承为慕容部部族首领。慕容涉归掌权时，为避开鲜卑宇文部的压力，迁徙慕容部到辽东北部。

生于公元 269 年的慕容涉归子慕容廆，自幼聪明过人，少年时已经身材魁伟、容貌俊美、行为出众，当地名士称其有治世之才。公元 283 年慕容涉归去世，其弟慕容耐篡夺政权，企图杀害慕容廆，慕容廆成功逃脱。公元 285 年部众杀慕容耐，迎立慕容廆为单于。

慕容廆四面出击，侵掠西晋辽西，在同周边宇文部、鲜卑段部以及夫余等势力反复对抗中，不断壮大自己。后通过臣服西晋，在朝廷支持下名正言顺获得鲜卑都督地位。公元294年，慕容廆迁居至大棘城（今辽宁义县西），教导百姓从事农桑，开启以定居为主的农业生活，逐渐接受汉文化，推动本部封建化进程。公元302年，兖、豫、徐、冀四州及邻近幽州发生水灾，慕容廆开仓赈灾，助受灾百姓渡过困境，声名大振。公元307年慕容廆自称鲜卑大单于，加速向割据政权迈进。公元309年，辽东太守庞本为报私仇杀害东夷校尉李臻。一直寻衅闹事的边塞鲜卑素连、木津等假托为李臻报仇，乘机攻城略县，杀戮士庶，涂炭生灵。慕容廆率兵征讨素连、木津，斩杀强寇，恢复秩序，设立辽东郡，慕容部在辽东势力更加巩固。

公元311年西晋永嘉之乱导致中原长期混战，躲避战乱的流民逃向东方。慕容廆政令严明，虚心纳贤，流亡的士族庶人携带亲邻前来归附。为大量吸引安置流民，慕容廆为冀州流民设冀阳郡，为豫州流民设成周郡，为青州流民设营丘郡，为并州流民设唐国郡，设置谋主、股肱、枢要等初级官僚机构和官职，吸纳流民中的贤才，委托他们协助处理政务。归附名士刘赞精通儒学，慕容廆以其为东庠祭酒，命儿子和贵族子弟拜师受业。通过广泛接收汉人，慕容部获得了先进的农耕技术，促进了农业生产，开始学习中原文化。

在与慕容部竞争的诸多势力中，王浚于公元314年为石勒所灭。当时，平州刺史、东夷校尉崔毖有心怀柔聚集流亡民众，但没有人前往归附。崔毖以为慕容廆强留流民，暗中勾结高句丽及宇文鲜卑、段部鲜卑等，商议消灭慕容廆，并瓜分其土地。公元319年，三家联合讨伐慕容廆。慕容廆一方面离间三方关系，一方面组织积极防御，出奇兵火烧宇文悉独官军营，宇文悉独官只身逃命，其士众被慕容廆悉数俘获；崔毖争战败于慕容廆，丢弃家室与数十名骑兵逃往高句丽，其士众全部降归慕容廆。时晋元帝遣使任慕容廆为监平州诸军事、安北将军、平州刺史，加二千户食邑。不久加任使持节、都督幽平二州东夷诸军事、车骑将军、平州牧，进封辽东郡公，食邑一万户，常侍、单于等一并如故；慕容廆手持皇帝所赐世代享有特权的丹书铁券，受命统辖海东一带，设置百官，设平州守宰，进一步强化了对辽西、辽东的控制。

公元333年五月，65岁的慕容廆去世，诸子间爆发了争夺继承权的战争。世子慕容皝即位之际，其同母弟慕容仁起兵反叛。公元334年，慕容仁自称平州刺史、辽东公，割据辽东。一时间效忠慕容皝者纷纷改投慕容仁，不久，慕容仁尽有辽东之地，段部鲜卑首领段辽及其他鲜卑部落，与慕容仁遥相呼应，而慕容皝仅据有今辽西走廊一带，自此慕容部分裂为二，相互攻击。公元336年，慕容皝大举讨伐慕容仁，自渤海岸踏冰而行，急进三百多里，慕容仁仓促应战，部将阵前倒戈，慕容仁被擒，被慕容皝赐死，慕容部重归统一。

公元337年九月，慕容皝即位为燕王，前燕成立。之后，慕容皝与后赵联合击溃段部，又与后赵多次开战，先后灭段部、宇文部、夫余，迫使高句丽臣服，确立了前燕对辽东、辽西的统治。

公元 348 年九月慕容皝去世，其第二子慕容儁即位。慕容儁趁后赵石虎去世之际，于公元 350 年一月率 20 万大军进攻中原；公元 352 年八月灭冉魏政权，并于同年十一月在中山称帝。公元 357 年十一月，前燕迁都于邺城。从此，前燕与东晋及前秦三家鼎立。

公元 360 年一月慕容儁去世后，其子慕容暐即皇帝位，建立起以太宰、太傅、太保、太师、太尉、大司马、司徒、司空，即所谓八公为首的统治机构。慕容暐才能不及其父，而慕容儁去世前，命弟太原王慕容恪辅佐十一岁太子慕容暐，慕容暐也十分倚重叔父慕容恪。慕容恪精心打理内外，从公元 360 年辅政到公元 367 年慕容恪病逝期间，前燕政治较为稳定。其间的公元 361 年，前燕河内太守吕护倒戈，导致前燕与东晋之间发生冲突。公元 363 年四月，前燕慕容忠攻荥阳，东晋荥阳太守逃到鲁阳；公元 364 年二月，前燕李洪略地河南；四月，前燕攻许昌、汝南、陈郡，徙上述三地万余户百姓于幽州，遣镇南将军慕容尘屯许昌；七月，太宰慕容恪亲自领兵攻打洛阳，东晋洛阳守军战败逃离；公元 365 年，前燕攻克洛阳；公元 366 年，前燕几乎全面控制淮北。

慕容恪去世，实权落入心胸狭窄的慕容评手中，内政外交接连失误。公元 369 年，东晋大司马桓温北伐前燕，并于七月进驻枋头。当时慕容暐及慕容评想逃回故都龙城避难，吴王慕容垂请求出战。被慕容暐任为南讨大都督的慕容垂，率慕容德等五万兵出战。慕容德至石门阻止晋军开通漕运，豫州刺史李邽阻断晋军粮道，桓温屡战不利，粮食不足，于九月循陆路撤军。慕容垂率八十骑兵尾随骚扰晋军，慕容德在襄邑埋设伏兵，兄弟二人配合夹击桓温，大败并斩杀晋军三万多人，桓温收拾残军南撤。

慕容暐叔慕容垂在击败桓温的战役中立下大功，然而被辅政的慕容评屡屡猜忌，并谋划除掉慕容垂。慕容垂被逼无奈，与妻段氏、慕容宝、慕容楷等西奔前秦。苻坚早有消灭前燕之心，而一直忌惮慕容垂。慕容垂投诚后，苻坚于公元 370 年九月组织六万军队进攻前燕。为人贪鄙的慕容评致使军心离散，结果前燕 15 万主力部队被王猛率领的前秦军歼灭，苻坚趁势率 10 万军队包围前燕首都邺城。公元 370 年十一月，慕容暐逃出邺城，试图返回辽东，中途被前秦军抓获，前燕灭亡。前燕传 3 主，历 34 年，盛时统治区域有今北京、河北、山东和山西、河南、安徽、江苏、辽宁的一部分，西接前秦，南与东晋以淮水为界，史称前燕"南至汝颍，东尽青齐，西抵崤黾，北守云中"，与关中的前秦平分黄河流域。

1. 文明帝慕容皝（huàng）

公元 337 年十月，慕容皝即燕王位，建立前燕。慕容皝生于公元 297 年，为慕容廆第三子，母亲段氏。慕容廆任辽东公时，立慕容皝为世子。

慕容皝初继位，有雄武之才的庶兄建威将军慕容翰、同母弟征虏将军慕容仁、广武将军慕容昭担忧自己难于被慕容皝容纳，慕容翰出奔段辽，慕容仁劝慕容昭起兵废黜慕容皝，事泄慕容昭被杀。事已败露之后的慕容仁东据平郭（今辽宁熊岳），襄平令王冰、将军孙机携辽东反叛慕容皝投慕容仁，慕容仁遂占有辽东全部土地，自称车骑将军、平州刺史、辽东公。宇文逸豆归、段辽及鲜卑诸部纷纷响应慕容仁，声称与慕容仁结盟，愿为慕容仁后援。

其间，慕容皝与鲜卑酋长木堤、乌桓悉罗侯，以及乙连、段辽等周边势力反复交战，胜多败少。之后，慕容皝亲自征讨慕容仁，攻克襄平，斩杀慕容仁所置地方官吏。公元336年，慕容皝力排众议，从冰封海面偷袭慕容仁，擒杀慕容仁而返。同年，慕容皝与段辽、宇文逸豆归多次交战，均获大胜。公元337年十月，慕容皝即燕王位，设官署，封官吏，追尊父亲慕容廆为武宣王，册立世子慕容儁为王太子，建立前燕。

同年，慕容皝因段辽经常祸患边境，向后赵石虎称臣，请求石虎出兵共同讨伐段辽，后赵石虎与慕容皝密约第二年会合。公元338年石虎率士卒至徐无，段辽逃往密云山。石虎进入令支，慕容皝正率军攻打段辽令支以北诸城，斩杀段辽军士首级数千，掳掠段辽五千余户而返。石虎怒慕容皝不依约会师，转身率军攻打前燕，后赵大军逼至棘城，慕容皝所辖郡县三十六城反叛前燕归顺石虎。前燕后赵相互对峙，慕容皝派其子慕容恪带领二千骑兵，清晨出城攻击后赵围城部队。石虎诸军惊恐混乱，弃甲而逃。慕容恪乘胜追击，斩杀俘获三万余人。

当初，建威将军慕容翰投奔段辽，段辽失败后又投奔宇文逸豆归，眼见宇文逸豆归气息奄奄，一贯威名远播的慕容翰穷途末路至此，便佯装疯癫，放纵饮酒。慕容皝派商人王车暗中观察，判断慕容翰有回归之意，便派王车暗送弓矢于慕容翰。慕容翰盗宇文逸豆归骏马，带二子归顺慕容皝。之后，慕容翰父子成为前燕少有的能臣名将。

公元341年，慕容皝迁都龙城后，亲率四万精兵自南陕入讨宇文部、高句丽，与高句丽王王钊在木底交战，大败王钊军，乘胜攻入高句丽都城丸都。公元344年，慕容皝以慕容翰慕容垂父子为前锋讨伐宇文逸豆归，宇文逸豆归远逃大漠以北，慕容皝俘其全部士兵，得地千里，迁徙其五万余户部众到昌黎，分牧牛给贫苦人家，准许他们在皇家园林中耕作。

公元345年，慕容皝令其子慕容恪攻克高句丽的南苏。次年，慕容皝派其世子慕容儁与慕容恪带兵东袭夫余，俘虏夫余王及其部众五万余口。随即挥师北上直捣鲜卑宇文氏都城，劫掠畜产资货，迁宇文部众五万余人定居昌黎，从此鲜卑各部俯首听命于慕容氏，成为慕容氏的部属。

慕容皝有雄才大略，为广开直言之路，树立木柱求纳谏言；不断攻城略地尽有北方，并为入主中原统一全国做战略准备；注重农桑，下令所有移民流民实行屯田，由国家发给耕牛，并经常巡视郡县，考核劝勉农事；轻徭薄赋，减租让利，使百姓得以休养生息；建立学校，鼓励王公大臣子弟读书，亲临东庠考核学生，择优录用精通经籍者为近侍。短短十几年时间，前燕扫除劲敌，拓展疆域，安定百姓，经济得到长足发展。

公元 348 年九月，慕容皝狩猎驰马追逐一只白兔时，马倒人伤，乘辇车回宫，于九月十七日去世。慕容皝在位 15 年，终年 52 岁。

2. 景昭帝慕容儁（jùn）

慕容皝去世，世子慕容儁于同年十一月二十六日嗣位。慕容儁生于公元 319 年，为慕容皝第二子。慕容儁祖父慕容廆生前曾夸慕容儁骨相不同于常人，家族事业后继有望。慕容儁长大后，身材魁伟，博览群书，有文才武略，曾领兵攻略段部鲜卑大胜而还。公元 341 年东晋册封慕容皝为燕王，同时以慕容儁为假节、安北将军、东夷校尉、左贤王、燕王世子。

慕容儁继承燕王位半年后，后赵皇帝石虎去世，石虎诸子争位，后赵国内大乱。慕容儁精心谋划，挑选精兵，以待时机图谋中原。公元 350 年，慕容儁率领三路大军征伐后赵，攻陷蓟城（今北京西南），并迁都于此。后赵大将军冉闵杀石祗，在邺城称帝，国号大魏，史称冉魏。慕容儁派遣大军与冉闵作战，于公元 352 年八月打败冉闵军队，擒获冉闵后将其斩杀，不久攻克邺城，又从冉闵部下手中得到传国玉玺。同年十二月十三日，慕容儁即皇帝位，设置百官，追尊祖父慕容廆为高祖武宣皇帝，父亲慕容廆为太祖文明皇帝；立妻可足浑氏为皇后，世子慕容晔为皇太子，后迁都邺城。

公元 353 年，东晋宁朔将军荣胡以彭城、鲁郡向慕容儁投降。常山人李犊聚集数千人，在普壁垒谋反，慕容儁派慕容恪讨伐李犊，李犊投降。当初冉闵失败后，王午自封安国王。王午去世后，吕护又沿袭王午封号，驻守鲁口自保。慕容恪进军并收降吕护全部部众。公元 354 年，后秦姚襄带着梁国向慕容儁投降。公元 355 年，前秦苻生部下河内太守王会、黎阳太守韩高以所辖郡归附慕容儁；东晋兰陵太守孙黑、济北太守高柱、建兴太守高瓮各以所辖郡归附慕容儁。

当初，鲜卑段部段兰子段龛趁冉闵之乱，聚众到东部屯兵广固，自称齐王，对东晋称藩，慕容儁派慕容恪讨伐段龛。段龛率三万士众抵御慕容恪。慕容恪与段龛在济水南遭遇，打败并斩段龛之弟段钦，慕容恪进兵包围广固，筑造房屋屯田耕种，严密包围广固，段龛所任徐州刺史王腾、索头单于薛云向慕容恪投降，慕容恪攻克广固，迁鲜卑胡羯三千余户到蓟。公元 357 年四月，慕容儁派遣抚军将军慕容垂、中军将军慕容虔与护军将军平熙等人，率领八万步卒骑兵到塞北地区讨伐丁零敕勒部，大败敌方，斩杀俘获十余万人，缴获十三万马匹，缴获牛羊不计其数。及后，匈奴单于贺赖头率领三万五千士卒向慕容儁投降。公元 358 年十月，东晋太山太守诸葛攸讨伐东郡，慕容儁派慕容恪抵御迎战，大败晋军。东晋北中郎将谢万原逃离所据守的梁州和宋州，慕容儁乘机攻克黄河以南地区，汝、颍、谯、沛诸郡尽归前燕。

公元 356 年慕容儁太子慕容晔去世，次年二月，慕容儁立次子慕容暐为太子。四月，慕容儁派抚军将军慕容垂等人率兵八万，赴塞北讨伐丁零敕勒部，斩杀俘获十余万人，缴获马匹十三万，牛羊不计其数。及后，匈奴单于贺赖头率领三万多部落士卒投降慕容儁，慕容儁以其为宁西将军、云中郡公，安置于代郡平舒城。公元 358 年十月，慕容儁进军黄河以南地区，攻克占据汝、颍、谯、沛，设置地方长官，扩展了前燕版图。然入主中原之后，前燕君臣迅速腐化。皇帝慕容儁后宫四千，童仆五万，穷奢极欲，日费万金。

公元 359 年慕容儁谋划南征东晋、消灭前秦，下令各州郡清点检查现有兵丁，检查核实户口，准备大举征兵到一百五十万，以进军洛阳，消灭前秦。公元 360 年正月二十日，慕容儁在邺城检阅军队时，病情加重，即刻召见慕容恪、慕容评等人，遗诏辅佐朝政。正月二十一日慕容儁去世，其在位 13 年，终年 42 岁。

3. 幽帝慕容暐（wěi）

慕容儁去世四天后，太子慕容暐即位。慕容暐生于公元 350 年，为慕容儁第三子，母亲可足浑氏。慕容暐初封中山王，公元 357 年其兄前太子去世，慕容暐被立为太子。

慕容儁去世时，太子慕容暐 11 岁。群臣欲立慕容儁弟慕容恪为帝，慕容恪坚辞。慕容暐即位后，以其母可足浑氏为皇太后，依慕容儁遗诏，任慕容恪为太宰，慕容评为太傅，慕舆根为太师，共同辅助朝政。

慕容暐平庸暗弱，国家大事全部交付慕容恪。慕舆根自恃为故旧功臣，无视幼主，且忌恨慕容恪统领朝廷人权，准备伺机作乱，篡夺皇位。慕容暐发觉慕舆根异常，派侍中皇甫真、护军傅颜拘捕斩杀慕舆根，避免一场宫廷大乱。公元363年慕容暐派宁东将军慕容忠攻克荥阳，次年派慕容评攻克东晋许昌、悬瓠、陈郡，迁徙一万多户到幽、冀二州；之后派兵攻打洛阳，相继攻克黄河以南各营垒。

慕容恪为前燕著名将领，也有很强的治国才能。慕容暐虽然相对平庸，但对慕容恪十分倚重。在慕容恪主政时期，前燕平定内乱于未发，剪除伺机作乱之臣，版图也不断扩大。随着慕容暐逐渐长大，慕容恪以当时国内旱涝灾害不断为由，提出还政于慕容暐。慕容暐一再挽留，并明确表示倚仗叔父治理国家。慕容恪一心辅佐，将前燕内外打理得有条不紊。公元367年慕容恪去世，气量狭小的慕容评主政，前燕政局开始不稳。当时仆射悦绾上奏尽罢军封荫户，以防止人口大量隐匿。慕容暐降旨，悦绾依旨释放隐匿荫户二十多万，这一利国利民之举却惹怒慕容评，慕容评派人将悦绾暗杀。

公元369年东晋大司马桓温、江州刺史桓冲、豫州刺史袁真率领士卒讨伐慕容暐，前兖州刺史孙元起兵响应。桓温部将一路连连得胜，士气大振。慕容暐惧怕，谋划逃回和龙（今辽宁锦州）。慕容垂主动请战，慕容暐任慕容垂为使持节、南讨大都督，慕容德为征南将军，率领五万士众抵御桓温；派散骑侍郎乐嵩向前秦苻坚请求救兵。苻坚派将军苟池率领二万士众，从洛阳出发驻兵颍川，表面赶赴增援，实际欲乘机兼并慕容暐势力。慕容德驻兵石门，从水路断绝桓温运粮通道；豫州刺史李邦带兵截断桓温给养输送道路。桓温多次出兵不利，粮食运输断绝，又听苻坚军队来到，便焚舟弃甲而退。慕容德带领四千强悍骑兵埋伏山涧之中，与慕容垂前后夹击，晋军大败，死伤惨重。

慕容垂立下大功，威严恩德声名愈震，慕容评更加忌惮。太后可足浑氏一贯不喜欢慕容垂，多次诋毁慕容垂战功。慕容评与可足浑氏合拍，谋划杀害慕容垂。慕容垂得到风声，逃离前燕投奔前秦。

同年，慕容暐派黄门侍郎梁琛出使前秦，与苻坚通好。梁琛回国，慎重建议慕容暐防备前秦。慕容评认为前秦国小力弱，将会长期仰仗前燕为后盾，且苻坚施行善道，不必自找烦扰激起苻坚侵犯之心。慕容暐深以为然，君臣都不以前秦为患。

不久苻坚派其将王猛率领士众攻打前燕，在金墉攻打慕容筑。慕容暐派慕容臧带兵解救。慕容臧驻荥阳，王猛部将梁成、洛州刺史邓羌与慕容臧在石门交战，慕容臧军队大败，死者达一万余人。慕容筑因增援部队不能到达，以金墉投降王猛。

当时，外有晋军以及苻坚交相侵犯，战争不断；内有慕容暐母可足浑氏干扰政务、慕容评贪财受贿广用小人，朝野怨声载道，危机四伏。公元 370 年，苻坚再派王猛、杨安带众讨伐前燕，王猛攻打壶关，杨安攻打晋阳。慕容暐派慕容评等人率领本族与外族四十余万精锐士卒抵御。王猛、杨安进兵潞川，与慕容评等对峙。慕容评以持久战应对王猛，王猛派郭庆带领五千骑兵趁夜烧毁慕容评辎重，慕容暐在邺城望见火势，派侍中兰伊指责慕容评，慕容评与王猛在潞川交战，前燕军队大败，死者五万多人，慕容评骑马逃回，王猛长驱直入到邺城，苻坚率领十万士众与王猛会合攻打慕容暐。散骑侍郎徐蔚等率领扶余、高句丽及上党派来作为人质的五百余人，半夜打开城门迎接苻坚，慕容暐与慕容评等几十人骑马逃往昌黎。苻坚派郭庆在高阳追击慕容暐，慕容暐被苻坚部将巨武擒获。苻坚释放慕容暐，慕容暐回宫率领文武官员出城投降，前燕灭亡。同年十二月，苻坚迁慕容暐及其王公以下臣僚族人与鲜卑人四万余户到长安，封慕容暐为新兴侯。

公元 383 年苻坚大举南侵东晋发动淝水之战，以慕容暐为平南将军、别部都督。苻坚此战惨败，慕容暐跟随苻坚回到长安。第二年慕容垂叛前秦建立后燕，慕容暐弟慕容泓在关中起兵建立西燕，在苻坚身边的慕容暐策划杀苻坚响应，事情败露被苻坚斩杀。慕容暐在位 11 年，终年 35 岁。

七、代

（338 年—376 年）

公元 338 年十一月，拓跋什翼犍继承代王位，改元建国，都盛乐（今内蒙古自治区和林格尔县）。

鲜卑拓跋部最初生活在大兴安岭北部。汉末晋初，拓跋部首领拓跋力微率部居住于长川。拓跋力微治理有方，周边部落纷纷归附。公元 248 年拓跋力微吞并没鹿回部，拥众达二十万。公元 258 年迁都盛乐，成为鲜卑部落联盟首领。公元 261 年，拓跋力微遣长子拓跋沙漠汗入魏为质，学习中原文化。公元 277 年，拓跋力微中幽州刺史卫瓘离间计，赐死拓跋沙漠汗，各部酋长分崩离散。

拓跋力微去世之后，拓跋力微子拓跋悉鹿、拓跋绰和侄拓跋弗相继统治。公元 294 年拓跋弗去世，拓跋力微子拓跋禄官继位。次年拓跋禄官将拓跋部领土划分为东、中、西三部，拓跋禄官自己统率东部，长兄拓跋沙漠汗长子拓跋猗㐌统率中部，拓跋猗㐌弟拓跋猗卢统率西部，三部继续与西晋交好。

拓跋猗卢善于用兵，公元 295 年出兵并州，将北方各少数民族部众北迁至云中、五原、朔方。西渡黄河攻打匈奴、乌桓各部，将各部落击败。公元 297 年，拓跋猗卢越过沙漠向北用兵，经过五年时间，有三十多家部落民众投降归附。拓跋猗㐌、拓跋禄官相继去世以后，拓跋猗卢总管三部，重新统一鲜卑拓跋部。由于拓跋猗卢统治区域邻近中原，在西晋八王之乱时曾接纳大量汉族，并援助并州刺史司马腾，之后协助西晋抵御刘渊。凭借这一功绩，晋怀帝于公元 310 年十月封拓跋猗卢为大单于、代公，拓跋猗卢便将代郡（今河北省蔚县）至雁门（今山西代县）一带纳入自己势力范围。为进一步增强势力，拓跋猗卢与西晋并州刺史刘琨结盟为兄弟，曾出兵协助西晋与前赵以及匈奴铁弗部等势力交战。西晋为回报拓跋猗卢出兵，将东起代郡西至朔方（今内蒙古自治区乌拉特前旗）之间的大片领土给拓跋猗卢。拓跋猗卢便以盛乐为北都，以平城（今山西省大同市）为南都，建造中原式的都城，并且让汉人参与到政权中来。公元 315 年二月，西晋册封拓跋猗卢为代王。后来，拓跋猗卢在继承人问题上处理不当，与长子拓跋六修矛盾升级。公元 316 年三月，拓跋猗卢率军讨伐镇守南都的长子拓跋六修，被拓跋六修打败后杀害。此后不久，拓跋六修被其弟拓跋普根消灭，拓跋普根也很快离世。从此，鲜卑拓跋部陷入大规模的内部混战之中，同时受到刘琨、鲜卑宇文部、后赵等势力挤压，直至公元 338 年拓跋什翼犍主政。

　　拓跋什翼犍为拓跋猗卢弟拓跋弗之孙，曾作为人质在后赵生活十年。公元 338 年十一月，拓跋什翼犍继位代王，效仿晋朝整备官僚机构，设置百官，分掌众职。将外来民众分成两个部落，各自设置大人监察，令其弟拓跋孤监察北部，其子拓跋寔君监察南部。拓跋什翼犍还以代郡人燕凤为长史，许谦为郎中令，建立法制，使百姓安居乐业。从诸部大人、豪族子弟中选取有才干者作为近侍，致力于消解内部对立。在对外方面，拓跋什翼犍与后赵交往密切，与前燕保持通婚关系，还主动与前秦接触，着意维持与中原统治势力之间的外交关系。同时，拓跋什翼犍于公元363年十月和公元370年十一月，两次对高车等北方游牧民族展开攻击，均大获全胜。

这时，活动于鄂尔多斯一带的匈奴铁弗部刘卫辰不甘臣服于代，便开始与前秦来往。拓跋什翼犍于公元365年一月讨伐刘卫辰。两年之后拓跋什翼犍再度袭击刘卫辰，获得刘卫辰大半部民和数十万头牲畜。逃往前秦的刘卫辰于公元376年十月作为前秦军队的先锋，全力攻击拓跋什翼犍。在这次战斗中，已经患病的拓跋什翼犍在返回云中之际，因继承人等问题悬而未决，被其庶长子拓跋寔君杀害。这一消息传到前秦军中，前秦李柔、张蚝等将领即刻发兵攻至云中郡，代国部众纷纷逃散，代国灭亡。代国辖境并入前秦后，被苻坚以黄河为界一分为二，黄河以西分给匈奴铁弗部的刘卫辰，黄河以东分给匈奴独孤部的刘库仁，杀死其父的拓跋寔君被秦军押解至长安处死。

代传1主，历39年，亡于前秦。统治区域有今内蒙古自治区大部和山西北部。

代王拓跋什翼犍（qián）

拓跋什翼犍生于公元 320 年，为鲜卑拓跋部首领跋猗卢弟拓跋弗孙、拓跋郁律次子，母亲王氏。公元 316 年，西晋封为代王的拓跋猗奇去世，该部在内乱中大伤元气。后拓跋郁律成为首领，也被封为代王。公元 321 年拓跋郁律去世。八年后的公元 329 年，拓跋什翼犍长兄拓跋翳槐继位。同年，拓跋翳槐为和好后赵，派拓跋什翼犍到后赵做人质。拓跋什翼犍在后赵襄国生活达十年，受汉文化影响颇深。公元 338 年十月，拓跋翳槐病危，临终前遗命诸部大人，一定要迎立拓跋什翼犍继位，才能安定社稷。拓跋翳槐去世后，梁盖等人认为旧主新丧，而拓跋什翼犍离国尚远，为防止生变，准备另立新君。因拓跋翳槐次弟拓跋屈刚猛多诈，不如拓跋屈弟拓跋孤仁厚，便杀拓跋屈而立拓跋孤。拓跋孤不同意，亲自到后赵请拓跋什翼犍回国。

公元 338 年十一月，19 岁的拓跋什翼犍回国继位，改元建国，设置百官分掌众职；把前来归附的多国民众分成南北两个部落，令其弟拓跋孤监察北部，其子拓跋寔君监察南部。拓跋什翼犍还以代郡人燕凤为长史，许谦为郎中令，订立制度，休养百姓。同时，拓跋什翼犍还向前燕皇帝慕容皝求婚，慕容皝将其妹嫁与拓跋什翼犍。

公元 340 年春，拓跋什翼犍迁都于云中郡盛乐宫（今内蒙古自治区呼和浩特市）。次年九月，拓跋什翼犍修筑盛乐城于故城城南八里处。十月，匈奴铁弗部首领刘虎进犯代国西部边境，拓跋什翼犍派军迎击，大败刘虎军。刘虎去世，其子刘务桓继任后归顺代国，拓跋什翼犍嫁女与刘务桓。代国与丁零、高车部落错居，彼此征战不息。公元363年十月，拓跋什翼犍亲自率军攻打高车部，俘虏万余人，获得牲畜一百余万头。公元364年十一月，拓跋什翼犍打败没歌部，俘获牲畜数百万头。公元365年正月，刘务桓子、匈奴左贤王刘卫辰背叛代国归附前秦。拓跋什翼犍率军东渡黄河讨伐刘卫辰，刘卫辰逃走。公元367年二月，前燕军长途奔袭漠南敕勒，经过代国境内时，破坏代国稻田，拓跋什翼犍极为生气。七月，慕容厉等打败敕勒，俘获牛马数万头。当时，前燕平北将军、武强公慕容塈率领幽州（治今北京市）军队戍守云中（今内蒙古自治区托克托县）。八月，拓跋什翼犍进攻云中，慕容塈弃城逃走。十月，拓跋什翼犍率军攻打刘卫辰。从代国都城盛乐西击朔方，须渡黄河。当时黄河尚未封冻，拓跋什翼犍派兵用苇子编成粗绳以阻挡流动的冰块。不久，分散的冰块连在一起，但并不坚固。拓跋什翼犍命人把苇子散在冰上，夜间气温下降，冰和苇冻在一起，如同浮桥一般，大军得以顺利渡过黄河，突然出现在刘卫辰面前。刘卫辰猝不及防，不敢交战，率领兵众、族人西逃。在仓皇之中，丢下十分之六七的部落，全被拓跋什翼犍收编。拓跋什翼犍返回代国，刘卫辰逃奔前秦。

次年，刘卫辰向前秦皇帝苻坚求援。公元376年，苻坚派大司马苻洛率领二十万大军，与朱彤、张蚝、邓羌等分路进犯代国，直逼代国南部边境。鲜卑白部和独孤部迎击前秦军，二部战败。南部统帅刘库仁退回云中郡。拓跋什翼犍派刘库仁率十万骑兵在石子岭迎战，作战失利。当时拓跋什翼犍患病在身，群臣中无人可以担当御敌重任。于是，拓跋什翼犍带病率领国人避难于阴山之北。此时，所属高车各部乘机全部反叛，四面受敌的拓跋什翼犍继续向漠南迁移。之后前秦军开始撤退，十二月拓跋什翼犍返回云中郡，因继承人等问题久拖未决，拓跋什翼犍被其庶长子拓跋寔君杀害。拓跋什翼犍在位39 年，终年57 岁。

八、冉　魏

（350 年—352 年）

公元 350 年正月，冉闵灭后赵称帝，国号大魏，都邺城，史称冉魏。

冉闵生父冉良为汉人，又名石瞻，祖居魏郡内黄（今河南内黄西北），其祖先曾任汉朝黎阳骑都督，家族世代担任牙门将。冉良在陈午所领导的乞活军中长大，自幼习武，谋勇双全。

乞活军是在西晋政权倾覆时，中原地区始终反抗五胡统治的一支武装流民集团。公元 306 年十二月，多年饥馑的并州在五胡不断劫掠、天灾人祸相压、百姓朝不保夕的情况下，州将田甄、田兰、任祉等带头武装吏民，以对抗五胡的残暴掠杀。这一集团始终没有改变抗击五胡的初衷，而且坚持长达一百多年。乞活军中间，有一支作战特别出色、立场比较坚定的队伍，就是以陈午为首的乞活军。陈午始终在中原地区抗御五胡，冉良在陈午所领导的这支乞活军中，锻炼得足智多谋，熟于骑马，多力，善射，11 岁时就已经统率族人与胡人作战。

其间，冉良曾率族人从魏地（今属河南）过江奔东晋，要求晋室出兵北伐。这次请兵虽然未果，东晋却给少年冉良一个"建节将军"的封号。后来在河内大战中，12 岁的冉良叫阵羯胡大军，射杀刺死敌军多人。阵前指挥作战的石勒十分惊奇，吩咐部下将冉良活捉，并命石虎收冉良为养子，改姓名为石瞻。冉良勇猛无惧，攻战无敌，历任左积射将军，封西华侯。冉良子冉闵为石虎养孙，取名石闵。石闵年幼时就果断敏锐，很受石虎喜爱；成年后，身高八尺，骁勇善战。公元 338 年石虎在昌黎之战中大败，后赵各路军队弃甲溃散，唯石闵所率军队建制成形，战力不减。石闵从此威名大显，一直以将军身份辅佐石虎政权。

公元 349 年四月石虎去世，幼子石世继立，石虎众子争位。同年五月，石闵拥立石遵，并以都督中外诸军事、辅国大将军身份掌握军权，辅佐石遵。石遵无子，以石闵为养子，约定夺位一旦成功，即册封石闵为皇太子。后来，石遵背约而试图除掉石闵。石闵利用石鉴逮捕石遵，并将石遵杀害。在石鉴政权中，石闵担任大将军，执掌实权。曾在石虎去世诸子争立、大臣相杀之际，大将李农畏诛，逃奔广宗（今河北威县东）乞活军根据地，乞活军为了有利于推翻后赵统治，自动接受李农指挥，和李农一起退保上白。这样，李农与乞活军建立了紧密联系。石闵掌握实权后，李农回邺担任大司马，与石闵同掌政权。同年十二月，石鉴发动对石闵、李农的夜袭行动失败，在襄国的石祗与在邺的石成、石启等相继预谋诛杀石闵、李农，后赵一时兴起讨伐石闵、李农的浪潮。石闵、李农在平息讨伐过程中，发现以石氏为中心的五胡已经决心置自己于死地，便开始在邺城屠杀五胡。公元350年闰二月，石闵、李农杀死石鉴，并将石虎孙辈杀害殆尽。这时，李农联络并利用乞活军势力打击五胡，与众将拥石闵在邺城即皇帝位。因石闵出生地为古魏郡、都城邺为古魏郡治所，故取国号魏，并改回冉姓，史称冉魏。

石虎第十子、新兴王石祗听到石鉴已死，便在襄国（今河北邢台）称帝，五胡据守州郡拥有兵力的头领纷纷响应。公元350年四月，石祗派其相国石琨带领十万士众攻打邺城，进兵据守邯郸。石祗的镇南将军刘国从繁阳前来与石琨会合。冉闵于邯郸大败石琨，死者数以万计。刘国退驻繁阳，符健从枋头入关，张贺度、段勤与刘国、靳豚在昌城会合，准备进攻邺城。冉闵派遣尚书左仆射刘群任行台都督，派部将王泰、崔通、周成等率领十二万步骑在黄城宿营，冉闵亲自统率精兵八万作为后继，在苍亭展开激战。张贺度等部大败，死者两万八千；靳豚被追击并斩杀于阴安，冉闵部将悉数俘虏靳豚士众，整军而归。此战大胜之后，冉闵拥有戎卒三十余万，旌旗钟鼓绵延百余里。冉闵自苍亭回到邺宫，整顿核定九流，依据才能授予职任，儒学后人多数得到显赫官职，一时境内安宁和顺，史称可比魏晋之初。

十一月，冉闵带领十万步骑到襄国攻打石祗，任其子太原王冉胤为大单于、骠骑大将军，分一千多名归降的胡人到他麾下。公元 351 年二月，冉闵攻打襄国长达百余日，挖地道、垒土山，建造房屋、翻地耕作。石祗非常恐惧，除去皇帝之号，改称赵王，派使者到慕容儁、姚弋仲处请求援军。时石琨自冀州前来援救石祗，姚弋仲遣其子姚襄率领三万八千骑兵前来，慕容儁派遣将军悦绾率领三万甲卒自龙城赶到，三方劲卒共计十余万。冉闵遣车骑将军胡睦在长芦抵挡姚襄，将军孙威在黄丘防守石琨，均败于敌方，士卒几乎被消灭尽净。石琨等部即将来到，冉闵集合全部士众出战。姚襄、悦绾、石琨、石祗等部四面猛攻，冉闵军大败。冉闵潜伏襄国行宫，后同十余名骑士潜回邺城。前期投降的胡人立刻反水，收捕冉胤等冉魏将领送给石祗，被石祗全都斩杀。

由于五胡势力的叛离和对抗，冉魏政权丧失其立国根基大半，统治范围仅限于邺城周边地区，同时与盘踞襄国的后赵石祗进行对抗。公元 351 年四月，石祗部下刘显暗通冉闵杀死石祗，此后冉闵消灭了窃据襄国的刘显，彻底解决了盘踞襄国的后赵势力。然而，这时前燕以消灭冉魏为目标，自辽西进兵幽、冀，集中精锐大军攻击冉闵，冉魏政权处在以前燕为中间力量的五胡势力残酷围攻之中。

后赵政权对于中原地区农业生产破坏相当严重，尤其在石虎末年，黄河下游连年饥荒，千里无人烟。冉闵为了赈济穷困，建魏之初就把政府仓库内的存粮全部散发给贫民。然而，由于石祗在襄国纠合氐、羌、鲜卑各族攻击冉闵，冉闵无月不战，要恢复中原地区农业生产，实属不可能。之后，冉闵虽然终于消灭石祇，而连年战争，实力大损，粮食不济，联络东晋却未得到有效回应。公元 352 年四月，冉闵在魏昌（今河北省定州市）败于前燕慕容儁，被俘后送至前燕都城龙城（今辽宁省朝阳市）斩杀。四月二十五日，慕容儁派慕容评率众围攻邺城。在邺城的冉闵太子冉智继续战斗，然邺城城中饥荒，以至到处人与人相食。长水校尉马愿、龙骧将军田香打开城门向慕容评投降。慕容评将冉闵妻董氏、太子冉智及诸王公卿士遣送蓟城，冉魏亡。冉魏 1 主，历 3 年，公元 352 年五月亡于前燕。

悼武天王冉闵

公元 350 年正月，夺后赵大权的冉闵称帝。冉闵本为汉人，祖先曾居魏郡内黄（今河南内黄西北），世代曾为武将。后赵石勒击败陈午时，俘获 12 岁的冉良，便命石虎收冉良为养子，并改名为石瞻。后石瞻生子，即为石闵。

石闵自幼聪明过人，成年后魁梧高大，骁勇善战，智谋过人，善于领兵，被授建节将军，历任北中郎将，战功卓著，为当时名将。公元 349 年石虎去世，太子石世即位。33 天后，石虎第九子石遵废石世自立。石遵无子，当初从李城出发谋位时答应石闵，事成之后封石闵为太子。石遵即位之后，却册立了石衍，又听信中书令孟准、左卫将军王鸾之言，开始削夺石闵兵权。同年十一月，石遵召石鉴等进宫，商议杀掉石闵。石鉴将此消息报告石闵，石闵旋即与李农等密谋废黜石遵，指使将军苏亥、周成率领甲士拘捕并将石遵杀死。

石遵去世后，即位的石虎第三子石鉴任石闵为大将军，封武德王。然石鉴旋即派石苞及中书令李松、殿中将军张才等人深夜前去谋杀石闵。谋杀未遂而引起宫中混乱，石鉴担忧殃及自己，连夜将李松、张才和石苞斩杀。

此时石虎另一子石祇在襄国集结氐、羌苻洪、姚弋仲等，传檄讨伐石闵、李农，中领军石成、侍中石启、前河东太守石晖起兵响应，均被石闵、李农剿灭。羯族将领孙伏都秘密集结三千羯族士兵，企图杀掉石闵等人。石鉴对此大加鼓励，于是孙伏都带领士众攻打石闵和李农。石闵、李农诛杀孙伏都等人，将石鉴看管在御龙观。石闵发布命令告知宫廷内外，凡与官同心者留，不同心者听任离去。一时胡人或挤破城门，或越墙而出，逃亡者不可胜数。石闵见胡人不愿为己所用，便颁布斩杀胡人者有赏的命令。数天之内，邺城周边胡人尸积如山。

公元 350 年闰二月，石琨、张举、王朗率领七万人攻打邺城，冉闵带兵在城北抵抗。石鉴秘密派遣宦官送信，以召张沈等乘虚袭击邺城消灭石闵。宦官将密信交给石闵，石闵和李农驰马速归，废黜并杀死石鉴，消灭石氏城内全部族人。

这时，李农及司徒申钟、司空郎闿等四十八人尊石闵为帝。石闵改年号永兴，国号大魏，并恢复冉姓。

石祇知石鉴被杀，便在襄国（今河北邢台）称帝，据守州郡或拥有兵士的五胡头领纷纷响应。四月，石祇派其相国石琨带领十万士众攻打邺城，石祇的镇南将军刘国从繁阳前来与石琨会合，冉闵大败石琨。这时，刘国退驻繁阳，符健从枋头入关，张贺度、段勤与刘国、靳豚会合昌城。冉闵派尚书左仆射刘群任行台都督，派部将王泰、崔通、周成等率领十二万步骑前往黄城，石闵亲率精兵八万作为后继，在苍亭与众敌展开激战。张贺度等部大败，靳豚被斩杀于阴安，其余各部损兵折将溃退。冉闵部将整军而归，三十余万戎卒旌旗钟鼓绵延百余里，威势一度胜过石氏。之后的百日左右，冉魏境内安宁和顺。

十一月，冉闵带领十万步骑攻打襄国石祇，任其子太原王冉胤为大单于、骠骑大将军，将一千多名归降胡人分配给冉胤。公元351年二月，冉闵攻打襄国长达百余日，石祇恐惧，派使者请前燕慕容儁出兵，适逢石琨自冀州赶来援救石祇，羌人姚弋仲又遣子姚襄率兵前来，慕容儁派遣将军悦绾率领甲卒南下自龙城，三方强敌齐头并进。冉闵调兵遣骑将，集合全部士众出战。

其后石祇派刘显带领七万士众攻打邺城，冉闵大败刘显，斩首三万余级。刘显畏惧，密派使者请求投降，并以杀石祇作为报效。公元351年七月，刘显又率领士众攻打邺城，再次被冉闵击败，刘显率军逃回襄国称帝。次年初冉闵率兵攻下襄国，诛杀刘显及其公卿百余人，焚烧襄国宫室，迁徙当地百姓到邺城。

公元352年四月，慕容儁攻占幽、蓟二州，冉闵带领骑兵前去抵抗，与前燕将领慕容恪在魏昌城相遇。冉闵与慕容恪交战，十战全都击败对手。慕容恪以铁链连接战马，挑选五千善射勇士列成方阵直逼冉闵。冉闵跨上名为朱龙、可日行千里的赤马，左手持双刃矛，右手执钩戟，昂首出战，左击右刺，很快斩杀敌兵三百多名。转眼间，燕地骑兵蜂拥而至，重重围住冉闵。冉闵寡不敌众，跃马突破重围向东急驰二十余里。突然之间，坐骑朱龙倒地，冉闵被慕容恪擒获。之后，慕容儁送冉闵到龙城（今辽宁朝阳）。同年五月初三，慕容儁杀冉闵于遏陉山。冉闵在位 3 年，生年不详。

九、前　秦

（350 年—394 年）

公元 350 年二月，被东晋封为征北大将军、冀州刺史、广川郡公的氐族世家苻洪，自称大将军、大单于、三秦王，史称前秦。

苻洪原名蒲洪，祖上为曾经居住于略阳（今甘肃省秦安县）的氐族，父亲蒲怀归为氐族酋长。西晋永嘉之乱时，蒲洪成为氐族盟主。公元 318 年，蒲洪向定都长安的前赵臣服。公元 329 年后赵灭亡前赵之际，蒲洪转身投靠后赵。在后赵政权中，蒲洪曾参与应对关中豪族、羌族的事务。公元 333 年十月后赵石虎掌权时，蒲洪作为后赵龙骧将军、流人都督率领部民驻屯枋头（今河南省浚县）。公元 349 年四月石虎去世，后赵陷入混乱之中。为谋求更多实际利益，蒲洪选择归顺东晋，东晋授蒲洪为征北大将军、冀州刺史、广川郡公。公元 350 年二月，已经拥有十多万部众的蒲洪在枋头称大将军、大单于、三秦王，成为事实上的独立政权，并改姓氏为苻。

同年三月，苻洪被属下麻秋毒杀。麻秋曾为石虎部下，乱世之中，麻秋也在日夜谋求独立。苻洪去世以后，其第三子苻健斩杀麻秋，继承苻洪地位。苻健自枋头而西，关中氐人纷起响应。十月，苻氏入长安，遂据关陇。为获得当地汉族支持，苻健暂弃三秦王称号，姿态上表示归顺东晋。当时关中豪族杜洪在长安自称为东晋雍州刺史，实际上也处于割据状态。苻健笼络周边打败杜洪之后，于公元351年一月，在长安即天王、大单于位，建元皇始。公元352年一月，苻健即皇帝位，将大单于之位授予皇太子苻苌。公元354年二月，东晋征西大将军桓温发动北伐战争。桓温从江陵（今湖北省荆州市）出发，从东南方向进攻关中。前秦经历一番苦战，最终打败桓温，将势力扩大至关中全域。

公元355年六月苻健去世，其第三子苻生即皇帝位。苻生于公元356年二月降服前凉。随后羌人姚襄联合定阳（今陕西省延安市）、北地（今陕西省耀县）等地羌族，试图攻入关中。苻生于公元357年五月与之交战，姚襄战败被杀，其弟姚苌带姚氏集团向苻生臣服。由于苻生性格残暴，杀人随意，手段残忍，失去民心。公元357年六月，苻健弟苻雄子苻坚发动政变，苻生被杀，苻坚即位为大秦天王。

苻坚聪慧且博学多才，即位后鼓励学术、用心内政，充实国力、发展文化，被誉为五胡十六国时期首屈一指的名君。苻坚即位后，重用汉人王猛、邓羌、权翼、薛赞、朱彤、任群、韩胤、皇甫覆、皇甫典等人，实行抑制贵族豪强、扩大皇权的政策，恢复魏晋士籍，承认士族特权，吸收汉族士人参加政权，扩大胡汉联合统治的阶级基础。整顿官僚机构，完善法制，强化中央集权。提倡儒学，兴立学校，培养统治人才。消灭前燕后实行徙民政策，将关东被征服的鲜卑、乌桓、丁零等族十万户徙至关中，充实近畿，便于控制；又将关中氐族十五万户移至关东，分置各要镇，用以加强控制新征服地区。通过凿山起堤，疏通沟渠，修筑梯田、改造盐碱地、招纳流民、减租减税、奖励耕种等途径改善农业生产环境，发展农业生产；修立亭驿，发展工商，采取一系列措施保障百姓生产生活。

在前秦国力增强以后，苻坚积极实施对外扩张政策。公元370年，前秦灭前燕，擒慕容暐；公元371年，前秦灭前仇池，俘虏杨纂；公元376年，前秦灭前凉，张天锡投降；同年，苻坚乘代国内乱，派遣邓羌、苻洛进兵灭代国；公元382年，苻坚命吕光征伐西域，为西晋之后数十年来，中原政权再度拥有西域。同时，位于东北、朝鲜的高句丽、新罗向前秦朝贡；游牧于青海地区的吐谷浑归附前秦，苻坚授吐谷浑国王碎奚安远将军、㴲川侯。自此前秦统一北方，四周诸国遣使通好。与此同时，苻坚不断攻打东晋，于公元373年，派遣朱肜、徐成等人攻下东晋梁、益二州，从东晋手中夺得蜀地，邛、筰、夜郎皆归附前秦。

在统一北方之后，苻坚以消灭东晋、统一全国、结束战乱为目标，于公元378年二月命庶长子苻丕将兵十二万攻取东晋襄阳（今湖北省襄阳市）。公元379年，前秦右将军毛当、强弩将军王显率兵自襄阳出发，跟后将军俱难、兖州刺史彭超会师，攻击东晋淮河以南各城池，攻陷盱眙，包围三阿。毛当所部击溃晋军，兵锋直抵堂邑。

公元382年十月，苻坚挥师百万进攻东晋，结果在淝水惨败。之后，曾经归附前秦的鲜卑、羌、丁零等族群纷纷乘机独立。公元383年，前燕降将、鲜卑慕容垂在奉命攻击新安起兵的丁零部落首领翟斌时，途中屠杀前秦副将苻飞龙，于公元384年自称燕王，建立后燕，调集兵马进攻驻守邺城的前秦长乐公苻丕。前秦北地长史慕容泓集结关东鲜卑，自称大将军、济北王，建立西燕政权。羌人将领姚苌自称大将军、大单于、万年秦王，建立后秦政权。前秦好不容易统一的黄河以北地区，再次陷入分裂状态。苻坚奋起迎战反叛独立势力，但不断遭遇败北。由于混战践踏长安经济，前秦粮食严重缺乏，公元385年五月苻坚逃至五将山（今陕西省岐山县），七月被姚苌军队捕获。苻坚被姚苌押送到其根据地新平（今陕西省彬县），在拒绝交出传国玉玺和禅让政权的要求以后，被姚苌绞杀。

淝水之战后，苻坚庶长子苻丕屯驻于邺（今河北省临漳县）。由于遭到后燕慕容垂攻击，苻丕开始向长安靠拢。公元385年八月，苻丕在途经晋阳时得知苻坚去世，随即登上皇位。苻丕被夹在占据河北的后燕慕容垂与西燕慕容永之间，历经苦战，次年十月被慕容永打败。逃跑中的苻丕遭遇东晋军队，最终战败被杀。

当时，苻坚族孙苻登正与占据甘肃东部的姚苌势力对峙。

公元386年十一月，符登在南安获悉符丕死讯后即皇帝位。经过数年混战，于公元394年七月被后秦姚兴所杀。符登子符崇逃到湟中（今青海省西宁市）登上皇位，三月后在与西秦交战中，符崇战败被杀。至此，前秦灭亡。

前秦极盛时，统治区域有今河北、山西、山东、陕西、甘肃、宁夏、河南、四川、贵州、江苏、湖北、辽宁全部或大部。至公元382年符坚派吕光进驻西域，史称前秦版图东极沧海，西并龟兹，南包襄阳，北尽沙漠，东北、西域各国遣使与前秦建交，仅有东南一隅的东晋以淮河、汉江为界与前秦对峙。在此前后的北方割据政权中，前秦疆域远超之前的曹魏和后赵，以及之后的北魏和北周。前秦传7主，历44年，公元394年十月亡于后秦。

1. 惠武帝符洪

被东晋封为征北大将军的氐族世家符洪，于公元350年二月自封为大都督、大将军、大单于、三秦王，始建前秦。

略阳（甘肃秦安陇城）氐人符洪原名蒲洪，生于公元285年，其家族世代为氐族酋长。蒲洪为人乐善好施，勇猛威武，善于骑马射箭，且有谋略，多机变，氐族人敬畏而佩服。蒲洪在势力不足以争雄称王时，便瞅准时机左投右靠，领封获赏，以此不断壮大自己。公元310年，蒲洪自称护氐校尉、秦州刺史、略阳公。

当时前赵正酿永嘉之乱，生灵广遭涂炭，英豪穷途末路，蒲洪散财施物，广召英杰，被同族人推举为盟主。公元 319 年前赵刘曜称帝长安，蒲洪投降前赵，被刘曜封为率义侯。公元 328 年，刘曜在和后赵的交战中兵败被俘，苻洪向西保据陇山。公元 329 年九月，后赵中山公石虎在义渠大败前赵军队，刘曜子南阳王刘胤逃奔上邽。石虎乘胜追击，上邽被攻破。石虎进攻河西羌族集木且部，俘虏数万人，苻洪又请降于石虎。石虎大喜，上表荐举苻洪担任监察六夷军事、冠军将军，管理西部事务。公元 333 年八月，后赵石勒去世，石虎挟其子石弘继位，自为丞相、魏王，并加九锡，专擅朝政。同年十月，石生、石朗起兵讨伐石虎。此时，苻洪乘机自称雍州刺史，向西依附前凉张骏。石虎分别命令众将屯军于汧水、陇上，派将军麻秋讨伐苻洪。苻洪率二万户再次投降石虎，石虎任命苻洪为光烈将军、护氐校尉。苻洪到达长安，劝说石虎迁徙关中豪强和氐族、羌族等部落充实都城。石虎听从建议，迁徙秦州、雍州士民以及氐族、羌族十多万户到关东。任命苻洪为龙骧将军、流民都督，让苻洪屯驻枋头。公元 338 年五月，苻洪因屡立战功，被授任为使持节、都督六夷诸军事、冠军大将军，封为西平郡公。公元 349 年正月石虎即皇帝位，时梁犊率军东进，攻取荥阳、陈留等郡。石虎任命燕王石斌为大都督，都督内外诸军事，统领冠军大将军姚弋仲、车骑将军苻洪等人的部队前去讨伐。不久，苻洪与姚弋仲、石斌等率部在荥阳败斩梁犊而回。苻洪被石虎任命为车骑大将军，开府仪同三司，都督雍、秦州诸军事，雍州刺史，晋封为略阳郡公。公元 349 年四月，石虎去世，其子石世继位。五月，石虎第九子石遵杀石世篡夺帝位。石遵见蒲洪日益坐大，便解除蒲洪都督职务，其他官职待遇一如从前，蒲洪转身投靠东晋。东晋朝廷授蒲洪为氐王、使持节、征北大将军、都督河北诸军事、冀州刺史、广川郡公，又任命蒲洪子蒲健为假节、右将军、监河北征讨前锋诸军事、襄国公。公元 349 年十一月，石遵为石鉴所杀，各地趁乱起兵，秦州、雍州流民结伴西归，路经枋头被蒲洪收纳，蒲洪部众多达十余万。苻洪在邺城的儿子苻健，冲破关卡投奔枋头，苻洪势力大增。

苻洪与羌人首领姚弋仲都欲占据关右，独立称王。姚弋仲派子姚襄率领五万兵众攻击苻洪，苻洪迎头反击，打败姚襄，斩杀三万多人。时有人进"草付应称王"谶文，苻洪因此改姓为"苻"，并于公元 350 年二月自称大都督、大将军、大单于、三秦王。

当初，石虎任用麻秋镇守枹罕。后麻秋率兵众返回邺城时，被苻洪子苻雄俘虏，麻秋投降苻洪，苻洪任麻秋为军师将军。乱世之中，麻秋独立为王的野心日益膨胀。同年三月，麻秋为吞并苻洪兵众壮大自己便于称王，便精心设计，在酒宴上将苻洪毒杀。苻洪在位一月，终年 66 岁。

2. 明帝苻健

苻洪去世后，三子苻健继位。苻健勇猛果敢，擅长骑马射箭，好施舍，善于待人，很受后赵石虎父子喜爱，历任翼军校尉、镇军将军。但石虎表面礼遇苻氏，心中却十分嫉恨，曾在暗中将苻健的两位兄长杀害。苻健继位后，为笼络汉人，暂时取消秦王称号。

当时京兆杜洪窃据长安，自称晋征北将军、雍州刺史，周边归附者甚众。苻健意在关中，因担心杜洪对抗而在枋头修缮宫室，督促部下种粮，以示无意西向，抓紧蓄养实力。不久，苻健自称晋征西大将军、都督关中诸军事、雍州刺史，出动所有人马向西进军，在盟津搭浮桥渡过黄河。苻健派其弟苻雄率步骑入潼关（今陕西潼关北），派侄苻菁从轵关（今河南济源东北）入河东，自率大军随苻雄之后进军，渡过黄河即焚毁浮桥。苻健一路连败杜洪，平定长安附近三辅地区。公元351年正月二十日，苻健在长安即天王位，年号皇始，国号大秦，修建宗庙社稷，设置百官，立儿子苻苌为皇太子。公元352年，苻健在太极前殿即皇帝位，诸公进位为王，封太子苻苌为大单于。

同年，曾经逃离长安的杜洪屯兵宜秋，部将张琚杀杜洪自立为秦王。苻健率军灭张琚，派苻雄、苻菁攻占关东，到许昌援助后赵豫州刺史张遇，与东晋镇西将军谢尚在颍水交战，晋军战败，苻雄乘胜虏张遇及其手下军众归长安。苻健授张遇为司空、豫州刺史，镇守许昌，得后赵豫州之地。苻雄在陇上打败王擢，王擢逃奔凉州，苻雄屯兵陇东。

公元354年，桓温率军四万指向长安，派遣偏将进入淅川，进攻上洛，抓获苻健的荆州刺史郭敬，派司马勋攻占西部边邑。符健派太子符苌率领符雄、符菁等领兵五万，在尧柳城、愁思堆抵抗桓温。桓温转战而来，驻扎灞上，符苌等退兵在城南扎营。符健率弱兵六千固守长安，派精锐部队三万作为机动作战兵力抵御桓温。符健另派符雄率领七千骑兵，在白鹿原与桓冲交战，桓温的军队战败，符健又在子午谷击败司马勋。当初，符健听说桓温要来进攻时，即发动民众将小麦全部收割并坚壁清野，桓温军队粮饷不给无力再战，便迁徙关中三千余户居民而回。桓温军队到潼关，又被符苌打败，司马勋逃回汉中。

符健初据关中，前秦政局很不稳定。符健派遣符雄、符菁、符苌、符飞、符法、符硕等人，先后消灭杜洪、张琚、孔特、呼延毒等割据关中的军阀，击退前凉、东晋的进攻，成功稳定了局势。同时，符健重视恢复经济，倡导节俭，减轻百姓负担。灾荒年份便免除百姓租税，自己也裁减膳食，表达与百姓共度灾荒。符健利用秦晋交界有丹水和洛河之便的区位优势，在丰阳设置荆州，以郭敬为刺史，专门吸引南方货物，又在长安平朔门设置宾馆，吸引和便利商人往来，通过扩大贸易增加政府和百姓收入。符健还修尚儒学，实行汉化政策，前秦文化教育亦有起色。

当初太子符苌在与桓温交战时，被流箭射中去世。公元355年符健立三子符生为太子。同年六月符健卧病，侄符菁以为符健去世，便率兵进入东宫，要杀符生自立。符健听说发生叛乱，登上端门排兵布阵，符菁手下兵士看到符健，丢下武器四散而逃，作乱苻菁被处死。之后数日，苻健任命大司马、武都王苻安为都督中外诸军事，下诏安排辅佐大臣。同年六月十五日苻健去世，其在位6年，终年39岁。

3. 厉王苻生

苻健去世当日，太子苻生即位。苻生为苻健第三子，母亲强皇后。苻生自幼独目，敢用佩刀刺自身，血流如注不皱眉，皮鞭抽身不眨眼，顽劣毒恨无童能比。长大后力举千钧，勇猛好杀，能够徒手斗恶兽、徒步追奔马，击刺骑射超绝一时，能杀善战无人能比。苻健据关中，封苻生为淮南王。东晋桓温气势汹汹攻打前秦，苻生单骑入敌阵，斩将夺旗十余次，出入往来无人近，凶悍之势令敌军士众瞠目结舌。

桓温入关进攻前秦时，苻健原太子苻苌中流矢身亡，苻健立苻生为太子。不久苻健病逝，太子苻生即位，改元寿光。群臣进谏先帝晏驾当日不应改元，苻生勃然大怒，叱退群臣，立令嬖臣处死带头劝谏的右仆射段纯。大将强怀在与桓温之战中阵亡，其子强延未及受封而苻健病逝。一次苻生在外闲游，见一身着孝服妇人跪伏道旁，自称为强怀妻樊氏，愿为儿子请封。苻生闻言，取弓搭箭，一箭洞穿妇人颈项，妇人应箭而亡。中书监胡文、中书令王鱼入奏说近日有客星孛于大角，不出三年，国有大丧，请苻生远追周文，潜心修德以禳解。苻生不管什么周文，更不用说修德，只在心中筛选客星。不几日，苻生手持利刃趋入中宫。皇后梁氏起身相迎，未及说话，已经身首两移。苻生杀死梁皇后，立即传谕拘捕太傅毛贵、车骑将军梁楞、左仆射梁安，不加审问，立刻将心中筛选出来的客星斩杀殆尽。丞相雷弱儿为人刚直敢言，苻生因之杀死雷弱儿以及九个子女、二十二个孙子。苻生要修渭桥，金紫光禄大夫程肱劝谏此时修桥有害农时，苻生转眼一刀将程肱斩杀。

苻生经常持弓执剑面见朝臣，而且备置锤钳锯凿列于身边，遇不顺眼或兴致至，斫凿工具即刻用于大臣。即位不久，后妃公卿奴仆佣人无端惨死者已逾五百。苻生亲舅光禄大夫强平，实在不忍苻生如此滥杀无辜，便入殿劝谏。谁知话音未落，苻生便命左右用凿子凿穿强平脑壳。苻生生母强太后见弟脑浆迸裂，绝食而亡。苻生毫不哀恸，自书手诏反问受皇天之命君临万邦之朕，嗣统以来方才杀人数千，说朕惨虐是何道理？

一天，苻生在太极殿召宴群臣，命尚书辛牢为酒监，令大臣极醉方休。群臣饮至半酣，辛牢恐群臣失仪，劝酒稍有懈怠。苻生大怒，随手挽弓，一箭射穿辛牢脖颈。群臣吓得魂飞魄散，人人满觥强饮，个个散发滚爬，满殿呕物横流。就这样，苻生日夜疯狂饮酒，醉后杀戮更无节制。

一天，苻生出游阿房，路遇男女二人并行，便让左右拦住，当面问二人是否佳偶。二人回答是兄妹，苻生说朕赐你们为夫妇，而且下令兄妹二人就地当面交欢，兄妹二人惊愕不从，苻生拔出佩剑将二人砍死。苻生与妻登楼远望，其妻指楼下一人问是何人，苻生见是尚书仆射贾玄石。贾玄石仪容秀伟，素有美男子名声，苻生顿生醋意，便解下佩剑交于卫士，令取来贾玄石首级。卫士携剑下楼，不多时将贾玄石首级交给苻生。苻生对其妻说你喜欢此人现在就送给你。其妻又怕又悔，立即匍匐在地请罪。幸好其妻姿色美艳，而且正被苻生宠爱，才捡回一条命。

苻生之残忍、之野蛮、之荒唐，世所罕见，罄竹难书。东海王苻坚向来贤明，人脉较旺，苻生怀恨在心，早欲除之。公元 357 年六月的一天夜里，苻生向侍婢透露天明当杀苻坚，该侍婢速将此语转报苻坚。苻坚即与兄苻法、御史中丞梁平老、梁汪等密商。苻法与梁汪率壮士潜入云龙门，苻坚领麾下数百精兵鼓噪继进。守卫将士久恨苻生，听明苻坚来意，转身持刀跟随苻坚入宫去杀苻生。

苻坚领兵杀入，苻生仍醉卧于床。苻坚指挥军士将苻生拖下卧榻幽禁，不久废苻生为越王，后遣使逼苻生自尽。苻生在位 3 年，终年 24 岁。

4. 宣昭帝苻坚

苻坚先下手诛杀苻生，部众拥其继承帝位。苻坚为前秦惠武帝苻洪孙，幼时深受苻洪喜爱，8 岁时要求爷爷请家教，苻洪惊奇之余欣然答应。苻坚父苻雄为苻洪少子，苻健当政时，担任丞相的苻雄忠心辅佐苻健，被苻健封为东海王。苻雄共生五子，长子苻法为庶出，苻坚为次子。苻坚自幼聪明过人，坚持刻苦学习，学识不断增长，经世济民之志也逐渐生成。

公元 354 年苻雄去世，身为东海王世子的苻坚承袭父爵，苻健对苻坚非常看重，将父亲苻洪曾经在后赵获授的龙骧将军称号授予苻坚，苻坚深受感动，也倍受激励。当时，历经多年的八王之乱和持久的五胡搏杀，各个族群之间的矛盾日趋严重，北方大地残破不堪，苻坚便定下"混六合为一家，视夷狄为赤子"的决心，誓言要消除各种仇恨，让百姓过上安定日子。公元 355 年苻健病逝，其子苻生继承帝位。苻生杀人如儿戏，朝中人人自危。苻坚兄弟为人正直，广有人脉，苻生一直忌恨，谋划斩除。苻坚得到消息，即发动云龙门之变，入宫废苻生为越王，后迫其自杀。在群臣劝进下，苻坚即位，降帝号为大秦天王，改元永兴。

史家公认，在中国封建社会历史上，苻坚能够进入称职皇帝行列，尤其是在五胡乱华的黑暗时期，苻坚执政期间，为久乱的北方发展经济、保护黎民、传承文化、开拓国土，都作出了贡献，《晋书》评价苻坚功业在五胡之中无人可比。

苻坚重用汉人王猛。王猛少年家贫，但为人严谨，博学多才。东晋桓温曾许以高官厚禄吸引王猛，王猛认为东晋王朝腐败，坚辞不就。后经吕婆楼推荐认识苻坚，二人一见如故。苻坚留王猛在身边，即位后拜王猛为中书侍郎。苻坚认定王猛德才，一如既往信任王猛，终于在王猛辅佐下，前秦政治、经济、文化都得到良好发展。

以政变登基的苻坚，却仅诛杀暴君苻生及助纣为虐的少数奸佞，还让苻生子苻䭾承袭其父越公爵位。苻坚下令各地官员举孝悌、廉直、文学、政事四项人才，德才俱实者授以官职，宗室至亲无才者皆不录用。苻坚在朝廷内外设置四禁、二卫、四军官职，又置左右镇郎及拂盖郎。苻坚命令各公爵封国分别设置郎中令、中尉、大农三卿，郎中令由苻坚直接任命。苻坚还授予吏部尚书为国家挑选优秀干吏职权。苻生曾肆意杀戮有功之臣，导致前秦辅政大臣多数遭到屠戮，全家蒙冤。苻坚即位，迅速为冤死大臣平反，并依礼改葬，善待死者尚在世的子孙后代。苻坚经常亲临听讼，下令准许有冤情的百姓在城北烧起狼烟，当苻坚看到或得报狼烟升起，则会命令有司重新调查案情，自己也会在旁观听审案过程，以整肃吏治、减少冤案。

苻坚即位时，前秦社会一派混乱。本来，关中杂居族群彼此仇杀日久，前秦在战乱中建国，苻生又实施残暴统治，加之水旱灾害频发，致使千里秦川豪强横行，百姓苦不堪言。苻坚采取一系列举措打击豪强，恢复生产。他下令免除赋税，劝课农桑，开山泽资源与民共享，督导百姓耕种；下令征召王侯以下及豪望富室童隶三万多人，开泾水上源，凿山起堤，通渠引水，灌溉农田；推广区种法，促进农业发展；下令节俭，节约用度，每遇灾年，苻坚首先自己只吃粗茶淡饭，规定后宫不可穿戴绫罗绸缎，后妃衣裙不可拖曳到地面；要求官府节约开支，适当降低官俸，不属燃眉之急不征派徭役。

公元 357 年，割据军阀张平再次作乱，占据新兴、雁门、西河、太原、上党、上郡等地，修筑营垒，设置官吏。苻坚排兵布阵，降服张平及手下大将张蚝，迁张平部众三千多户到长安。公元 362 年，匈奴屠各部张罔聚众数千，自称大单于，抢掠郡县百姓。苻坚任命邓羌为建节将军，率军讨伐并平定张罔之乱。公元 365 年，匈奴右贤王曹毂、左贤王刘卫辰举兵反叛前秦，鲜卑首领乌延暗中同刘卫辰谋乱。苻坚亲自率兵讨伐，八月击败曹毂并斩杀乌延，曹毂投降，邓羌生擒刘卫辰，将朔方之地全数纳入前秦版图。公元 371 年，前秦益州刺史王统在度坚山攻打陇西鲜卑人乞伏司繁，乞伏司繁五万多部众投降王统，前秦成功平定鲜卑乞伏部。

在连续 13 年发展经济之后，苻坚逐渐为统一全国排兵布阵。公元 370 年灭前燕，公元 371 年灭前仇池，公元 376 年灭前凉和代国。公元 373 年冬季，苻坚命朱肜、王统、杨安等人为先锋，率军征伐梁州、益州，仅月余时间，东晋梁、益二州失陷，蜀地、汉中等要地和邛、筰、夜郎等部落全归前秦。公元 378 年苻坚派征南大将军、都督征讨诸军事、尚书令、长乐公苻丕，与武卫将军苟苌、尚书慕容暐率领七万步骑兵攻克东晋襄阳，俘虏守将朱序。不久又攻克东晋顺阳郡、魏兴郡。公元 383 年正月，苻坚命吕光率领七万五千步骑兵，攻伐西域诸国。公元 384 年，吕光大军连战连捷，彻底击败西域诸国联军，西域三十余国争先归附前秦，遣使纳贡，自汉代后期丢失的西域再入中原政权版图。自此，前秦一统北方，版图东起朝鲜，西抵葱岭，南并川蜀，北逾阴山，成为北方对峙东晋的唯一政权。难能可贵的是，苻坚在统一华北、巴蜀、淮北、西域众多战役中，严格约束将士，没有发生一次屠城坑杀暴行。公元 370 年攻灭前燕，前秦大军入城秋毫不犯，燕民各安其乐；公元 376 年攻灭前凉，将躲避战乱逃亡河西的雍州流民送归故乡。

苻坚重儒学，留心汉族文化，祭祀孔子等华夏先贤，恢复太学和地方各级学校，广修学宫，招聘学者执教，并强制王侯公卿子孙入学读书。苻坚每月到太学一次，考察诸生经义，品评优劣，挑选品学兼优者到各级权力机构任职，同时规定俸禄百石以上官吏，必须学通一经，才成一艺，如果不通一经一艺，则一律罢官为民。苻坚命令太子以及公侯百官子弟全部就学受业；朝廷内外的四禁、二卫、四军中长期宿卫的将士必须参加学习，并为每二十人配备一名经生，负责教授诵读音句；在后宫设置学官，以教授妃嫔；每灭一国，都会让该国宗室成员入太学学习儒学经典。苻坚得知苏通和刘祥精于《礼记》和《仪礼》，特任苏通为《礼记》祭酒，刘祥为《仪礼》祭酒，而苻坚每月朔旦率百僚亲临讲论。因为世乱已久，礼乐散缺，当时可讲经典学者少之又少。苻坚听说太常官韦逞母亲宋老夫人传承父亲周礼学说，八十多岁传讲无误。苻坚封宋老夫人为宣文君，选派十名丫鬟服侍，在宋老夫人家中设立讲堂，挑选 120 名生员隔纱听讲，使周礼学问得以传承。公元 384 年，前秦请释道安等人，在长安招集有学问的僧人，协助昙摩难提翻译出《中阿含经》《增一阿含经》等经书 106 卷。苻坚任命出身北平郡的汉族名士阳陟、阳瑶、田勰等人为著作佐郎，专门编修国史；又以记室参军何熙仲撰写《秦书》，记载景明帝苻健故事。在苻坚的支持重视下，长安又一次成为当时北方的文化中心。

在十六国时期各国彼此攻战、经济遭到严重破坏、人民颠沛流离的环境下，继位后的苻坚使前秦逐渐强盛起来。苻坚是内迁少数民族统治者中倡导汉化、促进民族融合的先行者之一。在苻坚带领下，前秦成为当时中国境内经济文化恢复发展最迅速、政治较清明、行政效率最高、最富生气的政权。前秦的文物礼仪，以正统自居的东晋也望尘莫及。苻坚的举措不仅对十六国后期许多少数民族政权有着巨大影响，即使在北魏孝文帝的改革中，也能见到苻坚的许多举措。

然而，在王猛等重臣去世以后，苻坚没有重视王猛临终前先行解决鲜卑及羌人实力过大等问题的建议，而是执意将消灭东晋统一全国放在第一位。公元383年七月，苻坚下令大举出兵东晋。八月，苻坚命苻融率张蚝、梁成和慕容垂等以二十五万步骑兵作为前锋，自己随后自长安发兵，率领六十余万戎卒及二十七万骑兵主力，大军旗鼓相望，前后千里，浩浩荡荡伐晋。十月，苻融攻陷寿阳，并以梁成率五万兵驻守洛涧，阻止率领晋军主力的谢石和谢玄等人的进攻。当时正进攻晋将胡彬的苻融捕获胡彬派去联络谢石的使者，得知胡彬粮尽乏援的困境，于是派使者向正率大军在项城的苻坚联络。于是，苻坚秘密率领八千轻骑直抵寿阳。然而，晋将刘牢之率军进攻洛涧，击杀梁成，前秦军队溃败，谢石等率领大军水陆并进，与前秦军隔淝水对峙。及后，苻坚答允晋军，让自己军队稍为后撤、等晋军渡过淝水再战的要求。岂知前秦大军一退即出现全军溃退，苻融骑马试图统率乱军，却堕马被杀。晋军追击溃败的前秦军队，令前秦军伤亡惨重，苻坚也身中流矢受伤，单骑败退淮北。后苻坚返回长安，哭悼苻融并告罪于宗庙，下令锻铸兵器，整顿军队，督促农务，抚慰孤老及阵亡士兵家属，以期重建国家秩序。

可是，淝水之战惨败损失十分严重，前秦元气大伤，先前被统一的鲜卑、羌等部族酋豪纷纷举兵反叛，建立割据政权。先是慕容垂逃回前燕故地复国称王，慕容宗族子弟慕容麟、慕容凤、慕容农、慕容隆等人跃马披甲，烧杀抢掠，关中遍地狼烟；拓跋什翼犍孙拓跋珪在牛川称王复国，羌族姚苌等人拉起反苻坚队伍，丁零、乌桓相继起兵反叛，北方大地重新四分五裂。公元385年五月，苻坚昨日亲信鲜卑慕容冲围困长安，长安城中严重缺粮。数月之后，慕容冲率兵登长安城，苻坚全身甲胄，亲自督战，飞矢满身，血流遍体。最后，苻坚出奔五将山（今陕西省麟游县良舍乡庙底村），昔日部将羌族首领姚苌派兵淹杀并围困苻坚。姚苌向苻坚索要传国玉玺未果，便于公元385年八月二十六日将苻坚绞杀于新平佛寺（今陕西省彬县南静光寺）。苻坚在位29年，终年48岁。

5. 哀平帝苻丕

苻坚被杀，长子苻丕于晋阳（山西太原）即位。苻丕从小聪慧好学，博览经史。公元357年苻坚称天王，封苻丕为长乐公。公元 368 年，苻坚攻灭叛乱的雍州刺史苻武等人后，以苻丕为雍州刺史。公元 371 年，苻丕被任命为使持节、征东大将军、雍州刺史。公元 378 年二月，苻坚派时任征南大将军、都督征讨诸军事、守尚书令、长乐公的苻丕，与武卫将军苟苌、尚书慕容暐率领七万步、骑兵进攻东晋襄阳，让荆州刺史杨安率领樊州、邓州的兵众作为前锋，征虏将军、始平人石越率领一万骑兵出鲁阳关，京兆尹慕容垂、扬武将军姚苌率领五万兵众出南乡，领军将军苟池、右将军毛当、强弩将军王显率领四万兵众出武当，会合攻打襄阳。公元 379 年二月，襄阳被攻克。次年，苻丕为都督关东诸军事、征东大将军、冀州牧，镇守邺城。

公元 383 年苻坚兵败淝水，退回长安后受到鲜卑叛将慕容永等的围攻；苻丕也被反叛的慕容垂逼迫，从邺城奔往枋头。公元 385 年苻坚去世时苻丕返回邺城，积极收集兵力准备赴长安之难。时备受慕容垂攻杀的幽州刺史王永、平州刺史苻冲率军进壶关，苻丕率邺城六万多人到潞川，骠骑将军张蚝、并州刺史王腾迎苻丕入晋阳，王永等率一万骑兵与苻丕会合。这时，苻坚被害消息传来，苻丕率众举哀于晋阳，众将官劝苻丕称帝。于是，苻丕在晋阳即皇帝位，立苻坚行庙，设置百官，改元太安。

公元 385 年十一月，前燕慕容麟在博陵进攻王兖，因粮草、弓箭用尽，不久城破，王兖及固安侯苻鉴被慕容麟所杀。不久，征东将军苻定、镇东将军苻绍、征北将军苻谟、镇北将军苻亮投降慕容垂。公元 386 年六月，苻丕进升王永为左丞相，苻纂为大司马，张蚝为太尉，王腾为骠骑大将军，重整军队，传檄抗敌。天水姜延、冯翊寇明、河东王昭、新平张晏、京兆杜敏、扶风马郎等承檄起兵，响应苻丕。同年七月枹罕诸氏族推举苻登为帅，苻丕任苻登为征西大将军、开府仪同三司、南安王、持节。

公元 386 年八月，苻丕留王腾守晋阳，杨辅守壶关，亲率军四万进据平阳。时东晋扬威将军冯该在陕地截击苻丕，苻丕战败后，被冯该斩杀。苻丕在位 2 年，生年不详。

6. 高帝苻登

公元 386 年十一月，众将拥苻登即位。苻登为苻坚族孙，父亲苻敞在苻健朝任太尉司马、陇东太守、建节将军，后被苻生杀。公元 357 年苻坚即位，追赠苻敞为右将军、凉州刺史。苻登生性勇猛，颇有豪气，曾任秦州长史、殿上将军、羽林监、长安令。

淝水之战后，毛兴担任刺史的河州，成为前秦抗击叛将羌族姚苌和鲜卑慕容垂的重要阵地。苻登兄弟投奔毛兴，兄苻同成向毛兴举荐苻登，毛兴任苻登为司马。苻登器量不凡，好用奇计，说话切中事理，毛兴很佩服，嫁小女给苻登。公元 385 年，姚苌派弟姚硕德攻打毛兴，毛兴全力抗战，却死于内部投降派之手。

公元 386 年七月，枹罕氏族众部落头领以刺史卫平年老难以抗敌为由，半文半武推举苻登为使持节、都督陇右诸军事、抚军大将军及雍、河二州牧，略阳公。苻登率领兵众东下陇郡，攻下南安。同年十月，苻丕兵败被杀。十一月，苻丕尚书寇遗送苻丕子渤海王苻懿、济北王苻昶投奔苻登。苻登知苻丕已经去世，为苻丕发丧守孝。苻登请立苻丕子苻懿为主，众将以苻懿年幼推举苻登，苻登即皇帝位，境内大赦，改年号为太初，不立亲子而立苻丕子苻懿为皇太弟。

苻登以天子之礼改葬苻坚，在军中立苻坚牌位，载于鸟羽连缀的青盖车中，以三百武贲勇士护卫，作战前及临大事必告请苻坚牌位，将士因此更加拥护苻登，在长矛铠甲刻"死休"字样，作战奋不顾身。苻登任徐嵩为镇军将军、雍州刺史，苻纂为使持节、侍中、都督中外诸军事、太师，领大司马，进封为鲁王。苻纂接受任命后，率师进攻上郡金大黑、金洛生，斩首数千。苻纂在泾阳击败姚硕德正谋取长安时，其弟苻师奴劝苻纂弃苻登自己称帝，苻纂不从，苻师奴杀苻纂自立为秦公。萧墙之祸大损元气，苻师奴很快被姚苌击败。

时苻登驻兵瓦亭，于公元387年九月进占胡空堡，戎夏十余万众归附。公元388年二月苻登率军进朝那，姚苌据武都与之相持。八月，皇太弟苻懿去世，苻登立长子苻崇为皇太子。十月姚苌退回安定，苻登留大军在胡空堡，亲率骑兵万余人包围姚苌营寨。

连战连败的姚苌派中军姚崇袭击大界，苻登率军截击，在安丘大败姚崇。接着苻登进兵平凉攻击姚苌部将吴忠、唐匡，攻克平凉。苻登继续进逼安定，姚苌率三万骑兵夜袭大界营，杀苻登妻毛氏及子苻弁、苻尚。十月，苻登收集余兵，退据胡空堡。之后前秦后秦连年累月来攻，苻登姚苌各有胜负。

公元 393 年，苻登右丞相窦冲反叛，自称秦王，建立年号。苻登前往征讨，窦冲求救姚苌，姚苌派太子姚兴进攻胡空堡以援救窦冲，苻登率军回援胡空堡，窦冲与姚苌联合。公元 394 年正月姚苌去世，子姚兴继位。二月，苻登从甘泉向关中进兵。四月，姚兴追赶苻登，苻登从六陌奔向废桥，姚兴部将尹纬提前占据桥头。苻登军队争夺不到饮水，人马渴死近半，逼迫与尹纬大战，被尹纬击败，军队溃散，苻登单人匹马逃奔雍城。苻登东征时，留其弟苻广守雍州、太子苻崇守胡空堡。苻广、苻崇听说苻登战败，双双弃城他谋。苻登到雍城无家可归，于是奔往平凉，收集残余人马进马毛山。六月，姚兴率军进攻苻登，苻登派其子汝阴王苻宗到西秦乞伏乾归处作人质，结为婚姻请求援救，乞伏乾归派两万骑兵慢慢腾腾前来救苻登，苻登率军出迎，被守候山南的姚兴截击，苻登战败被杀。苻登在位 9 年，终年 52 岁。

7. 东平王苻崇

苻登被杀，太子苻崇奔逃湟中（青海湟中）嗣位。苻崇为苻登长子，公元 387 年被苻登任命为尚书左仆射，封东平王；公元 388 年八月被立为皇太子。

公元 394 年正月，苻登东征后秦，留弟苻广守卫雍州，太子符崇守卫胡空堡。同年四月符广、符崇听到符登兵败消息，双双弃自家大本营出逃，造成军众溃散、无家可归的符登很快被姚兴击败而杀。

符登去世后，符崇在湟中即位。四个月后，符崇被西秦武元王乞伏乾归驱逐。无处立足的符崇投奔后仇池杨定。杨定本为氐人，又为符坚女婿，便收留符崇并统领两万兵马与符崇一起进攻乞伏乾归。乞伏乾归派凉州牧乞伏轲殚、秦州牧乞伏益州等统领三万骑兵抵御。杨定与乞伏益州在平川一带展开激战，不久乞伏益州与乞伏轲殚合力击溃杨定和符崇，杨定和符崇在战斗中被杀，前秦亡。符崇在位四个月，生年不详。

十、后 燕

（384 年—407 年）

公元 384 年正月，前秦京兆尹、泉州侯慕容垂在荥阳（今河南省荥阳市）自称燕王，建立后燕，初定都中山（今河北省定州市），后迁都龙城（今辽宁省朝阳市）。

慕容垂为前燕文明帝慕容皝第五子，前燕末代皇帝慕容暐叔父，母亲兰氏。本来，在前燕末期，智勇双全的慕容垂力排众议，率兵击退东晋桓温进攻，为挽救前燕立下赫赫战功。然而，当时前燕太后可足浑氏与慕容垂叔父慕容评等决策人物，却相谋陷害慕容垂。公元 370 年，在生死关头慕容垂投奔前秦，广揽人才的苻坚拜慕容垂为冠军将军，后晋升至京兆尹、泉州侯。

在公元 383 年前秦惨败的淝水之战中，也许慕容垂智谋过人，也许慕容垂私心藏奸，但败后的前秦唯慕容垂所统军队损失无几，并且在败乱中收留和护送苻坚北还。然而，当慕容垂随苻坚退至渑池（今河南省洛宁县），却向苻坚请求回邺地拜祭祖先陵墓。在获得苻坚允许后，慕容垂返回邺地。

　　慕容垂离开苻坚，如鱼得水。十二月，慕容垂至安阳，派参军田山拿信去见镇守邺城的长乐公苻丕。苻丕闻慕容垂北来，虽怀疑其有叛秦可能，但仍然前去迎接。慕容垂与苻丕相互猜疑，一时都未能动手。苻丕让慕容垂住邺西，慕容垂与前燕旧臣暗中联系，准备重建燕国。时洛阳附近的丁零人翟斌起兵叛秦，准备攻豫州牧、平原公苻晖于洛阳。因翟斌部中有大批前燕人，苻坚便派慕容垂前去平叛。慕容垂留慕容农、慕容楷、慕容绍于邺城，行至安阳汤池，便以兵少为由，于河内募兵，几天时间募兵八千人。一日晚间，慕容垂派慕容宝率兵居前，慕容隆率兵随后，并将氐兵分散编入队伍，约与慕容宝击鼓为号，一起动手。半夜一通鼓响，慕容垂部前后合击，全歼苻飞龙与所有氐兵。不几日，慕容垂已有兵3万人，便渡河焚桥，留辽东鲜卑可足浑潭集兵于河内的沙城，派田山至邺城联络慕容农等，让其起兵响应。公元384年正月，慕容垂率兵至洛阳，平原公苻晖闻其杀苻飞龙，闭门拒守。慕容凤、王腾、段延皆劝翟斌奉慕容垂为盟主，翟斌同意。扶余王余蔚为荥阳太守，率众投降慕容垂。慕容垂军至荥阳，遂称燕王。

　　自称燕王之后，慕容垂在河北与苻丕展开竞争的同时，不断扩大自己势力，最终控制河北一带，并将中山作为根据地。在苻坚被姚苌绞杀后，慕容垂于公元386年一月在中山称帝，建立起以其弟慕容德、六子慕容麟等人构成的政权中枢。

　　慕容垂三子慕容农到河北后召集鲜卑、乌桓等部众，举兵反叛。慕容农沿途招兵买马，攻城略地，兵至数万。苻丕派石越率步骑兵万余讨伐慕容农，被燕将赵秋击败，石越被斩。石越与毛当为前秦骁将，苻坚派二人帮助二子镇守要地，如今相继被杀，前秦上下人心浮动。公元 384 年正月，慕容垂遣慕容农在康台泽（今邱县邱城东南五里）略取前秦牧马近万匹，自此步骑云集，后燕立国基础进一步奠定。不久，慕容垂招集前燕旧将与各路大军会攻邺城。二月，慕容垂率领包括丁零、乌桓等各少数民族部众共 20 多万人，以云梯、挖地道攻城，均未攻下。遂修筑长围，与秦军相持，并把老弱转移到肥乡（今河北肥乡西南）修筑新兴城，用来放置辎重。四月，燕军久攻邺城不下，翟斌渐有叛心。事泄，慕容垂杀翟斌兄弟。时前秦邺城守军长期被围，粮草渐尽。苻丕势穷粮竭，急忙向东晋谢玄求援。谢玄派刘牢之等率 2 万人马救援邺城，并从水陆运米 2000 斛接济苻丕。公元 385 年二月，刘牢之进至枋头（今河南浚县西南）。苻丕发觉部将杨膺、姜让曾上表晋廷，许诺若晋军来援，当称臣于晋，遂杀杨膺、姜让。刘牢之获悉，徘徊不进。三月，燕军攻邺城不下，慕容垂北去冀州，命令抚军大将军慕容麟屯驻信都（今河北冀县），乐浪王慕容温屯中山（今河北定州），召骠骑大将军慕容农回邺。同月，刘牢之进攻驻守孙就栅（今河南浚县境内）的后燕黎阳太守刘抚，慕容垂亲自率兵救援。刘牢之进军交战，被慕容垂击退，于是退屯黎阳（今河南浚县东北）。四月，刘牢之于邺城击败慕容垂，慕容垂退至新城不久，又从新城北退。刘牢之急行军 200 里，在五桥泽（今河北广宗北）夺后燕战备物资时，被慕容垂打得大败，死数千人。刘牢之单骑逃走，适逢苻丕率援军来救，得以入邺城。燕、秦两军相持经年，幽、冀两州发生饥荒，燕军饿死者甚多。八月，苻坚为姚苌所杀。苻丕率领城中男女 6 万余人撤出，西赴潞川（今山西浊漳河），后燕乘机占据邺城。

前秦被消灭的时候，后燕已经将关东七州紧握手中。但由于西燕慕容永的插入，加上在河南一带不停叛乱的丁零翟氏，以及悄然崛起的鲜卑别部拓跋氏，后燕统一关东的任务远未完成。公元 386 年八月，后燕建立不久便挥师南下，兵锋直指青、兖、徐等在淝水之战后刚刚被东晋收复的州郡。这些地方为南北对峙时期的缓冲地带，后燕大军一到，纷纷投降，后燕将势力推进至淮北。接着，后燕以五年时间经营自己的北方领土，这期间消灭了河北一带的叛军，收复清河、渤海等地，征服了北方比较强大的贺兰部，加上之前慕容农率军击败高句丽，占据辽东，后燕巩固了自身统治，成为北方强国。

公元 392 年，鉴于河南一带丁零翟氏朝三暮四、一再叛独，慕容垂亲自带兵征讨翟钊。翟钊全军溃败而走，慕容垂率军追击，翟钊只身逃到西燕，后被慕容永杀死。

一年以后，后燕开始筹备攻打西燕。公元 394 年，后燕大军在邺城西南集结，却月余不向西燕境内进发。慕容永开始疑神疑鬼，多处分兵，后燕抓住时机从台壁进攻，两军一交手，西燕溃败，台壁遭围。西燕只得又从太行山召回守军五万多人，然而刁云、慕容钟军投降后燕。后燕在台壁以南摆下阵势，与慕容永会战。一场大战，西燕军被斩首八千，重镇晋阳也跟着丢失。慕容永退守国都长子，西燕别部的大逸豆归手下将领便打开城门迎入后燕军。慕容垂将慕容永及西燕公卿大将悉数斩首，西燕灭亡。

这时，已经成为华北一大势力的后燕，却受到来自北魏的威胁。北魏的建立者拓跋珪，是曾被前秦灭亡的代国拓跋什翼犍之孙。起初，后燕与北魏共同对抗匈奴刘显与西燕等势力，两国间使者往来，和睦相处。然而，公元391年七月北魏拒绝慕容垂索要名马的要求以后，转而与西燕接近，由此导致与魏关系断绝。随着北魏势力扩大，与后燕之间的直接冲突已经难以避免。已近暮年的慕容垂在灭亡西燕后，于公元395年五月，派太子慕容宝等人率领十多万兵力进攻北魏。退守鄂尔多斯一带的北魏，隔黄河与后燕对峙。十月之后的北方已经寒气逼人，后燕军队撤退至参合陂宿营。十一月时，寒流北来，气温骤降，黄河冻结，北魏军队趁机渡过黄河，突袭驻扎在参合陂的后燕军队。遭遇偷袭的后燕军队陷入混乱，惨败异常，数万投降者尽遭北魏坑杀，后燕军队生还者不及两成。

为复此仇，翌年三月慕容垂亲率大军攻打北魏平城。得胜还师途经参合陂时，年前战死将士尸骸如山，森森骇人。慕容垂垂泪举行吊祭仪式，战死及遭屠者亲属悲声大放，全军哭声震天动地。深感愧疚的慕容垂现场吐血，一病不起，月余去世。

慕容垂去世后，第四子慕容宝即位。九月，北魏掠去后燕并州（今山西省），进而直逼首都中山。公元 397 年二月，后燕政权内部爆发密谋暗杀慕容宝的行动，之后慕容宝子慕容会、同族慕容详、其弟慕容麟相继发动反叛，导致后燕失去中原领土。公元 398 年二月，慕容宝轻率发动夺回中山的军事行动，随即失败。在五月返回龙城时，慕容宝被其舅兰汗杀害。七月，慕容宝庶长子慕容盛诛杀兰汗，并以长乐王身份主持政权，十月称帝。这时，后燕已经衰落成为仅仅控制辽东、辽西的一个小国。

公元 401 年八月，慕容盛死于禁军发动的叛乱之中。此后慕容盛叔父、慕容垂少子慕容熙被太后丁氏等人迎回，登上天王之位。之后，勉强支撑局面的后燕面临来自北魏的压力，并且多次轻率发动对高句丽、契丹（当时活动于辽西北部的游牧民族）的远征，大耗国力。由于高句丽等民族的迁入，导致辽东、辽西地区社会构成发生变化，后燕立国根基动摇，进而由于公元 406 年高句丽控制辽东地区，后燕统治范围被挤压在辽西的龙城及其周边地区。随后慕容熙被中卫将军冯跋所杀，后燕灭亡。后燕曾打退过东晋，击败过前秦，攻灭了西燕，一度成为东亚最强大政权，全盛时拥有今河北、山东、山西、河南、辽宁全部或大部。后燕传 4 主，历 24 年，公元 407 年七月亡于北燕。

1. 成武帝慕容垂

公元 384 年正月，前燕文明帝慕容皝第五子、前秦京兆尹、泉州侯慕容垂在荥阳（今河南省荥阳市）自称燕王，建立后燕。

慕容垂年少时智勇双全，公元339年慕容皝击高句丽，年仅13岁的慕容垂随军参战，勇冠三军。公元344年慕容皝攻宇文逸豆归，18岁的慕容垂领一路兵马，在消灭宇文部的战斗中发挥了重要作用，被封为都乡侯。公元348年慕容皝去世，慕容儁继位。次年后赵皇帝石虎去世，石虎诸子争位而致国内大乱，慕容垂上书慕容儁，建议出兵后赵。公元350年二月，慕容儁命慕容垂领兵伐赵，慕容垂尽收后赵乐安、北平两郡兵粮，与慕容儁合兵攻下后赵蓟城。公元352年三月，段勤聚万余人自称赵帝，慕容垂率军攻灭段勤，慕容儁以慕容垂为使持节、安东将军、北冀州刺史，镇常山。

公元359年十二月，慕容儁病危，召慕容垂回邺城（今河北临漳西南）。次年正月慕容儁去世，太子慕容暐即位，尊可足浑氏为皇太后，以太原王慕容恪为太宰。三月，慕容恪以慕容垂为使持节、征南将军、都督河南诸军事、兖州牧、荆州刺史。公元365年二月，慕容垂随慕容恪攻东晋洛阳，杀扬武将军沈劲，掠地至崤、渑，慕容恪以慕容垂为都督荆、扬、洛、徐、兖、豫、雍、益、凉、秦十州诸军事、征南大将军、荆州牧，镇鲁阳。

慕容恪病逝，心胸狭窄的慕容评任太傅。公元369年四月，东晋大司马桓温率步骑5万，北伐前燕接连得胜，慕容暐与太傅慕容评十分恐惧，欲逃往故都和龙（今辽宁朝阳）躲避。慕容垂挺身请求率兵抗敌，慕容暐以慕容垂为南讨大都督，率征南将军慕容德等抵御桓温，桓温接连失利。后桓温因粮草中断，遂下令焚烧战船陆路撤回。慕容垂亲率骑兵尾随至桓温大军松懈疲惫，猛然一击斩桓温军3万，桓温大败而回，慕容垂威名大振。

早在公元358年，慕容垂娶段末柸女段氏为妻，段氏生子慕容令、慕容宝，很受慕容垂喜爱。段氏才高性烈，不谄媚皇后可足浑氏，皇后引以为恨，进而也恨慕容垂。而继任为帝的慕容儁，自幼嫉妒慕容垂才能，一直对慕容垂耿耿于怀。时有人奉可足浑氏之令，告段氏及吴国典书令高弼为巫蛊，欲借此牵连打击慕容垂。慕容儁将段氏及高弼下狱拷问，致段氏死于狱中，慕容垂也被外任。后慕容垂以段氏之妹为继室，却被皇后可足浑氏废黜。皇后将其妹嫁与慕容垂，慕容垂心中不满，难免表现出不够热情。这样天长日久，诸事叠加，可足浑氏更是恨上加恨。而眼见慕容垂功劳声望日隆，心胸狭窄也一直忌恨慕容垂才华的慕容评，便和太后可足浑氏相谋，计划尽快除掉慕容垂。慕容垂得知这一阴谋后，辗转西奔前秦。前秦苻坚亲自郊外迎接，并以慕容垂为冠军将军，封宾都侯。

公元369年十一月，苻坚灭前燕统一中国北方大部，以慕容暐为尚书，慕容垂为京兆尹，慕容冲为平阳太守，鲜卑慕容势力在前秦已成气候。公元378年苻坚灭前凉和代国之后，开始用兵东晋，直到淝水大败。慕容垂借淝水大败之机东走，叛前秦建后燕，立慕容宝为太子，遣三子慕容农掠前秦上万良马，招前燕旧将与丁零、乌桓等部众 20 多万，以云梯、地道会攻前秦苻坚子苻丕镇守的邺城。

公元 385 年八月，苻坚为姚苌所杀，苻坚子苻丕率邺城男女 6 万余人西赴潞川（今山西浊漳河）。慕容垂入邺城，以鲁王慕容和为南中郎将，镇守邺城。十二月，慕容垂定都中山。后慕容垂遣太原王慕容楷、赵王慕容麟、陈留王慕容绍、章武王慕容宙攻前秦苻定、苻绍、苻谟、苻亮等部，苻定等投降。公元 387 年正月，慕容垂攻温详。温详原为燕臣，后降东晋，晋任为济北太守，屯东阿（今山东阳谷东北阿城镇）。慕容垂命镇北将军兰汗率军攻温详，温详夜逃彭城（今江苏徐州），其部众 3 万余户降后燕。

前秦灭国时，慕容垂已占据关东七郡。此时同样叛前秦建立西燕的慕容永为争夺燕之正统与后燕开战，加之河南一带丁零翟氏叛乱，慕容垂以五年时间消灭叛军，收复清河、渤海等地，征服北方强敌贺兰部，击败高句丽，占据辽东。公元 392年，慕容垂消灭朝三暮四的翟钊，公元 394 年开启消灭西燕之战。两国大军接连鏖战，最后西燕大败，慕容垂悉数斩杀慕容永及西燕公卿大将，西燕亡。

西燕灭后，表面强盛的后燕内外两大隐患悄然生成。一是慕容鲜卑内部涌现出大量争强好斗的人才，而且个个不好管束，其中有慕容垂异母弟范阳王慕容德、太子慕容宝、赵王慕容麟、辽西王慕容农、高阳王慕容隆、侄子太原王慕容楷、陈留王慕容绍等，皆为叱咤一方的风云人物。当时慕容农主东北，慕容德据东南，慕容麟在西北，慕容隆、慕容绍、慕容楷分别居于中央周边之东、南、西三方，才大智粗的太子慕容宝难孚众望，随着慕容垂日渐苍老，后燕中央的向心力逐渐减弱。二是后燕为平定北方多次出兵协助臣服的北魏拓跋珪，拓跋珪借后燕援兵击溃刘卫辰，占据铁弗部大片领地，掠夺牛羊马匹数百万，势力陡增之后的北魏，问鼎中原之心昭然若揭，成为后燕外部大患。公元391年七月，拓跋珪弟拓跋觚出使后燕，慕容子弟为索取北魏良马，强行扣留拓跋觚。拓跋珪为此与后燕断交，两年后出兵援助西燕慕容永。慕容垂灭西燕后，慕容宝等人反复怂恿，慕容垂于公元395年五月派慕容宝、慕容农、慕容麟率领大军八万伐魏，让慕容德、慕容绍率步骑二万为后继。

慕容宝军队到五原（今内蒙古包头西北）黄河北岸，南岸的拓跋珪派人在中山至五原的路上，尽截后燕传信使者，使慕容宝连续数月得不到慕容垂的任何消息。拓跋珪又令抓来的后燕使者到黄河岸边狂喊，说慕容垂已经去世，慕容宝等人心中更加无数，后燕军心日益动摇。拓跋珪则排兵布阵，布置好包围圈等待燕军进入。慕容宝支撑到十月底，五原地区的寒风使他不得不下令烧掉渡船撤军。八天后风云突变，河水冻合，拓跋珪连夜点起二万精锐骑兵，全速冲过黄河一路追去。疲惫不堪、垂头丧气的后燕军队夜宿参合陂（今内蒙古凉城岱海），第二天日出时分，只见军营四面山顶北魏军队已经严阵以待。乱战之中，后燕军马相互践踏，踩死者数以万计，慕容宝、慕容农、慕容麟、慕容德凭借快马捡回性命。慕容垂侄慕容绍等大批将士战死，其余四五万人投降北魏后惨遭活埋，兵甲粮资全被北魏所有。

慕容宝回到中山，向父亲陈述失败时的惨状，竭力请求再次伐魏。慕容德在一旁相劝，言说北魏侥幸获胜，如果不尽快制服，今后会更加瞧不起太子，只怕后患无穷。70 岁的慕容垂一听此话，决定为身后燕国及儿子的生存亲自出征。于是，慕容垂令慕容隆、慕容盛调龙城精兵到中山，约定次年大举西征，攻打北魏。

军容精整的龙城精骑进入中山，后燕士气重新振作。公元396 年三月，慕容垂亲率燕军秘密出发，凿开太行山道，出其不意直逼北魏占据的平城（今山西大同）。拓跋珪弟拓跋虔率三万军马驻守此地，慕容垂突袭，拓跋虔战死，残部被后燕收编。燕军一路前行，来到昔日战场参合陂。眼前，后燕兵卒尸骨堆积如山，令人骇目。慕容垂设坛祭奠，死难将士父兄放声痛哭，哀号之音响彻山谷。白发苍苍的慕容垂面对此情此景，心中悲愧交加，一口鲜血喷出，旧疾发作，只能乘马舆前进，在平城西北三十里休整。慕容垂在平城停留十天便匆匆返回，归途之中的四月初十，慕容垂在上谷郡的沮阳（今河北怀来东南）病逝。慕容垂在位 13 年，终年 71 岁。

2. 惠愍帝慕容宝

慕容垂去世，太子慕容宝于四月二十九日即位。慕容宝生于公元 355 年，为慕容垂第二子，母亲即可足浑氏太后陷害致死的前段氏。慕容宝自幼缺乏志向，喜好他人奉迎。曾随父慕容垂逃亡前秦，苻坚任其为太子洗马、万年县令。淝水之战时，苻坚任慕容宝为陵江将军。公元 384 年慕容垂建立后燕，册立慕容宝为太子。

立为太子的慕容宝有意磨炼品行，崇尚儒学，降低身份讨好慕容垂身边近臣，一时得到朝臣称赞，慕容垂也认为慕容宝贤能。公元 396 年慕容垂去世，继位的慕容宝遵照遗令，校阅户口，裁撤军营，明确官仪。而心胸狭窄，法律严峻，政令苛刻，朝廷上下各异其心。

慕容宝继母段元妃为慕容宝生母堂妹，曾认为慕容宝优柔寡断，难以在危难之世君临天下，并建议慕容垂认真考虑，慕容垂并未采纳。慕容宝知道后，非常痛恨段元妃。慕容宝一继位，派同样对段元妃有成见的赵王慕容麟进宫，声言段元妃不死，慕容宝即杀段氏家族，逼迫继母段元妃自尽。

当初，慕容宝未确立嗣子，而慕容宝庶子清河公慕容会多才多艺，有雄才大略，慕容垂很器重他。慕容宝出兵北伐时，慕容垂派慕容会代掌东宫之事，总录朝政，待遇如同太子。慕容垂讨伐北魏，因龙城为宗庙所在地，又派遣慕容会镇守幽州，精心选派官吏辅佐慕容会。慕容垂临终遗令慕容会为太子，而慕容宝则宠爱三子濮阳公慕容策，慕容宝长子长乐公慕容盛自以为比慕容会年长，以慕容会先于自己而成为太子为耻，于是极力称赞慕容策适合当太子。慕容宝便策封慕容策生母为皇后，慕容策为皇太子。

公元 396 年，北魏十万大军伐燕。魏军先攻并州，骠骑将军慕容农率军迎战，兵败返回晋阳，守将大司马慕舆嵩拒绝慕容农入城。慕容农在率众逃往中山的路上，被北魏追军赶杀，仅慕容农一人逃脱。慕容宝召群臣商议御敌，众议修筑城墙积累粮草，准备长久与敌对峙。魏军攻打中山未果，转而占据博陵、鲁口，诸守将望风而逃，各郡县投降魏军。慕容宝虽然率军出战，自己又缺乏信心。慕容农、慕容麟劝慕容宝返回中山，慕容宝即带领军队后退，魏军趁机追杀。慕容宝恐魏军追临，命将士扔掉战袍武器以加快逃跑速度，当时风大雪猛，沿途冻死士兵无数。

魏军进攻中山时，驻扎在芳林园。当天夜晚，尚书慕舆皓谋图杀害慕容宝，让慕容麟当皇帝，被慕舆皓妻兄苏泥告诉给慕容宝。慕容宝派慕容隆逮捕慕舆皓，慕舆皓与同谋砍开城门逃向北魏。慕容麟心里害怕，威逼左卫将军、北地王慕容精，谋图与慕容精率领禁卫军杀慕容宝，被慕容精拒绝，慕容麟杀慕容精，逃往丁零部。

当初，慕容宝听说北魏军队入侵，派慕容会率领幽州、并州军队赴中山。慕容麟叛逃以后，慕容宝谋划先夺慕容会军权。时慕容麟侍从从丁零逃回，向慕容宝报告慕容麟在丁零招收兵马，军势强大，而且要袭击慕容会的军队，向东占据龙城。慕容宝与太子慕容策以及慕容农、慕容隆等人带领一万多人马在蓟与慕容会会合，派开封公慕容祥守卫中山。慕容会全力招纳贤士，整顿军容，在蓟南郊迎接慕容宝。慕容宝将慕容会的兵力拆分给慕容农和慕容隆。幽州、平州士兵感念慕容会的威德，不愿意离开慕容会。慕容宝近臣忌妒慕容会的勇略，在慕容宝面前说慕容会坏话，慕容农和慕容隆劝慕容宝杀慕容会。慕容会知道后，逃到广都黄榆谷，派仇尼归等人率领强壮士兵二十多人袭击慕容农和慕容隆，慕容隆被杀，慕容农受重伤。不久，慕容会又归顺慕容宝，慕容宝密派左卫慕舆腾去杀慕容会，慕容会逃回部队，率军进攻慕容宝。慕容宝带领数百人马逃奔龙城，慕容会率领军队追击，遣使请求慕容宝杀身边奸臣，并立自己为太子，慕容宝不允许。慕容会领兵包围了龙城，侍御郎高雲夜晚带领敢死队一百多人偷袭慕容会，慕容会战败，单人匹马逃往中山，冲过包围圈入城，被开封郡公慕容详所杀。慕容详在中山自立为帝，放纵酒色，杀戮无限。慕容麟率领丁零军队进入中山城，斩杀慕容详以及亲属党羽三百多人，自封为帝。中山城粮食更加缺乏，饥荒更为严重。慕容麟带领部下离开中山占领新市，与北魏军队在义台作战，慕容麟的军队被打败。魏军进入中山城，慕容麟只身逃往邺城。

公元 398 年，慕容德派侍郎李延劝说慕容宝向南进兵，慕容宝非常高兴。于是从龙城发兵，任用慕舆腾任前军大司马，慕容农带领中军，慕容宝率领后军，步兵骑兵共三万人临时驻扎在乙连。长上段速骨、宋赤眉因为士兵们害怕打仗，就杀了司空、乐浪王慕容宙，强立高阳王慕容崇为帝。慕容宝单人独马逃到慕容农处，带兵讨伐段速骨，士兵纷纷扔掉兵器逃走，慕舆腾部下也全部溃散，于是，慕容宝、慕容农催马奔逃，回到龙城。慕容宝部下兰汗秘密串通段速骨率军攻打龙城，慕容农被段速骨杀死，慕容宝和慕容盛、慕舆腾等人向南逃去。兰汗拥立太子慕容策继承帝位，派遣使者迎接慕容宝。慕容宝继续向南走。到黎阳听说慕容德自称皇帝，又退了回来，派慕舆腾招集失散士兵，派慕容盛到冀州结交豪杰。这时，兰汗派左将军苏超迎接慕容宝，慕容宝认为兰汗为慕容垂小舅，慕容盛为兰汗女婿，定对自己没有二心，于是回到龙城。公元398年四月二十六日，慕容宝被部下兰汗所杀。慕容宝在位3年，终年44岁。

3. 昭武帝慕容盛

兰汗杀慕容宝、太子及大臣一百多人，自称大将军、大单于。三个月后，慕容盛诛杀兰汗及其党羽自立。

慕容盛为慕容宝庶长子，公元373年生于长安（今陕西省西安市），母不详。慕容盛沉着聪慧，富有谋略。前秦苻坚淝水战败后，慕容盛与叔父慕容柔前往西燕。公元385年，入据长安的慕容冲洋洋自得，政令不明，又下令大肆建造宫宇。十二岁的慕容盛对叔父慕容柔说，中山王慕容冲缺才少智，骄傲自大，不施恩惠，覆灭指日可待。不久，慕容冲被部下所杀。后慕容盛带家人东归，路途遭遇劫匪，慕容盛挺身而出，以勇武吓退劫匪。慕容垂得知后大喜，当即封慕容盛为长乐公。后慕容盛历任散骑常侍、左将军。慕容宝即位后，进封为长乐王、征北大将军、司隶校尉，迁尚书左仆射。慕容宝南征时，慕容盛留守龙城管理后方事务。

段速骨作乱时，慕容盛迅速出击保卫，使慕容宝得以脱险。公元398年，兰汗杀慕容宝，慕容盛火速前去吊丧，身边将士极力劝阻，认为前去太危险。慕容盛坚持吊丧到龙城，兰汗派儿子兰穆迎接慕容盛，任命慕容盛为侍中、左光禄大夫，安置在宫内。在兰汗身边的慕容盛，以智谋周密策划，挖敌墙脚，收揽人才，调兵遣将，最后将兰汗父子一网打尽，夺回父辈皇位。

慕容盛登位之后，率兵攻打高句丽，袭击并攻克新城、南苏，散发资产，迁其五千多户到辽西。慕容盛召见百官，考核才能，破格提拔12人，还命百司每人推举一位足以治理天下的文武人才。公元401年慕容盛讨伐库莫奚，俘获众多民众和财物。辽西郡太守李郎统治辽西十多年，视境内为自己领地。慕容盛多次征召，李郎不应，而且暗中请北魏军队入境，假意派人请求慕容盛出兵抗敌，以图消灭慕容盛。慕容盛设计将李郎消灭，维护了边境安全和境内统一。

慕容盛幼年贫贱，到处漂泊，长大后家族多难，生死难预。鉴于父亲慕容宝缺乏决断而受制于人，最后性命不保，便矫枉过正，以极为严厉的刑法作为执政保障，其结果上下胆战心惊、人人自危，亲戚好友纷纷以背叛自保。左将军慕容国、殿中将军秦舆、段赞等人策划率领禁军袭击慕容盛，事发被慕容盛诛杀。前将军段玑、秦兴等人，趁人心动摇夜闹皇宫。慕容盛听到变故，率领亲信出战，夜闹者溃败。这时，忽有人暗中出手，重重击伤慕容盛。慕容盛乘辇回前殿，急请叔父慕容熙交代后事。然而，未等慕容熙上殿，慕容盛于公元401年八月二十日去世。慕容盛在位4年，终年29岁。

4. 昭文帝慕容熙

慕容盛被杀，丁太后与朝臣立17岁慕容熙即位。慕容熙为慕容垂第七子，公元385年出生于常山。公元393年封为河间王，公元396年随兄慕容宝赴龙城，拜为司隶校尉。公元397年段速骨作乱，慕容氏诸王被杀，13岁的慕容熙向来受到高阳王慕容崇喜爱，而慕容崇与段速骨一党，慕容熙因此免于一死。公元398年兰汗篡位，时慕容垂子仅剩慕容熙，遂封慕容熙为辽东公。不久，慕容熙侄慕容盛杀兰汗复国，慕容熙被拜为都督中外诸军事、骠骑大将军、尚书左仆射，兼任中领军。慕容熙跟随慕容盛征伐高句丽、契丹时作战勇猛，慕容盛称赞其有祖父慕容垂风范。

公元401年慕容盛被乱军杀害，虽然群臣希望立慕容宝第四子、慕容盛弟慕容元，但慕容熙嫂、慕容盛伯母丁太后宠爱慕容熙，便以国家多难应立年长者为由，废黜太子慕容定，秘密迎慕容熙入宫即皇帝位。

公元402年十月，慕容熙纳原前秦中山尹苻谟两个女儿为妃，封长女苻娀娥为贵人、幼女苻训英为贵嫔，并且宠爱有加。原与慕容熙私通的丁太后因此忌恨难消，便与其兄子七兵尚书丁信策划废黜慕容熙，欲改立章武公慕容渊为帝。慕容熙知道后逼丁太后自杀，并诛杀慕容渊和丁信，同时将兄慕容宝诸子全部杀害。

公元 403 年五月，慕容熙开始大规模建筑龙腾苑，方圆达十多里。又建逍遥宫、甘露殿，楼台相接，开凿天河渠，引水进宫，为苻氏姐妹建曲光海、清凉池。六月暑天，营建士卒连轴施工，中暑而亡者过半。公元 404 年立贵嫔苻训英为皇后，当年七月昭仪苻娀娥去世，此后，慕容熙宠信皇后苻训英，达到可以为其上天揽月的程度。苻训英喜好游玩打猎，慕容熙任她登白鹿山、越青岭、游沧海，百姓为此困苦不堪，数千守护士卒葬身虎狼或冻饿而死。高句丽侵犯燕郡，慕容熙率兵攻打，身边带着苻训英，服务护卫皇后分占大批兵力，攻战自无结果，却冻死大批士兵。公元 407 年苻训英去世，慕容熙悲伤号哭，顿足捶胸，昏死多次。更有甚者，慕容熙身穿丧服，诏令百官于宫内集体举哀，而且指令官员查考，发现无泪官员则以重罪论处。于是，众官偷备辛辣之物催泪，致使满殿鼻涕喷嚏，滑稽之至。慕容熙诏令公卿及全城百姓，必须率领全家为皇后建造陵墓。出殡时，慕容熙披头散发、赤脚徒步跟随苻训英灵车。灵车过于高大无法运出城门，慕容熙下令拆毁城墙出殡。

公元 407 年七月，之前因获罪出逃在外的中卫将军冯跋、左卫将军张兴等 22 人结盟，推举慕容宝养子慕容云为首领，决心以武力终止慕容熙暴政，便派五千服役囚徒关闭城门拒守。中黄门赵洛生报告慕容熙，慕容熙穿好甲胄回到龙城攻打北门，未能攻下，便败逃龙腾苑，着便服躲于树林之中。后慕容熙被慕容云抓住处死，后燕亡。慕容熙在位 7 年，终年 23 岁。

十一、西　燕

（384 年—394 年）

公元 384 年四月，前秦长史、鲜卑人慕容泓叛前秦，宣布复兴燕室，建元燕兴，史称西燕。

公元 370 年十一月，前秦灭前燕后，前燕末代皇帝慕容暐与其弟慕容泓、慕容冲被押送至前秦首都长安。慕容泓被前秦任命为北地长史，慕容冲被任命为平阳太守。前秦淝水之战失败后，前秦冠军将军、慕容暐叔父慕容垂乘机起兵反前秦，攻打邺城。公元 384 年三月，慕容泓得知慕容垂叛秦的消息，偷渡至河东召集当地鲜卑人在华阴起兵，打败前秦将军强永，慕容泓自称都督陕西诸军事、大将军、雍州牧、济北王。时前秦平阳太守慕容冲也带领两万鲜卑人攻打前秦蒲坂，被前秦名将窦冲大败于河东，慕容冲带领余部与慕容泓合并，慕容泓势力大增，便于四月宣布复兴燕室，西燕至此建国。

之后，慕容泓向长安进军，有众十余万。六月，慕容泓谋臣高盖、宿勤崇认为慕容泓声望不如慕容冲，且执法苛峻，于是弑杀慕容泓，推慕容冲为皇太弟，统领全军，承制行事，慕容冲封高盖为尚书令。七月，慕容冲与秦王苻坚子苻晖大战于郑西，大破苻晖。很快又在灞上打败秦王少子苻琳和前将军姜宇，占据阿房城。九月，西燕兵临长安城下，长安城内的鲜卑人蠢蠢欲动。十二月，慕容暐暗杀苻坚的计划泄露，苻坚下令斩杀慕容暐，慕容柔和慕容盛等人逃出长安投奔西燕。

公元 385 年正月，慕容冲在得到慕容暐死讯之后在阿房称帝，改元更始。此时西燕和前秦间的战争还在持续，其间慕容冲、高盖、慕容宪数次被前秦苻坚、窦冲、杨定、苻宏击溃。五月，慕容冲攻打长安，秦王苻坚亲自上城督战，战事极其惨烈，苻坚身中数箭。卫将军杨定率领前秦军与西燕军在长安西部展开恶战，结果杨定被俘，前秦大败。苻坚留太子苻宏守长安，自带数百骑兵，携家人奔向长安以西的五将山。长安粮荒严重，无法坚守的苻宏带领家族几千人突围后南逃东晋。慕容冲挥军攻进长安，纵兵大掠，惨不忍述。七月，苻坚在五将山被后秦抓获，姚苌威逼禅让不成，将苻坚勒死。十月，慕容冲遣尚书令高盖统兵五万攻打后秦，两军在新平郡南交战，西燕大败，高盖归降后秦姚苌。

这时，慕容垂已经控制山东，慕容冲为巩固自己势力，坚持要留在关中不愿东归。公元 386 年二月，左将军韩延利用鲜卑军民思归的情绪，杀慕容冲，拥立鲜卑贵族段随为燕王。身为燕王的段随非慕容氏之后，声望权势难以威慑部众，左仆射慕容恒、尚书慕容永杀段随与韩延，立前燕宜都王慕容恒子慕容颢为燕王。三月，慕容永率四十余万鲜卑人离开长安。途中，慕容颙被与父同名的慕容恒弟慕容韬杀死，慕容恒立慕容冲子慕容瑶为帝。慕容永杀慕容瑶，立慕容泓子慕容忠为皇帝。六月，慕容忠亦被杀，慕容永被推为大将军、大单于、河东王，率领部众继续东进。因慕容垂建立后燕挡住归路，遂修筑燕熙城暂时屯驻。十月，慕容永与前秦皇帝苻丕在襄陵交战，西燕军大破前秦军，斩杀前秦卫大将军俱石子、左丞相王永等，进兵占领长子（今山西长子县），慕容永自行称帝，国号燕，年号中兴，定都于此。

后燕慕容垂与西燕慕容永同为前燕宗室后人，慕容垂为前燕文明帝慕容皝第五子、前燕慕容廆嫡孙；而慕容永则为慕容廆弟慕容运之孙，与慕容垂相比，慕容永为前燕皇室旁支。为争法统，慕容永下手诛杀慕容儁、慕容垂子孙。为了在两燕竞争中胜出，慕容永积极扩张实力，多次发动对前秦、东晋的战争。公元387年九月，慕容永亲征河西，攻打前秦冯翊太守兰犊，兰犊向姚苌求援。十月，姚苌率兵赶到，与慕容永在河西地区交战，慕容永败走，其征西将军王宣率领部众投降后秦。公元390年，慕容永再次出兵，准备渡河向东晋的洛阳进攻，晋朝青兖二州刺史朱序率兵，自河阴北渡黄河迎战慕容永，与燕军前锋王次多相遇，晋燕两军战于沁水，燕军战败，将军勿支被晋军斩杀，晋参军赵睦追击并在太行地区击败燕军。慕容永率众败还上党，朱序追击入西燕境内，与慕容永在白水地区对峙二十多天。公元391年六月，慕容永再次率兵，试图渡过黄河占领洛阳，又被晋河南太守杨佺期击退。

公元 392 年六月，慕容垂在滑台攻打翟钊。翟钊兵败后降归慕容永，慕容永授翟钊为车骑大将军、东郡王。一年后，翟钊想杀慕容永夺位，被慕容永斩杀。翟钊死后，解除了后顾之忧的慕容垂开始大举进攻西燕。公元 394 年二月，慕容垂调集四州兵力，分三路大举进攻西燕。慕容永发兵五万抵拒后燕军，将粮草聚于台壁。西燕台壁守卫孤立，慕容永见慕容垂率军驻扎邺西南月余未动，遂怀疑后燕军将从秘密道路进攻，便召集各路军队驻屯轵关，扼守太行口。慕容垂乘机率大军出滏口进至台壁，连破西燕军，斩右将军勒马驹，擒镇东将军王次多，并包围台壁。慕容永率驻太行军回师阻击，慕容垂派骁骑将军慕容国在涧下埋伏骑兵，大破西燕军，斩 8000 余人，慕容永败回长子。晋阳守将闻兵败，弃城逃走，后燕轻取晋阳。六月，后燕军包围长子。八月，西燕太尉慕容逸豆归的部将伐勤等人打开城门投降，后燕军入长子，杀慕容永和公卿大将刁云等，西燕灭亡。

西燕盛时统治区域有今山西、河北一带，疆域北邻北魏，东与后燕以太行山为界，西为铁弗匈奴刘卫辰部和后秦，南与东晋隔太行黄河相望。西燕传 7 主，历 11 年，公元 394 年八月亡于后燕。

1. 济北王慕容泓

公元 384 年三月，前秦长史慕容泓于陕西华阴自称燕济北王，次月改元复燕。慕容泓为前燕景昭帝慕容儁第七子，母亲可足浑氏。前燕时期被封为济北王。前秦灭前燕后，慕容泓于公元 370 年十一月被押送至长安，苻坚任慕容泓为北地长史。前秦伐晋失败，政权分崩离析，慕容泓叔父慕容垂于公元 384 年正月叛秦建立后燕。时任前秦北地长史多年的慕容泓听说后，于同年三月逃奔关东，收拢鲜卑人反叛，返回驻扎华阴。前秦苻坚派将军强永率骑兵攻击慕容泓，被慕容泓击败，慕容泓军势更盛，便自称使持节、都督陕西诸军事、大将军、雍州牧、济北王。

时慕容泓弟平阳太守慕容冲在河东起兵，拥众二万，进军攻打蒲阪，苻坚派窦冲讨伐。窦冲于公元 384 年四月在黄河以东大败慕容冲。败后的慕容冲率八千鲜卑骑兵投奔慕容泓。慕容泓兵增势大，改年号燕兴，建立西燕。慕容泓恩薄德浅，执法苛刻，同年六月被谋臣高盖、宿勤崇等人诛杀。慕容泓在位三个月，生年不详。

2. 威帝慕容冲

高盖杀慕容泓，拥立慕容冲为皇太弟，自己为尚书。慕容冲为慕容儁幼子，生于公元 359 年，母亲可足浑氏。慕容冲一出生，即受其父册封为中山王。公元 370 年，前秦灭前燕，苻坚令慕容暐及前燕后妃、王公、百官并鲜卑四万余户迁往关中。苻坚封赏前燕各宗室，格外受宠的慕容冲被任为平阳太守。

公元 384 年慕容垂率慕容农、慕容楷等，叛前秦建立后燕。慕容泓于关中举兵自称济北王，慕容冲趁机在河东起兵，拥兵众二万攻打前秦蒲坂，被窦冲在河东打败，慕容冲率残兵投奔其兄慕容泓，慕容泓随之复燕。

公元384年六月，慕容泓谋臣高盖等杀慕容泓，立慕容冲为皇太弟，秉承帝旨行事。公元384年七月，慕容冲向长安进攻。苻坚令车骑大将军苻晖率兵五万抵御，慕容冲接连得胜，占据并入驻阿房城，于次年正月在阿房称帝，改年号更始。时苻坚与慕容冲交战，前期各有胜负，后苻坚兵败。公元385年五月，慕容冲率军登长安城，苻坚亲自抗敌，身中数箭，血流遍体，后奔五将山。时长安严重缺粮，不久苻宏带宗室及余众出奔东晋，百官尽散。慕容冲进占长安，纵兵大肆掳掠，百姓死者不计其数。

公元386年，贪图安逸的慕容冲乐居长安，便作长久安居打算。见慕容冲如此不思东归，鲜卑人无不怨恨。左将军韩延顺应人心，于公元386年二月将慕容冲斩杀。慕容冲在位2年，终年27岁。

3. 燕王段随

公元386年二月，慕容冲乐住长安而不思东归，引起鲜卑人怨恨。左将军韩延杀慕容冲拥立前燕贵族、西燕右将军段随为西燕王，改年号昌平。段随非慕容宗亲，仅靠自己足智多谋升至右将军，但威望和势力不足震慑慕容部众。同年三月，仆射慕容恒和尚书慕容永发动政变杀死段随。段随在位一月，生年不详。

4. 燕王慕容顗（yǐ）

段随被杀，慕容恒、慕容永立慕容顗为燕王。慕容顗系燕国宗室，父慕容恒曾被前燕慕容儁封为宜都王。前燕灭亡时，为秦兵所杀。时慕容顗随慕容冲降秦迁居长安，后从慕容冲起兵反秦。公元 386 年三月慕容顗为燕王后，率鲜卑男女及乘舆服御、礼乐器物，自长安东徙。行至临晋（今山西省临猗县境），被慕容恒弟、护军将军慕容韬杀。慕容顗生年不详。

5. 燕王慕容瑶

左仆射慕容恒立慕容冲子慕容瑶为帝，改年号为建平。兵众不服慕容恒和慕容瑶，转而投奔慕容永。慕容永发动政变杀慕容瑶。慕容瑶生年不详。

6. 燕王慕容忠

公元 386 年三月，慕容永杀慕容瑶，另立慕容泓子慕容忠为燕王，改年号为建武。慕容忠即位后，封慕容永为丞相、河东公，继续率鲜卑族部众东进。至闻喜（今山西省西南部），得知慕容垂已定都中山建立后燕，遂不敢继续东进，就地筑燕熙城暂居。同年十月，武卫将军刁云反叛杀慕容忠。慕容忠在位四个月，生年不详。

7. 燕王慕容永

刁云杀慕容忠，拥立慕容永为燕王。慕容永出身鲜卑贵族

家庭，属前燕皇室旁支，祖父慕容运为前燕文明帝慕容皝叔
父。公元 370 年，前秦天王苻坚率军灭前燕，将前燕皇帝慕容
暐及王公以下四万鲜卑人迁到长安，慕容永就在其中。长安期
间，身为旁支贵族的慕容永并未受到重视，只得与妻沿街卖靴
为生。公元 384 年，慕容暐弟慕容泓在关中起兵，建立西燕，
慕容永积极跟随。同年六月，高盖杀慕容泓，慕容泓弟慕容冲
称帝，慕容永方被任命为一个小头目。慕容冲在与前秦的数次
大战中，慕容永勇敢而有智谋，遂崭露头角。后在前秦果敢英
勇的杨定骑兵进攻下，慕容冲一筹莫展准备逃跑时，慕容永献
计深挖坑坎阻陷杨定精骑，从而打败并生俘杨定，慕容冲升
慕容永为黄门郎。公元 386 年二月，慕容冲住长安不思东归，
引起鲜卑人的公愤。左将军韩延顺应人心攻打慕容冲，并将慕
容冲杀死，拥立慕容冲的将领段随为燕王。这年三月，慕容永
与左仆射慕容恒暗中策划袭杀段随，拥立慕容顗为燕王，慕容
永被任为武卫将军。护军将军慕容韬杀慕容顗，慕容永与武卫
将军刁云率兵攻打慕容韬，慕容韬投奔慕容恒，慕容恒拥立慕
容冲子慕容瑶，部众离开慕容瑶而投奔慕容永。慕容永杀慕容
瑶，拥立慕容泓子慕容忠，慕容忠以慕容永为太尉、尚书令，
封爵为河东公。公元 386 年六月，刁云等人又杀慕容忠，推举
慕容永为大都督、大将军、大单于、雍秦梁凉四州牧、河东
王。公元 386 年十月，慕容永大战并击退前秦苻丕，据长子城
即皇帝位，改元中兴。

后燕慕容垂与西燕慕容永同为前燕宗室后人，为争法统，

慕容永将尚在西燕国内的慕容暐、慕容垂子孙不分男女老幼尽数诛杀。为增强实力，战胜后燕，慕容永积极扩张，多次与前秦、东晋开战，败多胜少，国力更加不及后燕。慕容垂在巩固后方之后，于公元 394 年二月大举进攻西燕。慕容永派遣兵马分多路严密把守，将粮草物资等聚集在台壁，派侄子征东将军慕容逸豆归、镇东将军王次多、右将军勒马驹等人率领一万多人保卫台壁。四月慕容垂率领大部队从滏口出兵，进入天井关，五月初后燕军队团团包围台壁。慕容永统领五万多人抵抗后燕，而驻守潞川的将军刁云、慕容钟等，却率领部众投降后燕。五月十五日，慕容垂在台壁以南列开阵势，又派骁骑将军慕容国带领一千多骑兵埋伏在山涧之下。次日，慕容垂与慕容永展开决战，慕容永被伏兵切断后路，死伤八千多人。慕容永仓皇逃回长子，西燕晋阳守将弃城逃走，后燕获取晋阳，慕容垂指挥部队包围长子。八月，慕容永局势危急，派其子常山公慕容弘等人向东晋雍州刺史郗恢求救，东晋孝武帝下诏调青、兖二州刺史王恭和豫州刺史庾楷前往解救慕容永。慕容永又向北魏告急，北魏道武帝拓跋珪派陈留公拓跋虔和将军庾岳统领骑兵五万人向东渡过黄河，集结在秀容一带救援慕容永。但在东晋和北魏援兵还未到达时，慕容永手下将领伐勤等打开城门投降，后燕斩杀慕容永及文臣武将三十多人，吞并慕容永所统辖八郡，西燕灭亡。慕容永在位 9 年，生年不详。

十二、后　秦

（384 年—417 年）

公元 384 年四月，前秦龙襄将军姚苌在渭北自称大将军、大单于、万年秦王，成为五胡十六国时期又一个独立的割据政权。因为该政权统治区域主要为战国时秦国故地，又为区别前秦和西秦，史家称其为后秦。

姚苌出身在位于赤亭（今甘肃省陇西县）的羌族姚氏集团，其父姚弋仲乘西晋永嘉之乱，率本部从赤亭迁徙到榆眉（今陕西省千阳县）一带，自称护西羌校尉、雍州刺史、扶风公。姚弋仲率部进入关中后，先后归附于前赵刘曜和后赵石勒。后赵石虎徙关中豪杰及氐、羌于关东时，以姚弋仲为西羌大都督。公元 333 年，姚弋仲又率数万羌众迁于清河之滠头（今河北省枣强县）。公元 349 年四月石虎去世，太子石世继位，姚弋仲、蒲洪等羌氐首领劝说石遵起兵夺位。石遵杀石世继位，不久冉闵杀石遵立石鉴为帝，掌握朝政。新兴王石祗与姚弋仲等连兵，移檄讨伐冉闵。公元 350 年冉闵杀石鉴并诛杀石氏宗室，姚弋仲率众讨伐。在襄国即帝位的石祗，以姚弋仲为右丞相，封亲赵王。公元 351 年，冉闵围攻襄国，姚弋仲命子姚襄率兵救援。同年四月，在后赵式微之后，姚弋仲改投东晋，被东晋封为使持节、六夷大都督、都督江淮诸军事、车骑大将军、仪同三司、大单于，封高陵郡公。次年，姚弋仲病逝。

姚弋仲有子四十多个，其中姚襄雄武盖世，好学博能，姚弋仲授以兵权。石祗曾封姚襄使持节、骠骑将军、护乌桓校尉、豫州刺史、新昌公；东晋曾封姚襄持节、平北将军、并州刺史、即丘县公。姚弋仲去世后，姚襄南攻阳平、元城、发干三城，斩杀掠夺三千多家。之后，姚襄封官拜将，攻前秦，击前燕，掠东晋，与周边大小割据势力你争我夺。公元 357 年五月，图谋关中的姚襄与前秦在三原（今陕西省三原县）开战，姚襄战败身亡，继承其位的弟姚苌率领集团归顺前秦，前秦苻坚封姚苌为扬武将军。其后，姚苌在前秦屡立战功。

前秦淝水之战败北，附身前秦的五胡纷纷独立。鲜卑慕容垂、慕容泓、慕容冲先后与前秦开战，姚苌趁机建立后秦，进而于公元 385 年七月捕获被慕容冲逼出长安的苻坚，并于次月将苻坚绞杀。公元 386 年三月，慕容冲为首的西燕撤离长安东归，姚苌立即进驻长安即皇帝位，确立了自己作为关中统治者的地位。

公元 393 年十二月姚苌病逝于长安，其子姚兴即皇帝位。随后姚兴于公元 394 年七月进攻泾阳（今甘肃省平凉市），杀死苻登消灭前秦，并最终平定陕西西部渭水上游各种势力。公元 400 年七月，姚兴派叔父姚硕德对迁都至苑川（今甘肃省榆中县）的西秦发动攻势，西秦乞伏乾归一度逃亡至南凉，后归降后秦。公元 401 年七月，姚兴再次进攻姑臧（今甘肃省武威市），九月降服后凉，派遣汉人王尚担任凉州刺史，开始直接管理凉州（今甘肃省）。在此期间，西凉、南凉、北凉均向后秦纳贡。

公元 396 年，姚兴夺得曾作为西燕故地的河东；公元 399 年七月姚兴派遣其弟姚崇、镇东将军杨佛嵩等人进攻东晋控制下的洛阳并将其攻陷，进而获得淮水、汉水以北地区，随着反抗桓玄的各种势力相继脱离东晋归顺后秦，姚秦进入鼎盛时期。

后秦统治者尤其是姚兴主政期间，为补充劳动力和兵源，常将被征服地区的各族民众大批迁徙到都城长安及各军事要地，以便控制。对于境内各族百姓，除以州郡系统进行管理外，还实行以营领户、以户出兵吏的制度。营户不隶州郡，而由姚氏宗室和达官贵人分领。一般营户既要当兵作战，又要提供军粮。

在五胡十六国后期的帝王中，姚兴也算得一位较有作为者。为了巩固统治，澄清吏治，姚兴采取严厉措施打击贪官污吏。对于比较清廉的臣属，不仅给予物质上的奖励，还下书表彰，越级提拔职务。后秦在长安办有律学，集中地方郡县的闲散官吏学习，学有成绩者回原地负责司法。姚兴规定，凡州郡县地方政府不易判定的案例，一律报请中央政府裁决。姚兴本人经常在咨议堂旁听判决，尽量避免冤狱的发生。姚兴还发布命令，要求各地政府释放因灾荒贫困而自卖为奴的百姓。后秦注意选才纳谏，又相继采取一些内修政事、广招人才、奖励清廉、惩治贪污、简省法令的措施，以减少冤狱，促进生产，发展经济。

后秦大力提倡儒学，兴办学校。当时天水姜龛、东平淳于岐、冯翊郭高等著名学者云集长安，讲学授徒，各有弟子门生数百人，远道而来求学者上万。洛阳城内讲学的凉州硕儒胡辨，弟子上千，关中不少青年慕名就学。姚兴特别令各地关卡对来往儒生一律放行，不许刁难。姚兴素以精通典籍声闻遐迩，政务之暇，经常在内宫召见学者，讲论道艺，并留其中善于为文者参管机密，起草诏书。公元401年姚兴攻伐后凉，亲迎僧人鸠摩罗什入长安，以国师礼待，并请鸠摩罗什主持译经事业。尔后十余年间，鸠摩罗什悉心从事译经和讲说佛法，译出经论九十八部、四百二十五卷，其中《大品般若经》《小品般若经》《妙法莲华经》《金刚经》《维摩经》《阿弥陀经》《首楞严三昧经》《十住毗婆沙论》《中论》《百论》《十二门论》《成实论》及《十诵律》等重要经论，在中国译经和佛教传播史上具有划时代的意义。

此时，后秦东北部的北魏已经占据中山，对后秦威胁日益增大。公元402年五月，姚兴派其弟姚平进攻北魏控制的平阳。北魏道武帝拓跋珪亲自率军出征，在平阳南部包围姚平。此后姚兴亲自上阵解救，但姚平的军队仍被北魏全歼，致使北魏与后秦实力对比发生逆转。公元 407 年六月，后秦安北将军、镇守朔方的赫连勃勃背叛后秦，率部袭击高平（今宁夏回族自治区固原市）后独立建夏，后秦丧失了从鄂尔多斯至陕西北部的领土。接着西秦于公元 409 年七月再次独立，后秦因此失去在凉州的优势地位。之后，来自夏、后仇池及东晋刘裕的攻击，让后秦一直应对不暇。

在这关键时期，姚兴于公元 416 年二月病逝，其长子姚泓即位后，姚泓弟姚宣、姚懿，侄姚恢等掀起内乱，后秦帝室内部叛离愈演愈烈，政权加速衰落。夏之赫连勃勃趁机南下逼近渭水流域，东晋刘裕北进夺去洛阳，并于公元 417 年八月攻陷长安，姚泓被俘后送至建康处以极刑，后秦至此灭亡。后秦传 3 主，历 34 年，都长安，统治区域有今陕西、甘肃、宁夏及山西、河南大部或部分地区，公元 417 年八月亡于东晋。

1. 武帝姚苌（cháng）

公元 384 年四月，前秦龙骧将军姚苌自称大单于、万年秦王，叛前秦而自立。姚苌为后赵石祇在位时的右丞相、亲赵王姚弋仲第二十四子，公元 330 年生于京兆郡长安县（今陕西省西安市）。姚苌少时机智灵活，很有权谋。公元 354 年八月，继承父位的兄长姚襄在伊水（洛阳南）被东晋征西大将军桓温击败后，西走平阳，图谋关中。公元 357 年四月姚襄屯驻杏城（今陕西黄陵西南）招兵买马，响应者纷纷，所部很快近三万人。于是，姚襄对前秦发动进攻，派辅国将军姚兰略地敷城（今陕西洛川西南），亲率部众进军黄落（今甘肃庆阳西南）。前秦苻生派卫大将军苻黄眉、龙骧将军苻坚、建节将军邓羌率步骑兵一万五千人抵御。五月，苻黄眉、苻坚、邓羌等在三原（今陕西三原县）大败姚襄军，姚襄被斩。接替兄长拥有部族的姚苌，带领部众投降前秦。前秦苻坚即位，姚苌被苻坚任为扬武将军。此后，姚苌在前秦进攻东晋荆州南乡郡（今河南淅川西南）、消灭前秦叛将敛岐、讨伐氐王杨纂、益州复归前秦、灭前凉及代的诸多战斗中累立大功，被苻坚授以左卫将军、扬威将军、龙骧将军，历任陇东、汲郡、河东、武都、武威、巴西、扶风太守，宁、幽、兖三州刺史，步兵校尉等职。直到公元383年八月，前秦百万大军进攻东晋时，苻坚以姚苌为龙骧将军，督梁、益二州诸军事。苻坚对姚苌说："昔朕以龙骧建业，未尝轻以授人，卿其勉之！"对姚苌的信任可见一斑。

　　苻坚在淝水之战中溃败，曾经信任而委于要职的五胡首领一个个军刀发难。公元384年正月，鲜卑慕容垂与丁零翟斌相呼应，叛前秦恢复燕国，引丁零、乌桓20余万众进攻前秦邺城；三月，原北地郡长史鲜卑人慕容泓聚众驻屯华阴，打败前秦将领强永，自称济北王；原平阳太守慕容冲起兵，率众二万进攻蒲坂。苻坚令苻睿和姚苌率兵5万讨慕容泓。好大喜功的苻睿指挥失当，结果败死华泽。姚苌派龙骧长史赵都、参军姜协向苻坚谢罪，被苻坚怒杀。姚苌惧罪逃奔渭北，关陇羌人豪族尹详、赵曜、王钦卢等率五万余家支持姚苌拥兵自立，姚苌遂于公元 384 年四月自称大将军、大单于、万年秦王。

同年五月，姚苌屯兵北地。北地、新平、安定十余万户羌人归附姚苌。公元 385 年，苻坚在长安不敌鲜卑慕容冲，自率将佐奔五将山。姚苌派遣吴忠率重兵围剿苻坚，抓捕苻坚押到新平。姚苌向苻坚逼要传国玉玺，苻坚圆目怒斥，姚苌缢杀苻坚于新平佛寺中。

前秦苻登闻讯苻坚被姚苌缢杀，众将拥立即皇帝位，率众与姚苌争夺秦地。姚苌调兵遣将，用尽计谋，与苻登交战于泾阳、瓦亭、朝那、安定、安丘（今甘肃灵台境）、平凉（今甘肃华亭西）、上邦（今甘肃天水）、陇城（今甘肃秦安陇城镇）、冀城（今甘肃革谷西南）、略阳（今甘肃秦安东南）、阴密（今甘肃灵台西南）、雍（今陕西凤翔西南）、曲牢（今陕西西安南）、郿（今陕西眉县东渭河北岸）、长安等地，直到公元 393 年十月姚苌病重。十年征战，虽未彻底消灭前秦，但已经大伤苻登元气。

其间，公元 386 年，西燕放弃长安东归，姚苌趁机攻占长安，并在长安称帝，国号大秦。公元 390 年四月，前秦镇东将军魏揭飞自称大将军、冲天王，率氐、胡数万人马在杏城进攻后秦安北将军姚当成，后秦镇军将军雷恶地反叛响应。姚苌安排重兵攻打魏揭飞、雷恶地，阵斩魏揭飞及将士万余人，成功剿灭内外反叛。

公元 393 年十二月，姚苌召太尉姚旻、尚书左仆射尹纬、右仆射姚晃、将军姚大目、尚书狄伯支入宫，遗诏辅佐太子姚兴，不久去世。姚苌在位 11 年，终年 64 岁。

2. 文桓帝姚兴

姚苌去世后，28 岁太子姚兴即位。姚兴为姚苌长子，前秦时期曾为太子舍人。姚苌叛前秦马牧起兵时，在长安的姚兴闻讯逃出投奔父亲。姚苌建后秦，姚兴被立为皇太子。之后，姚苌经常率兵与苻登作战，姚兴以皇太子身份镇守长安，统理政事。这期间，姚兴经常接触长安汉学大儒，并受到明显影响。

公元 393 年五月，前秦苻登右丞相窦冲脱离苻登自立为秦王。七月，被苻登围困的窦冲向姚苌求援，姚苌派姚兴统率军队解围。姚兴避实就虚，偷袭苻登老巢，以很小代价重创对方，顺利完成救援任务。

姚苌去世后，姚兴面对苻登和内部各种势力，便采取秘不发丧，先行做好内部威望高、兵力强的几位重臣的工作，平息咸阳太守刘忌奴的反叛后，整顿军队迎击席卷而来的苻登。苻登趁姚苌去世，调动大军先后攻占姚奴、帛蒲二镇，到达始平（今西安市鄠邑区以西）附近的废桥。姚兴亲率大军赶赴废桥决战苻登，苻登彻底溃败，逃到平凉（今甘肃省平凉市西）躲进马毛山。此时，姚兴正式为姚苌发丧，并在始平附近的槐里即位称帝。

当年七月，姚兴亲自率军攻打马毛山，一鼓作气击溃并杀死苻登。回师长安不久，姚兴又消灭了盘踞在武功（今陕西省旧武功）的割据势力窦冲，控制了陇东地区。公元396年姚兴占取成纪、上邽（两地皆在今甘肃省天水市西），势力达到天水郡。同年年底，姚兴派叔父姚绪东渡黄河，攻占原属西燕的河东地区。第二年九月，姚兴之弟姚崇攻击鲜卑薛勃部，将后秦疆域向北扩展到上郡（今陕西省榆林市南）一带。公元399年姚兴蚕食东晋领土，逼迫东晋弘农（今河南省灵宝县北）太守、华山（今陕西省华县）太守以地归附，进一步占据上洛（今陕西省商县）。接着姚兴命其弟姚崇、镇东将军杨佛嵩攻取古都洛阳，东晋淮河、汉水以北许多地方势力归附姚兴。

后秦西邻为鲜卑乞伏部建立的国家，史称西秦。公元400年，西秦乞伏乾归将首都从金城东迁至苑川（今甘肃榆中县大营川地区）。这年五月，姚兴令姚硕德将兵五万进击西秦。乞伏乾归从苑川赶到前线，两军在陇西（今甘肃陇西南）城下对峙。姚兴远途跋涉，亲自增援姚硕德，大败西秦军队，乞伏乾归投降后秦。征服乞伏乾归后，姚兴兵马越过黄河继续西进，先后消灭后凉，逼降南凉、北凉和西凉，占据西方重镇姑臧（今甘肃武威），其疆域"南至汉川，东逾汝颍，西控西河，北守上郡"，成为十六国后期鼎盛大国。

姚兴关心政事，比较好地处理了统治集团内部的关系。军事上信任和重用两位能征善战的叔父姚绪和姚硕德，政治上依靠足智多谋的尹纬。倾听臣下意见，注意提拔有才能的人担任重要官职。攻占洛阳后，姚兴命令百官为朝廷荐举人才。为澄清吏治，姚兴严厉打击贪官污吏，对于清廉臣属不仅给予物质奖励，还下书表彰、越级提拔。姚兴在长安办有律学，培养地方管理人才。姚兴规定，凡州郡县不易判定的案例，一律报请中央政府裁决。姚兴本人经常在咨议堂旁听判决，以免形成冤狱。姚兴发布命令，要求各地政府释放因灾荒贫困而自卖为奴的百姓。姚兴本人以身作则，厉行节俭，不用金银装饰车马器物。姚兴提倡儒学，兴办学校，吸引人才，著名学者云集长安讲学授徒。姚兴精通典籍，政务之暇经常会见学者，一起讲论道艺名理。一些出众文人被姚兴留在身边，参管机密，起草诏书。公元405年，姚兴请著名僧人鸠摩罗什在长安主持译经。鸠摩罗什为天竺人，佛学造诣称誉西域诸国。吕光平西域后鸠摩罗什来到凉州，公元401年姚兴破后凉亲迎鸠摩罗什到长安，待以国师之礼，常亲率群臣及僧众听鸠摩罗什讲经。罗什通晓汉文，向姚兴建议重新译经。姚兴为罗什开设译经场，选僧略、僧迁等名僧八百余人为其助译。在姚兴支持下，鸠摩罗什译经九十八部，四百二十五卷。鸠摩罗什译文典雅而又不失原意，对中国佛教文化的发展、佛教在中国的传播和中国翻译学的形成，都作出了突出贡献。

在姚兴势力到达河西以后，后秦北部和东部却遭到北魏军队攻击。北魏是拓跋鲜卑人建立的国家。公元402年一月，北魏以五万大军攻陷高平，将高平百姓、府库积蓄及所有牲畜尽数徙往平城（今山西大同）。北魏平阳太守发兵侵入河东，从东部威胁后秦。多路魏军攻击后秦，兵锋所及一片废墟，后秦举国震动，关中地区许多城堡昼夜紧闭城门，姚兴决定回击北魏。公元402年五月，姚兴以大将姚平、狄伯支为前锋，带兵四万进攻北魏并州（今山西地区），自己亲率四万七千人后继支援。两个月后，姚平等人拿下了并州要塞乾壁。时拓跋珪迅速将姚平反围在汾水东岸的柴壁（今山西襄汾南），并在蒙坑将救助柴壁的姚兴大军击溃。从此后秦再无力东进抗击北魏，姚兴夺取中原的希望就此破灭。

消灭南凉、占据姑臧以后，姚兴每年都投入大量兵力，加之表面接受后秦封号的北凉和南凉时刻觊觎姑臧，给姚兴很大压力。公元406年六月，秃发傉檀为姚兴献三千匹战马和三万只羊。姚兴认为秃发傉檀忠诚，便下令将政绩突出的凉州刺史王尚调回长安，改任秃发傉檀为凉州刺史。此举加速秃发傉檀野心膨胀，迫使后秦势力退出河西。

公元407年，在后秦北方崛起的大夏成为姚兴的灾难。大夏的建立者赫连勃勃，曾被拓跋珪打得无立足之地投靠后秦。姚兴给其封号，准许赫连勃勃统领旧部，支持其发展壮大。为对付北魏，姚兴养虎遗患，让赫连勃勃镇朔方，并拨给五部鲜卑及杂虏二万余户。实力大增的赫连勃勃转眼叛秦自立，劫去柔然可汗献予姚兴的八千匹战马，袭杀岳父没奕于并其部众，于公元407年六月自称天王、大单于，国号大夏，并率铁弗骑兵，以后秦为掠夺目标。姚兴命令大将齐难率领两万骑兵攻击赫连勃勃，结果齐难全军覆没。这一仗使后秦声威大降，岭北地区原附属于姚兴的部落和割据势力，纷纷转依赫连勃勃。

公元 409 年正月姚兴重整兵力，以其弟姚冲为主帅、大将狄伯支为副帅，率四万骑兵奔袭赫连勃勃。不料姚冲中途回兵长安，企图夺取政权。狄伯支拒绝参与阴谋，被姚冲毒死。姚兴铁腕平息事变，但打击敌人的计划落空。三个月后，赫连勃勃袭击后秦平凉，抢虏人口七千余户，并屯兵平凉以南的依力川。九月，姚兴倾兵奔依力川，要与赫连勃勃决一死战。赫连勃勃先发制人，姚兴败还长安。夏军乘胜洗劫，将当地七千余户北徙到大城（今内蒙古杭锦旗东南）。

公元 414 年五月，姚兴突患重病，后秦皇室内部久酿的权力之争陡然爆发。在姚兴诸子中，性格宽和的皇长子姚泓并不受宠。姚兴喜爱皇子姚弼，致使姚弼滋生夺嫡野心。对于姚弼的夺嫡阴谋，皇太子姚泓已有戒备。这次姚兴生病，姚泓在内宫侍疾的同时，在皇宫内安排下重兵，以防不测。许多忠于太子的要臣分别统领禁军，宿卫大内。姚弼在府第埋伏数千甲士，准备一旦姚兴去世，立即武力夺权。其他皇子也不甘示弱，在京城的皇子姚裕给镇守蒲阪的姚懿送去密信，要他串联在外典管重兵的诸皇子，以讨伐姚弼名义举兵。姚懿得讯，立即动员军队开赴长安。姚洸、姚谌等也分别起兵于洛阳、雍县。一时剑拔弩张、烽烟滚滚。幸亏姚兴大病不死，紧张形势得以缓和。

公元 416 年二月，姚兴病势转重，遂下令太子监国。姚弼党羽在谋杀姚泓和劫持姚兴的计划未逞后，策划入宫作乱。姚兴下令收缴姚弼武装，逮捕姚弼。姚弼死党姚洸误信姚兴已死，带兵攻打端门，姚兴支撑病体到殿前，宣布处死姚弼，方才平息内乱。第二天姚兴病发去世，其在位23年，终年51岁。

3. 姚泓

姚兴病逝，太子姚泓即位。姚泓为姚兴长子，生于公元388年，公元402年被立为皇太子。姚泓为人孝敬友爱、宽宏和气。三弟姚弼久蓄夺嫡阴谋，姚泓一如既往施恩抚慰；姚绍常与姚弼同谋，姚泓真心以宗亲对待，姚绍终被感动而归心效忠。姚泓师从博士淳于岐读经学，淳于岐患病，姚泓亲自上门拜望，从此公侯见师都要下拜。姚泓登基，下令文武官员尽言直谏，下诏士卒为王事战死，追赠爵位，免除家庭劳役。然而外患内忧，加之才智所限，姚泓在疲于奔命中与后秦一道走向终点。

父亲姚兴刚去世，七弟姚愔和大将军尹元等作乱，被姚泓诛杀。当初，姚兴把李闰三千多家羌人迁到安定，不久又迁到新支。姚泓继位时，羌人首领党容率领部落逃回原籍，姚泓派抚军将军姚赞讨伐。北地太守毛雍背叛姚泓，姚绍奉命讨伐。仇池公杨盛攻陷祁山，进逼秦州；大夏赫连勃勃攻陷阴密，占据雍州，抢掠郿城。公元416年八月，刘裕率大军从建康（今南京）出发，兵分五路，水陆并进讨伐姚泓。晋军所到之处，后秦守军纷纷投降。正在危难之际，二弟姚懿趁机起兵，在陕津称帝；征北将军姚恢挟安定三万八千户，焚烧居室房屋，以战车为方阵，从雍州直逼长安。姚泓调兵遣将，抵挡强敌，消灭叛军，艰苦支撑。

晋军经过一年的苦战，基本消灭后秦军队主力。公元 417 年八月，晋军大将王镇恶从平朔门进入长安城，派兵控制各个城门。姚泓无计可施，于当月二十四日投降，后秦亡。刘裕送姚泓到建康，不久被斩杀。姚泓在位 2 年，终年 30 岁。

十三、西　秦

（385 年—431 年）

公元 385 年九月，前秦叛将乞伏国仁自称大都督、大将军、大单于，领秦、河二州牧，改元建义，分其地置武城、武阳、安固、武始、汉阳、天水、略阳、川、甘松、匡朋、白马、苑川十二郡，筑勇士城为都（即后苑川郡城，今甘肃省兰州市）。乞伏乾归继位后，以地处战国时秦国故地而自称秦王。为别于前秦和后秦，《十六国春秋》始用西秦之称，后世沿用。

鲜卑乞伏部曾游牧于漠北一带，后来南下太阴山，晋武帝时迁居高平川。至后赵皇帝石虎，备受掠夺的乞伏部在乞伏司繁率领下，南迁到陇西，居于度坚山（今甘肃省靖远县），仍以游牧为主。前秦扩张势力，益州刺史王统于公元 371 年进攻乞伏部，乞伏司繁与部众归降前秦。乞伏司繁被送至长安后，被前秦任命为南单于。公元 373 年鲜卑勃寒侵入陇右，苻坚命乞伏司繁率军讨伐勃寒。乞伏司繁在降服勃寒后，在勇士川（今甘肃省榆中县）建立起自己的根据地。

　　乞伏司繁于公元 376 年去世，乞伏国仁继承父业，仍名为前秦镇西将军，借前秦之威发展自己势力。公元 383 年前秦发动淝水之战，苻坚任命乞伏国仁为前将军。出征之前，乞伏国仁叔父乞伏步颓在陇西（今甘肃省陇西县）发动叛乱，苻坚令乞伏国仁回陇西讨伐乞伏步颓。借机离开苻坚的乞伏国仁与叔父乞伏步颓同谋，欲叛前秦而独霸一方。

　　苻坚大败于淝水，乞伏国仁在陇西集众十余万。苻坚被姚苌杀害后，乞伏国仁于公元 385 年九月自称大单于，秦、河二州牧，建元建义，定都勇士城宣告独立，表面上乞伏国仁仍以苑川王身份，维持与前秦的关系。这时的乞伏国仁，急欲扩张势力，但其周边除前秦外，东有后秦，西有后凉，南有吐谷浑，乞伏国仁于夹缝中竭力伸展。

　　公元 388 年六月乞伏国仁去世，群臣以乞伏国仁子乞伏公府年幼，推举乞伏国仁弟乞伏乾归继任，改元太初，九月由勇士城迁都金城（今甘肃省兰州市），开始任用陇右一些汉族豪强。同年十二月，乞伏乾归自称秦王，中央置尚书省、门下省，进一步汉化，同时保留大单于，以统治境内众多其他民族，但仍保持与前秦的册封关系，前秦封乞伏乾归为金城王。乞伏乾归降服周边鲜卑、羌族等小集团，迫使吐谷浑朝贡，扩大了自己的势力范围，却造成与西方后凉之间的直接冲突。后凉于公元 392 年八月发兵夺取枹罕（今甘肃省临夏市）。公元 394 年七月，前秦苻登被后秦姚兴杀害，乞伏乾归与前秦彻底决裂。同年十月，乞伏乾归打败前秦后继者苻崇，同时消灭与符崇结盟的后仇池杨定等势力，实现对陇西地区的控制。

公元 395 年六月，由于来自后凉吕光的压力，西秦迁都至苑川西城（今甘肃省兰州市），并一度向后凉称藩。公元 397 年，南凉、北凉从后凉独立，西秦与南凉联合，断绝与后凉间的关系。公元 400 年五月与后秦爆发冲突，七月乞伏乾归败逃南凉。不久，怀有二心的乞伏乾归叛乱预谋被南凉秃发利鹿孤察觉，十一月乞伏乾归逃奔长安，被后秦姚兴任命为河州刺史，封为归义侯，并让乞伏乾归返回苑川，仍领自己部众。

由于北魏与夏等势力的崛起，后秦日渐衰落，乞伏乾归摆脱后秦控制，于公元 409 年七月再次复国。公元 410 年八月，乞伏乾归攻占后秦略阳、南安、陇西等地。公元 412 年二月，乞伏乾归再度迁都至谭郊（今甘肃省临夏县）。

公元 412 年六月，乞伏乾归被其兄子乞伏公府所杀，同时被杀的还有乞伏乾归的十多个儿子。乞伏公府是乞伏国仁去世时群臣认为年幼而未能继位的乞伏国仁儿子。时乞伏乾归长子乞伏炽磐镇守苑川，因此逃过此劫。得知乞伏公府暴行后，乞伏炽磐与弟广武将军乞伏智达、扬武将军乞伏没奕于立即讨伐乞伏公府，并将乞伏公府和他的四个儿子一并车裂。八月，乞伏炽磐即河南王之位，并迁都枹罕。

乞伏炽磐承父遗策重用陇右汉、羌豪门之士，巩固了政权。公元 414 年五月，乞伏炽磐灭南凉后，自称秦王。此时，吞并秃发部大部分地区的西秦直接与北凉接壤，双方在交战与和亲之间拉锯。西秦趁机压制南方吐谷浑，将直到四川西部在内的地区纳入自己势力范围，并趁后秦姚兴死后的混乱局面，占据上邽。当东晋刘裕进攻后秦之际，西秦向东晋称藩。公元421年三月北凉灭西凉，兵锋转向西秦。同时由于夏进一步向关中发展，西秦便处在夏、北凉、吐谷浑的包围之中。西秦试图与北魏联手，但在国内羌族以及吐谷浑别部的频频叛乱中，西秦快速滑向衰落。

公元428年五月乞伏炽磐去世，其子乞伏暮末即位。面对北凉的紧逼，乞伏暮末于公元429年五月转移至定连（今甘肃省临夏县）。次年十月遭到夏的攻击后，乞伏暮末向北魏求援，北魏允许西秦迁徙至尚在大夏手中的平凉、安定。乞伏暮末焚烧城邑，统率部众向东迁徙。乞伏暮末大队人马行至高田谷，给事黄门侍郎郭恒等人阴谋劫持沮渠兴国反叛西秦。郭恒的密谋泄露，乞伏暮末杀郭恒。大夏国主赫连定听说乞伏暮末的大军将来进攻，发兵抵抗。乞伏暮末只好就地固守南安，西秦故土全被吐谷浑占领。公元431年正月，赫连定突袭西秦大将姚献，大败姚献军。随即又攻打乞伏暮末据守的南安城。当时，南安城中发生饥荒，西秦右卫将军乞伏延祚、吏部尚书乞伏跋跋等出城投降。已无还手之力的乞伏暮末，便车载空棺材出城投降，乞伏暮末及其一族于六月被夏杀害，西秦亡。

西秦是在汉人豪族众多的陇西为中心建立起来的小国，采用三省、诸将军等制度，重用汉族士大夫，学习汉人统治经验，推行封建政治制度，设置传授儒家经典的博士，对鲜卑贵族子弟进行汉文化教育。同时倡导佛教，以玄高、昙弘、玄绍三位高僧为国师。西秦曾先后向前秦、后凉、后秦、东晋、宋等国称藩，但一直保持着相对的独立性。西秦传 4 主，历 47 年，前后于公元 385 年筑勇士城为都城，公元 388 年迁都金城，公元 395 年迁都苑川，公元 412 年迁都谭郊，同年乞伏炽磐继位后迁都枹罕（今临夏市），统治区域有今甘肃武威到天水、陇南及青海东部地区，公元 431 年八月亡于夏。

1. 宣烈王乞伏国仁

公元 385 年九月，前秦前将军乞伏国仁叛前秦而自称大都督、大单于，建立西秦。

乞伏国仁为鲜卑乞伏部首领乞伏司繁长子。公元 371 年乞伏司繁被前秦天王苻坚所败，乞伏司繁率众投降前秦。公元 376 年乞伏司繁去世，乞伏国仁接替父职镇守勇士川（今甘肃榆中夏官营一带）。公元 383 年苻坚准备攻打东晋，任命乞伏国仁为前将军，统领先锋骑兵。适逢乞伏国仁叔父乞伏步颓在陇西叛乱，苻坚派乞伏国仁回师讨伐。乞伏步颓听到消息非常高兴，前往途中迎接乞伏国仁。苻坚淝水之战大败，乞伏国仁吞并各部族，不久便拥众十多万。公元 385 年八月，苻坚被姚苌所杀，次月乞伏国仁自称大都督、大将军、大单于，兼任秦、河二州牧，年号建义，任命朝臣将领，建筑勇士城作为都城，建立西秦政权。

乞伏国仁建国的当年冬天，鲜卑匹兰慑于其威，率众五千户投乞伏国仁。公元 386 年正月，南安（今陇西县东南）地区秘宜及各部羌人联合兴兵，乞伏国仁率军突袭，获得胜利，秘宜率三万多户部众投降。公元 387 年三月，前秦高帝苻登派使者任命乞伏国仁为使持节、大都督、都督杂夷诸军事、大将军、大单于、苑川王。六月，乞伏国仁率领三万骑兵在六泉袭击鲜卑大人密贵、裕苟、提伦等三部。七月，高平鲜卑没奕于、东胡金熙合军来袭击，在渴浑川相遇，展开激战，乞伏国仁获胜，并杀三千人，缴获五千匹马，三部投降西秦。时乞伏国仁的建威将军叱卢乌孤跋聚兵反叛，据守牵屯山。乞伏国仁率领七千骑兵讨伐，叱卢乌孤跋投降乞伏乾归。公元 388 年四月，乞伏国仁讨伐鲜卑越质叱黎，俘其部落而回。

乞伏国仁建立西秦后，选贤任能，礼贤纳士，文武百官，各得其所。振兴农业牧业，积极发展生产，注重文化教育，培养选拔人才，西秦相对比较祥和。公元 388 年六月，乞伏国仁去世，其在位 4 年，生年不详。

2. 武元王乞伏乾归

乞伏国仁去世，子乞伏公府年幼，众臣推举乞伏国仁弟乞伏乾归即位。乞伏乾归生来雄武英俊。公元 385 年乞伏国仁建立西秦，任命乞伏乾归为上将军。

乞伏乾归继位后，前秦苻登派使者任乞伏乾归为大将军、大单于、金城王。时南羌独如率领七千人投降乞伏乾归。休官阿敦、侯年二部各自拥有五千多落盘踞在牵屯山，成为西秦边境上的祸害。乞伏乾归派兵讨伐，将他们全都收降，于是名声大震邻国。吐谷浑大人视连派使者进贡地方物产；鲜卑豆留、叱豆浑以及南丘鹿结、卢水尉地跋皆率领人马投降乞伏乾归。公元390年，陇西太守越质诘归占据平襄反叛，自称建国将军、右贤王。公元391年乞伏乾归打败越质诘归，越质诘归带领兵马投降。同年，乞伏乾归被后凉吕光弟吕宝打败，后退驻在青岸。吕宝向前追击，乞伏乾归派其将领彭奚念截断吕宝归路，自己带头冲锋，接连打败吕宝，吕宝和将士一万多人投河而亡。

公元394年，符登派使者任乞伏乾归假黄钺、都督陇右河西诸军事、左丞相、大将军、河南王，兼领秦梁益凉沙五州牧，加九锡礼。同年六月，符登被后秦姚兴攻逼，派使者请求救兵，并进封乞伏乾归为梁王，嫁妹东平长公主为梁王后。乞伏乾归派遣前将军乞伏益州、冠军将军翟瑥率领二万骑兵前去救援。同年十月，氐王杨定率领四万步兵、骑兵攻打乞伏乾归。乞伏乾归派凉州牧乞伏轲殚、秦州牧乞伏益州、立义将军乞伏诘归抵抗杨定，将杨定打败，杀杨定及一万七千人，占据陇西。公元395年，乞伏乾归自封秦王，迁都西城（今甘肃靖远），任其长子乞伏炽磐兼领尚书令。

公元396年，乞伏轲殚和乞伏益州不和，乞伏轲殚投奔吕光。次年，吕光派儿子吕纂攻打乞伏乾归，以吕延为前锋。乞伏乾归派人行反间计，诡称秦王军队溃败，往东投奔成纪。吕延听信此言，带领军队急速前进，果然进入乞伏乾归包围圈，吕延打败被杀。这时，吕光率十万军队欲击西秦，乞伏乾归送儿子乞伏敕勃为人质，俯首向吕光称臣。公元 398 年，乞伏乾归派乞伏益州攻克支阳、鹯武、允吾三城，并俘获万余人而回。又派乞伏益州和武卫慕容允、冠军将军翟瑥率领二万骑兵攻打吐谷浑视罴，视罴逃到白兰山据守，派使者前来请罪，并进贡地方物产。公元 400 年，乞伏乾归迁都苑川。同年，后秦将领姚硕德率兵攻打乞伏乾归，姚兴秘密领军跟进，乞伏乾归大败投降南凉秃髪利鹿孤，秃髪利鹿孤以贵宾礼遇。七月，乞伏乾归欲反叛南凉事泄，只身逃往长安投降后秦。后秦姚兴任其为镇远将军、河州刺史、归义侯。公元 401 年，姚兴派乞伏乾归返回旧地镇守苑川。后姚兴担心乞伏乾归再次反叛，于公元 407 年趁其朝见之机留为主客尚书。公元 409 年乞伏炽磐攻克枹罕，乞伏乾归趁隙潜回苑川，再次自称秦王。公元 410 年，乞伏乾归派乞伏炽磐讨伐薄地延，薄地延投降。乞伏乾归还都苑川，又攻克后秦略阳、南安、陇西各郡，迁二万五千户到苑川、枹罕。公元 411 年，乞伏乾归派乞伏炽磐和次子中军乞伏审虔率领骑兵攻打南凉秃髪傉檀，军队渡过黄河，在岭南打败秃髪傉檀太子秃髪武台，缴获十多万牛马。又在伯阳堡攻克姚兴的别将姚龙，在水洛城攻克王憬，迁四千多户到苑川，三千多户到谭郊。公元 412 年，乞伏乾归率领步兵骑兵三万人在枹罕攻打西羌彭利发，彭利发丢弃部众南逃。乞伏乾归派将领乞伏公府在清水追杀彭利发。乞伏乾归进入枹罕，收纳了羌人一万三千户，接着率领二万骑兵在赤水讨伐吐谷浑支统阿若干，阿若干投降。

公元 412 年六月，乞伏乾归及十多个儿子，被其兄子乞伏公府所杀。乞伏乾归在位 25 年，生年不详。

3. 文昭王乞伏炽磐

乞伏乾归被杀，其子乞伏炽磐追杀乞伏公府，于公元 412 年七月擒斩乞伏公府及其四个儿子，同年八月嗣位。乞伏炽磐为乞伏乾归长子，母亲边氏。乞伏炽磐勇敢果毅，临机善断，谋略过人。当初，乞伏乾归被后秦打败，便派乞伏炽磐到南凉秃髪利鹿孤处做人质。后来，乞伏炽磐成功逃离西平投降姚兴，被姚兴任命为振忠将军、兴晋太守，后改任为建武将军、行西夷校尉。乞伏乾归再次称王时，立乞伏炽磐为太子，兼领冠军大将军、都督中外诸军事、录尚书事。后来乞伏乾归向姚兴称臣，姚兴派使者任乞伏炽磐为假节、镇西将军、左贤王、平昌公，不久进号为抚军大将军。

公元 412 年乞伏乾归去世，乞伏炽磐继位。次年乞伏炽磐派龙骧将军乞伏智达、平东将军王松寿在浇河讨伐吐谷浑树洛干，又派镇东将军乞伏昙达和王松寿向东讨伐，在白石川打败休官权小郎，进据白石城，俘获两万多人；派安北将军乌地延、冠军将军翟绍在泣勤川讨伐吐谷浑别统句旁，在长柳川讨伐吐谷浑别统支旁，前后俘获男女二万八千人。

公元 414 年，乞伏炽磐率领二万步骑兵袭击南凉都城乐都。秃髪傉檀太子秃髪武台倚仗城垣抵抗守卫，被乞伏炽磐十天攻克，将乞伏武台和他的文武百官以及一万多户百姓迁徙至枹罕，派平远将军乞伏犍虔率领五千骑兵追击秃髪傉檀，秃髪傉檀投降，南凉灭亡。同年十月，乞伏炽磐自称秦王。

公元 415 年，乞伏炽磐攻克北凉湟河太守沮渠汉平，接着讨伐并降服乙弗窟干，派大将乞伏昙达、王松寿在赤水讨伐并收降南羌弥姐康薄；派兵攻打漒川，北凉沮渠蒙逊派使者向乞伏炽磐行聘；在上邽攻打姚艾，破黄石、大羌等营垒，迁五千多户到枹罕；讨伐吐谷浑树洛干，在尧扞川打败乞伏阿柴，乙弗鲜卑乌地延率两万户投降乞伏炽磐；在弱水南边讨伐吐谷浑觅地，觅地率领六千人投降；在漒川讨伐彭利和，迁羌人三千户到枹罕。公元 419 年，乞伏炽磐立次子乞伏暮末为太子，兼领抚军大将军、都督中外诸军事，大赦境内，改年号为建弘。

乞伏炽磐权略过人，在他治下，西秦拓边开土，占据陇西全境。公元 428 年五月乞伏炽磐去世，其在位 17 年，生年不详。

4. 乞伏暮末

乞伏炽磐去世，太子乞伏暮末即位。乞伏暮末为乞伏炽磐次子，公元 419 年被立为太子。北凉沮渠蒙逊借乞伏炽磐去世之机，率兵进攻西秦乐都，很快攻陷乐都外城，切断水源，乐都城中渴死者过半。乞伏暮末遣使向沮渠蒙逊求和，沮渠蒙逊答应，撤军回国。十二月，沮渠蒙逊再次讨伐西秦。北凉军开到磐夷，遇到乞伏元基阻击，沮渠蒙逊回攻西平，活捉西平太守。

公元 429 年五月，沮渠蒙逊讨伐西秦，乞伏暮末命相国乞伏元基留守都城，自己退保定连城。西秦南安太守翟承伯等人叛变，据守罕谷响应北凉军队。乞伏暮末大败翟承伯军队，进抵治城。西安太守莫者幼眷占据川城，背叛西秦，乞伏暮末发兵讨伐失败，退回定连。沮渠蒙逊大军包围西秦都城，又派世子沮渠兴国进攻定连。六月，乞伏暮末在治城反击并生擒沮渠兴国。沮渠蒙逊率军撤退，乞伏暮末追击北凉军到谭郊。吐谷浑可汗慕容慕派弟弟慕容没利延率领骑兵五千与沮渠蒙逊大军会师，合兵讨伐西秦。乞伏暮末派遣辅国大将军段晖等拦击敌人，大败北凉军和吐谷浑汗国的骑兵。七月，沮渠蒙逊派遣使臣出使西秦，送谷三十万斛请求赎回世子沮渠兴国，乞伏暮末拒绝。沮渠蒙逊改立沮渠兴国胞弟沮渠菩提为世子。

乞伏暮末弟乞伏殊罗通奸其父乞伏炽磐的左夫人秃髪氏，乞伏暮末知悉后禁止二人往来。乞伏殊罗深感恐惧，即与叔父乞伏什寅谋杀乞伏暮末。秃髪氏偷拿宫门钥匙被守门人发现后告知乞伏暮末，乞伏暮末逮捕并杀死乞伏殊罗全部党羽，将乞伏什寅剖肚抛尸黄河。乞伏什寅两个弟弟对此不平，被乞伏暮末杀害。

在北凉的军事威胁下，乞伏暮末于公元 430 年十月派使臣王恺、乌讷阗出使北魏，请求派兵援助。北魏许诺把尚在大夏掌握之中的平凉郡和安定郡封给乞伏暮末。乞伏暮末于是焚城毁物，统率部众一万五千户东往上邽。大夏国主赫连定听说乞伏暮末大军前来，便发兵抵抗。乞伏暮末就地固守南安，西秦故土全被吐谷浑汗国占领。十一月，南安羌族各部落一万余人背叛西秦，共同推举安南将军、广宁太守焦遗为盟主，焦遗拒绝。羌族部众劫持焦遗侄、长城护军焦亮为盟主，聚众攻打南安城。乞伏暮末向氐王杨难当请求援兵，杨难当派将军符献率骑兵三千人赶赴救援，与乞伏暮末合兵反击，各羌族部落军队溃败，焦亮逃回广宁，乞伏暮末进攻广宁诛杀焦亮。十二月，西秦略阳太守杨显献城投降大夏。

公元431年正月，赫连定突袭并大败西秦大将姚献，随即又派其叔父赫连韦伐率领一万人攻打乞伏暮末据守的南安城。当时，南安城饥馑至人与人相食的程度。西秦侍中、征虏将军出连辅政与侍中、右卫将军乞伏延祚、吏部尚书乞伏跋跋等出城投降大夏。乞伏暮末无路可走出城投降，西秦灭亡。赫连韦伐押送乞伏暮末到上邽。同年六月，赫连定斩杀乞伏暮末及西秦皇族五百人。乞伏暮末在位4年，生年不详。

十四、后仇池

（385 年—442 年）

公元 385 年十月，前秦苻坚淝水之战败北被姚苌缢杀后，苻坚婿、前秦尚书、领军将军杨定率众奔陇右，十一月转移到历城（今甘肃省西和县），始称平羌校尉、仇池公，建立后仇池。

公元 355 年正月，仇池公杨毅族兄杨初袭杀杨毅自立，杨毅弟杨宋奴指使梁式王刺杀杨初，杨初子杨国诛杀梁式王和杨宋奴。杨宋奴子杨佛奴和杨佛狗逃往前秦。因为仇池王室后裔与前秦王室后裔同为略阳氐人，前秦天王苻坚收留二人，并封杨佛奴为右将军，杨佛狗为抚夷护军，杨佛奴子杨定为尚书、领军将军，后嫁女给杨定。杨定英勇善战，为前秦骁将，十分忠诚苻坚，很受苻坚器重。苻坚淝水之战失败，杨定随苻坚退回关中。公元 385 年八月，苻坚死于姚苌之手，杨定辗转回到故地陇右，在前仇池灭国 14 年后成功复国。

回到陇右的杨定，放弃前辈据守仇池的陈念，率众徙治历城。历城位于仇池东北，地处西汉水上游，北有祁山，南有白水，为陇右入川要塞。杨定以此地为中心，北上可逾陇入关，南下可进兵巴蜀。杨定站稳脚跟后，即向东晋称藩，其自封称号获得东晋认可。不久，杨定向晋求割天水之西县、武都之上禄两县，得到东晋允许后，新拓为仇池郡。

公元390年，杨定乘陇右动乱进兵天水、略阳两郡，遂有秦州之地，杨定自号陇西王。至此，杨定势力范围已达陇山以西渭水南北的广大地区。公元394年十月，杨定率步骑四万进攻西秦乞伏乾归，兵败被杀。杨定无子，其叔杨佛狗子杨盛袭位。

当时后仇池周围除有西秦外，其东北方有后秦，东南方有东晋。杨盛与这些势力分别缔结了外交关系，以争取在延续自身政权时减轻压力。公元396年，杨盛遣使后秦，后秦封杨盛为仇池公；公元398年向北魏朝贡，被封为仇池王；进而于公元399年向东晋称藩，被任命为平羌校尉、仇池弛公。这时，北方的北魏已经日渐强大，但由于后秦横亘于后仇池与北魏之间，因此直到北魏占领长安之前，后仇池并未受到北魏的明显影响。

后仇池在杨盛治理下，开始兴盛起来。一是，杨盛效仿汉族中央王朝的做法，谥杨定为武王，并通过谥封这个只有中央王朝皇帝才能行使的权力，表达了自己政权的地位。二是，杨盛废除郡县建立护军制度。在当时情况下，护军制能够以城为基地四处掠夺，打胜仗后可以虏取人口、修筑新城为军为镇。如此循环往复，就可以增加人口扩大地盘壮大自己。三是，在蜀中大乱汉中空虚时，遣军乘乱据有汉中。之后，杨盛于公元412 年派兵北上收复被后秦占领的军事重镇祁山（今甘肃省礼县）。后秦姚兴得知，即发五路大军倾国反击。杨盛利用地理优势灵活用兵，击溃姚兴五路人军，创造小国打败人国、弱国战胜强国的案例。其后，后仇池与后秦间的对立，一直持续到公元417 年后秦灭亡。然而，此后后仇池又与控制关中的夏发生冲突。

公元425 年六月，在位35 年的杨盛去世，其子杨玄继任武都王。杨盛去世前要求杨玄善事宋帝，杨玄遵从父亲遗言，奉南宋的元嘉为正朔。然而，当公元426 年十二月北魏获得长安后，杨玄立即向北魏派遣了使者。随着北魏在华北的日益壮大，后仇池只重视南朝的外交路线难以为继，于是，杨玄试图同时向南北两朝展开外交。公元429 年，杨玄去世，其子杨保宗即位。杨保宗年少，由杨玄弟杨难当辅佐顾命。不久难当妻姚氏以国险宜立长君为由，建议杨难当废杨保宗自立。随后杨难当废黜杨保宗自己即位，并向宋称藩，刘宋封杨难当为武都王。公元432 年，杨难当命杨保宗镇守宕昌（今甘肃省宕昌县），令次子杨顺镇守上邽（今甘肃省天水市）。就在这一年，后仇池遭遇饥馑，杨难当遂趁刘宋境内爆发司马飞龙之乱，发兵袭击梁州（今四川省东部）北部，并占领汉中。然而，由于宋萧思话的反击，杨难当在公元434 年向刘宋谢罪并归顺。镇守于宕昌的杨保宗于公元432 年阴谋袭击杨难当，事泄被杨难当收系囚于骆谷。三年后，杨难当起用杨保宗，派其镇守董亭，杨保宗乘机投奔北魏拓跋焘，并领兵攻取后仇池北部要地上邽（今天水市）。

公元436年三月，杨难当自称大秦王，立年号为建义，以其妻为王后，改世子杨和为太子，宣告独立。这一阶段后仇池摆脱了南北两朝的册封体制，建立起完全独立的国家体制。纵观前仇池与后仇池，只有这一时期采用了独立年号。随后，杨难当对杨保宗协助北魏占取的上邽发动攻势，但最终失败。

公元440年，杨难当以大旱、灾害为由，将王号从大秦王恢复为武都王。第二年，杨难当亲率全部军队南下攻蜀，结果惨遭失败。公元442年五月，宋将裴方明占领仇池大本营，无处可归的杨难当投奔北魏拓跋焘，后仇池灭亡。后仇池历5主，存国58年，统治区域有今甘肃省东南、四川省西北和陕西省南部的天水、武都、阴平、汉中四郡全部或大部地区。

1. 武王杨定

杨定，氐人，前仇池创立者杨茂搜玄孙，杨佛奴子。公元371年，前秦苻坚进攻前仇池，杨纂兵败，前仇池亡国。公元383年淝水之战，东晋大败前秦苻坚，关中大乱。苻坚婿杨定始终跟随苻坚，成为苻坚身边为数不多的骁将。公元385年三月，在西燕军进逼长安时，杨定以两千五百骑兵大破慕容冲军，俘虏万余鲜卑军队，又在灞水大败西燕右仆射慕容宪。当时，长安城被西燕慕容冲和后秦姚苌联合围困，苻坚决定前往五将山（陕西省宝鸡市岐山县东北），留太子苻宏守城。五月，苻坚为了能够顺利出城，派遣卫将军杨定攻击长安城西的慕容冲部。慕容永协助慕容冲作战，并制造众多陷马坑阻制杨定骑兵。杨定陷入敌阵被西燕俘虏，后来被慕容冲的尚书令高盖收为养子。

杨定被西燕生擒后，苻坚带数百骑兵前往五将山，不久被姚苌俘获缢杀。苻坚去世后的十月，西燕慕容冲派其尚书令高盖率军五万讨伐后秦姚苌，在新平（今陕西省彬县）南被后秦姚苌击败，高盖投降后秦，杨定趁机回到陇右，广招四方氐人及前仇池部众，徙至距仇池山120里的历城复建仇池国。杨定自称仇池公，筑粮食、器物仓库于仇池山上，命叔父子杨盛驻守仇池。公元389年九月，后秦姚苌命弟秦州刺史姚硕德选拔任命秦州各地军政负责人，姚硕德任命堂弟姚常戍守陇城（甘肃天水秦安县东、张家川县南），邢奴戍守冀城（甘肃天水甘谷县），姚详戍守略阳（甘肃天水秦安县东北、庄浪县南），三城紧邻杨定治所历城。于是，杨定率兵攻克陇城、冀城，斩杀姚常，抓获邢奴，姚详放弃略阳逃走，杨定因此占据秦州，便自称秦州牧、陇西王。

公元390年，东晋任命杨定为辅国将军、秦州刺史，而此时杨定已经自称征西将军。不久，东晋又晋升杨定为持节、都督陇右诸军事、辅国大将军、开府仪同三司，平羌校尉。

公元394年十月，之前投奔西秦的前秦末代皇帝苻崇被西秦国主乞伏乾归驱逐，苻崇投奔杨定。杨定让其司马邵强留守秦州，自率二万大军与苻崇一起进攻乞伏乾归。乞伏乾归派其梁州牧乞伏轲殚、秦州牧乞伏益州、立义将军越质诘归统率骑兵三万迎击。杨定与乞伏益州在平川一带激战，乞伏益州大败，乞伏轲殚、越质诘归率部向后退却。乞伏轲殚等西秦大军在退却途中，突然转身奋勇反击，杨定军一时大乱，所部一万七千多人被消灭，杨定和苻崇被当场斩杀。杨定在位 10 年，生年不详。

2. 惠文王杨盛

杨盛，杨定伯父杨佛狗子。公元 394 年杨定去世后，因其无子，由杨盛继位。杨盛自号使持节、征西将军、秦州刺史、平羌校尉、仇池公。

杨盛继位后，效仿汉族中央王朝谥封杨定为武王。接着废除郡县、建立护军制度，分四山氐、羌为二十护军，各为镇戍，以利于作战。公元 405 年，杨盛乘蜀中大乱汉中空虚，遣平南将军杨抚夺取汉中，打开通向蜀中的大门。同时，后秦姚兴乘杨盛后方空虚之机，发兵两路，一路占据略阳、天水后直取仇池，另一路兵向汉中。杨盛后院起火首尾难顾，被迫遣子杨难当到后秦为人质，与后秦讲和，杨抚兵退仇池，汉中得而复失。两年后，杨盛以平北将军苻宣为梁州督护，率大军再攻汉中。这时姚兴的梁州别驾吕荣、汉中徐逸、席难等人反戈响应苻宣，汉中再次归于后仇池。公元 412 年，杨盛在夺取汉中五年之后，派兵北上收复被后秦占领的军事重镇祁山，志在打通关中逾陇入川的通道，姚兴得知即发兵五路倾国反击。杨盛在做好充分准备后，避其锐锋，以分散诸围据险相持，择机痛歼敌军，大获全胜。次年，杨盛击败后秦军。公元416年，出兵帮助刘裕进攻后秦。刘裕取代东晋建立宋王朝以后，加封杨盛为车骑大将军，并于公元422年封杨盛为武都王，以杨玄为世子。公元425年六月杨盛去世，其在位36年，享年62岁。

3. 孝昭王杨玄

公元425年六月杨盛去世后，嫡长子杨玄继位。杨玄自号使持节、都督陇右诸军事、征西大将军、开府仪同三司、平羌校尉、秦州刺史、武都王，仍然用东晋义熙年号。杨玄善待士人，得到流民及当地旧部拥护。十一月，南朝宋加封杨玄为使持节、征西将军、平羌校尉、北秦州刺史、武都王，杨玄始用南朝宋文帝刘义隆元嘉年号。

公元426年十一月，北魏司空奚斤占领长安，秦州、雍州氐人、羌人赶来归顺，杨玄听说以后，遣使向北魏臣服。公元427年九月，杨玄遣将军符白作将后秦梁州刺史出连辅政围困在赤水城（甘肃天水陇西县北部），城中粮草断绝，赤水百姓缚出连辅政投降杨玄。十二月，北魏太武帝拓跋焘遣军司马公孙轨兼大鸿胪，持符节册封杨玄为都督荆梁等四州诸军事、梁州刺史、南秦王。次年四月，杨玄遣使朝贡北魏。

公元429年六月，杨玄病重不起，向弟杨难当托付国事，杨难当坚辞不受，并请求立杨玄嫡长子杨保宗继承王位，自己甘愿辅佐。不久杨玄去世，其在位 5 年，生年不详。

4. 杨保宗

杨保宗为杨玄嫡长子，公元 429 年杨玄去世，杨保宗继位。杨保宗年少，由杨玄弟杨难当辅佐。不久，杨难当妻姚氏以国险宜立长君为由，劝杨难当自立。于是，杨保宗叔父杨难当废黜杨保宗自立，南朝宋封杨难当为武都王。

公元 432 年六月，杨难当任命杨保宗为镇南将军，镇宕昌（甘肃陇南宕昌县）。杨保宗谋划袭击杨难当，事情泄露，杨保宗被杨难当囚禁。公元 435 年十二月，囚禁三年半的杨保宗被杨难当释放，并委以镇守董亭（今甘肃武山南）的重任。公元 439 年三月，杨保宗与兄杨保显叛国投奔北魏，北魏太武帝拓跋焘加封杨保宗为都督陇西诸军事、征西大将军、开府仪同三司、秦州牧、武都王，并把北魏宗室公主嫁给杨保宗，北魏还同时加封杨保宗兄杨保显为镇西将军、晋寿公。之后，杨保宗领北魏兵攻取后仇池北部要地上邽（今天水市），拓跋焘命杨保宗镇守上邽。

公元 443 年三月，北魏河间公拓跋齐与武都王杨保宗一起镇守骆谷（甘肃陇南西和县洛峪镇），杨保宗弟杨文德劝杨保宗据守险要之地背叛北魏。杨保宗正在密谋实施，被秦州主簿边因察知。边因密告拓跋齐，拓跋齐以宣读诏书诈杨保宗出帐，立即命令左右将杨保宗扶上马送往平城，不久被斩杀。

5. 南秦王杨难当

杨难当为杨盛子、杨玄弟、杨保宗叔父。公元 429 年杨玄去世，其子杨保宗继位。杨保宗年幼，杨难当乃废杨保宗，自称都督雍、凉、秦三州诸军事、征西大将军、开府仪同三司、秦州刺史、武都王。公元 430 年，宋文帝封杨难当为冠军将军、秦州刺史、武都王。公元 432 年，宋进杨难当为征西将军。公元 433 年，北魏封杨难当为征南大将军、开府仪同三司、秦梁二州牧、南秦王。同年，杨难当攻占汉中，次年汉中又被宋军收复，杨难当向宋文帝遣使奉表谢罪。公元 436 年，杨难当自称大秦王，改元建义，立妻为王后，世子为太子，置百官皆如天子之制。公元 440 年，杨难当复称武都王。

杨难当废侄杨保宗上台后，任侄为镇南将军，命杨保宗驻守西边重地宕昌。后来，杨保宗阴谋袭杀杨难当，事泄被杨难当收系囚于骆谷。三年后，杨难当又重新起用杨保宗，派其镇守董亭，杨保宗却乘机投奔北魏拓跋焘，并领兵占取仇池北部要地上邽（今天水市）。

杨难当采取奉刘宋为宗的方针，以争取多数人的支持。由于后仇池居于北温带向亚热带过渡的陇南山区，气候湿润，物产丰饶，优越的自然条件成为流民向往之地，杨难当礼贤下士，接收流民。投奔人士中有晋室后裔司马飞龙，很受杨难当重用，委以大任统兵攻蜀。杨难当吸纳和重用流民的措施，为后仇池注入了新鲜血液。

然而，杨难当在执政略有起色之后，不顾国力热衷拓边，终于一败涂地。公元 433 年，杨难当乘成都之乱派兵进攻汉中。九月，杨难当亲率大军从历城出发，沿西汉水南下，首先攻克重镇白马（今陕南阳平关一带），擒获梁州晋昌太守张范，又击败前来援救的参军鲁安期、沈法慧等，接着派建忠将军赵进攻打葭萌（今四川广元昭化）。十一月，甄法护弃汉中奔汉川之西城（今陕南安康），杨氏以两月时间占据梁州大部。次年正月，刘宋萧思话从襄阳率大军进驻石敖头（今陕南石泉县），杨难当引军退还。后经过三个月激战，杨难当兵败，梁州重归刘宋。

两次大规模的军事行动失败，但杨难当不甘认输。经过五年准备，杨难当于公元 441 年十一月，再次亲率全国军队南下入蜀，结果遭到惨败。公元 442 年五月，杨难当大本营仇池被宋将裴方明占领，杨难当无处可归，遂率众投奔北魏拓跋焘，后仇池国灭。北魏文成帝拓跋浚授任杨难当为营州（今辽宁朝阳市和葫芦岛市一带）刺史，后入京为官。在投降北魏 22 年后，杨难当于公元 464 年去世。杨难当在位 14 年，生年不详。

十五、后　凉

（386 年—403 年）

公元 386 年十月，前秦凉州刺史吕光自称凉州牧、酒泉公，后改称天王，国号大凉，都姑臧（今甘肃武威），史称后凉。

吕光出身略阳（今甘肃省秦安县）氐族吕氏，与前秦苻氏、前仇池杨氏同族，其父吕婆楼为前秦开国重臣。当氐族苻洪在后赵政权下迁徙至枋头（今河南省滑县），吕婆楼追随苻洪，全力协助前秦建国。苻坚发动政变推翻苻生时，吕婆楼坚定支持苻坚。在苻坚政权中，吕婆楼历任司隶校尉、太尉。

吕光为人持重老成，得到苻坚谋士王猛赏识，王猛向苻坚推荐吕光。苻坚以吕光为美阳（今陕西武功）县令，后提拔为鹰扬将军。吕光不负王猛、苻坚厚望，在公元 370 年灭前燕战斗中，因功被封为都亭侯；公元 380 年平定苻洛叛乱后被拜为骁骑将军。一心要统一全国的苻坚，在公元 382 年九月统一北方地区之后，即刻想到西域。于是，命吕光为使持节、都督征讨西域诸军事、安西将军、西域校尉，组成一支由七万步兵、五千骑兵、号称十万大军的西征大军，准备统一西域。同时给这一西征大军配以强大阵容，仅将军一级的高级将领即有姜飞、彭晃、杜进、康盛等；陇西、冯翊、武威、弘农等郡著名人物董方、郭抱、贾虔、杨颖等作为助手参加。公元383年一月，淝水之战前，吕光告别苻坚离开长安向西域进军。

西域一般指甘肃玉门关（今甘肃敦煌西北小方盘城）和阳关（今甘肃敦煌西南董滩）以西，即今新疆地区。广义的西域包括新疆以西，中亚细亚的广大范围。西域小国林立，西汉时号称有36国。后来不断兼并分化，最多时达60多个国家。随着历史的发展和中原王朝的形势变化，以及匈奴等势力干扰程度的不同，西域诸国经常叛服不定，而且大国兼并小国持续不断，至吕光西征时，西域只剩下焉耆、龟兹等为数不多的几个大国。焉耆国（今新疆焉耆回族自治县）为西域北道的大国之一，坐落在天山中部的焉耆盆地中。三国时就已兼并了附近的尉犁、危须、渠犁、山国等国。西晋时，焉耆最为强大，葱岭（今新疆西南部）以东诸多小国都成为其属国。吕光大军到来之前，焉耆国王泥流见吕光来势凶猛，便主动联络一些小国王投降了吕光。龟兹国（今新疆库车县）位于天山南麓，坐落在塔里木盆地之中，也是西域北道大国之一。龟兹盛时北枕天山、南临大漠、东抵铁门与焉耆为邻、西据姑墨与疏勒相连，相当于今新疆库车、轮台、沙雅、拜城、新和、阿克苏六市、县境，号称东西千余里，南北六百里。龟兹王室姓白，吕光大军到来后，龟兹国王白纯严兵把守城门，抵抗吕光。吕光在龟兹城南（今新疆沙雅县羊达克沁木城）安营扎寨，准备打持久战。半年后，白纯花重金招猃胡、温宿、尉头等国数十万人马营救龟兹。这些游牧民族小国的士兵战甲坚硬、精骑善射，并以皮绳结套连环来袭。吕光命令各军营在骑兵掩护下，用长钩对付，终于打垮龟兹联军，龟兹国王弃城逃跑。经过一年多的征战，吕光统一西域全境。

公元385年三月，吕光盛载西域珍奇货物和良马班师。然而，苻坚在淝水之战中惨败，中国北方重回四分五裂状态。凉州高昌郡守杨翰闻知吕光凯旋，恐吕光趁中原大乱夺取凉州自立，便欲联合凉州刺史梁熙拒吕光于高昌谷口（今新疆吐鲁番市西北十公里雅尔乃孜沟村的交河故城），以控制水源欲置吕光于绝境。县令张统也认为吕光才智过人，拥有思归之士，乘胜利之军威，锋锐难以阻挡，便建议梁熙拥立曾在公元380年龙城反叛失败现居凉州的苻坚堂弟苻洛为帝，借助皇室威望制服吕光。

时吕光已经得知淝水之战苻坚惨败中原大乱的消息，决定趁梁熙他们意见尚未统一时快速前进，夺取凉州，站稳脚跟再作打算。于是下令进军高昌。途中，敦煌太守姚静，晋昌（今甘肃定西）太守李纯举郡投降吕光。兵至高昌，杨翰也举郡投降。当吕光大军进至玉门关时，如梦初醒的梁熙下书责备吕光不该擅自回军，并令其子梁胤为鹰扬将军，与振威将军姚皓、别驾卫翰带兵五万在酒泉阻击吕光。吕光一边回书梁熙不赴国难，反而以重兵阻止胜利之师回归；一边命杜进、彭晃、姜飞为前锋，率军与梁胤交战于安弥（今甘肃酒泉），大败梁胤并将其活捉，附近胡夷部族纷纷投降吕光。武威太守彭洛见大势已去，抓住梁熙并投降吕光。吕光杀梁熙，率军进入姑臧城。公元385年九月，吕光自称凉州刺史、护羌校尉。公元386年九月，吕光得到苻坚死讯，命令所部为苻坚披麻戴孝。十月，吕光建元太安。

吕光宣布改元，即遭到原前凉国主张天锡子张大豫和长水校尉王穆的攻击。张大豫比吕光早八个月在阳坞（今甘肃武威城西）自称凉王；十二月，吕光的西平（今青海西宁市）太守康宁自称匈奴王，反叛了吕光；曾与吕光同甘共苦的张掖太守彭晃和大将徐昊也与康宁勾结反叛吕光。于是，吕光亲率三万骑兵前往征讨，于公元387年七月在临洮击败张大豫。张大豫逃到广武（今甘肃永登）后，被当地人所擒，送交吕光被杀。十二月，吕光进军张掖，经过二十天激战攻克张掖城，彭晃被杀。接着，吕光又趁王穆攻击敦煌之际，率领两万骑兵攻取酒泉。随后，率军前往凉兴（今甘肃安西）截击王穆，王穆引军东退，途中部众溃散，王穆单骑逃走，在驿马被驿马令郭文所杀。至此，凉州全部、河西大部地区均为吕光所有。公元389年二月，吕光自称三河（源头在青海省境内的黄河、湟河、赐支河）王，改元麟嘉，设置百官，以妻石氏为王妃，石氏所生子吕绍为太子。

为了向东方和南方扩展，公元392年，吕光派其弟右将军吕宝率军攻打金城（今甘肃兰州）的乞伏乾归，吕宝失败。吕光随即又派儿子、虎贲中郎将吕纂攻击南羌的彭奚念，吕纂也兵败而归。吕光见两战皆败，便亲自率军至枹罕（今甘肃临夏），打败彭奚念占据了枹罕。公元395年七月，吕光率十万大军进攻西秦，西秦国主乞伏乾归在左辅密贵周、左卫将军莫者羝的劝说下投降了吕光。公元396年六月，吕光升号为天王，建国号为大凉，改元龙飞，史称后凉，统治疆域几同于前凉。

吕光建立后凉，以严刑重律维护统治，渐失河西人心。吕光不注重发展农业生产，任意迁徙人口，掠夺民财，造成生产失调，粮食极度困难；不重视儒学和文化建设，愚昧落后，统治残暴；吕光晚年听信谗言，诛杀无辜，分崩离析在所难免。

公元397年一月，吕光攻打西秦金城，并一度将其攻陷。然而，随后吕光败退。在此期间，后凉东南部的鲜卑秃发乌孤趁机独立，建立南凉；西部卢水胡沮渠蒙逊于五月拥立段业建立北凉，后凉统治范围大幅缩小。

公元399年十二月吕光病重，传位于太了吕绍后去世。吕绍即位后，担心被位高权重的吕纂所害，几次要让位于吕纂，吕纂不受。吕绍继位后第五日，吕纂率兵逼吕绍自杀，吕纂即天王位。为稳固王位，吕纂于6月出兵攻打南凉，被秃发傉檀击败。吕纂改袭北凉张掖和建康，又被秃发傉檀偷袭姑臧，吕纂含恨退兵。多次出兵，接连失败；寸土未得，国力衰退，心胸狭窄的吕纂无能治国，便以酒为依，且酒后狂言要治堂兄吕超之罪，恐惧中的吕超于公元401年二月剑刺吕纂，致吕纂毙命。

吕纂去世，吕超拥立其兄吕隆即位。无智吕隆为树立威信，以举刀即斩为能事，造成人人自危，生产受到严重破坏，人民生活难以维持。此时，后秦姚兴进击后凉。公元401年七月，后秦大军进至姑臧，后凉大败。9月，吕隆出城投降。姚兴命吕隆为镇西大将军、凉州刺史、建康公，继续镇守姑臧。不久吕隆重整军备，与南凉北凉开战。接连失败的吕隆担心被消灭，于公元403年八月乘坐白马素车投降后秦，后凉灭亡。后凉传4主，历18年，都城姑臧，统治区域有今甘肃、宁夏、新疆部分地区。

1. 懿武帝吕光

公元386年十月，吕光自称凉州牧、酒泉公，后改称天王，国号大凉。吕光于公元337年出生于枋头（今河南省浚县），祖上为略阳（甘肃庄浪）氐族世家，父吕婆楼在前秦官至太尉。吕光自幼不喜读书，偏爱田猎武事，成年后勇力过人，沉稳持重，喜怒不形于色，得到前秦宰相王猛赏识。20岁举贤良入仕为美阳县令，得到治下百姓认同，后升任鹰扬将军。

公元358年，吕光随苻坚征讨并州军阀张平。张平养子张蚝骁勇无敌，连败前秦数员名将，苻坚悬赏招募勇士迎战张蚝。吕光跃马挥刀上阵，斩张蚝于马下，威名大振。公元368年，赵公苻双、燕公苻武在上邽（今甘肃省天水市）、安定（今甘肃省泾川县）叛乱，苻坚命时任宁朔将军的吕光出征，吕光勇谋并用消灭叛军。公元370年吕光随王猛灭前燕，因功封为都亭侯。公元378年苻重在洛阳叛乱，苻坚命吕光收捕苻重，吕光以槛车押送苻重回长安，吕光回朝担任太子右率。公元 379 年，东晋右将军毛虎生率军攻巴中，蜀人李焉聚众围攻成都。吕光以破虏将军率军安蜀，升任步兵校尉。公元 380 年行唐公苻洛在幽州和龙（今辽宁朝阳）叛乱，镇守幽州蓟城（今北京市大兴区）的苻重再次起兵响应。苻坚命吕光等率军平叛。吕光大破叛军，俘苻洛送往长安，追斩苻重于逃跑途中，吕光升任骁骑将军。

公元 382 年，统一北方的苻坚正欲经略西域。时车师前部王弥寘、鄯善王休密驮赴长安朝贡，表示愿意协助前秦征服西域。苻坚遂任命吕光为使持节、都督西讨诸军事，并选强将辅佐，统步兵七万、铁骑五千征讨西域。公元 383 年正月吕光自长安出发，经高昌（今新疆吐鲁番）越沙漠，于当年十二月军至西域焉耆。焉耆及其附属诸国纷纷请降，龟兹国则与其附属国据城抵抗。吕光集大军于延城（龟兹国都，在今新疆库车）南设营筑垒攻城。公元 384 年七月，龟兹国王白纯以重金求援于狯胡国。狯胡国联合温宿、尉头等国，收集兵马七十多万援救龟兹。面对弓马娴熟、铠甲连锁、善用矛槊的强敌，吕光集结兵力，以勾锁战法大败西域联军，白纯连夜弃城出逃，西域三十余国皆遣使纳贡，归附前秦。

吕光平定西域之后，于公元 385 年三月载西域珍宝奇玩、赶万余骏马引军东归。经半年跋涉，吕光大军于当年九月抵达宜禾（今甘肃安西县）。欲据境自立的凉州刺史梁熙，建议高昌太守杨翰派兵据守高桐谷口（在今新疆吐鲁番）、伊吾关

（在今新疆哈密），以阻吕光入境。吕光加快东进步伐进逼高昌，杨翰迎降。敦煌太守姚静、晋昌太守李纯也相继请降。吕光军至玉门，梁熙派儿子梁胤等在酒泉堵截吕光。吕光大败梁胤，四山胡夷都来归附，武威太守彭济擒梁熙请求投降。吕光杀梁熙，进姑臧（今甘肃省武威市），自任凉州刺史、护羌校尉。

之后吕光主簿尉佑、司马张象、参军郭雅先后反叛，魏安人焦松、齐肃迎立西秦败太子张大豫为首领。张大豫自号抚军将军、凉州牧，攻陷吕光昌松郡（治今甘肃省武威市），进兵姑臧城西。吕光率军平叛，在姑臧闹市斩张大豫。

公元386年，吕光得知苻坚被姚苌所杀，愤怒哀号，下令三军缟素服丧，谥苻坚为文昭皇帝。十月，吕光自称使持节、侍中、中外大都督、督陇右河西诸军事、大将军、领护匈奴中郎将、凉州牧、酒泉公等，建年号为太安。公元387年十二月，吕光部下徐炅与张掖太守彭晃谋叛，西平太守康宁杀湟河太守强禧，反叛吕光，自称匈奴王。王穆则袭击占据酒泉，自称大将军、凉州牧。徐炅、彭晃、康宁、王穆遥相呼应反叛吕光。吕光趁叛将尚未连兵之际，迅速出兵击败徐炅，徐炅投奔彭晃处。彭晃乘机扩张，东结康宁，西通王穆，对吕光形成很大威胁。吕光统筹全局，亲率三万步骑兼程急行，进围张掖二十多天，彭晃部将寇颇打开城门投降，放进吕光，遂诛彭晃。在吕光的迅猛进攻下，王穆内部生变，王穆发兵攻打其部将索嘏驻防的敦煌。吕光自率二万步骑攻克酒泉，迅即又率部进屯凉兴。王穆不敢抵抗。引兵东还，途中部众溃散，王穆落荒而逃，为骍马县令郭文所杀。自此，凉州大小割据反叛势力被全部消灭，吕光统一河西。公元389年二月，吕光自称三河王，立吕绍为世子，建太庙追尊先祖。

时鲜卑贵族西秦主乞伏乾归据金城自称大将军、大单于、金城王，得到前秦皇帝符登的支持，秦、凉一带的鲜卑、胡、羌诸族多归服乞伏乾归，盘踞枹罕的南羌首领彭奚念也投附其麾下，乞伏乾归成为控制陇西地区的一支强大势力，吕光据姑臧隔湟水与乞伏乾归对峙。公元392年八月，乞伏乾归唆使彭奚念出兵袭取吕光所辖湟水北岸战略重镇白土津。吕光遣其南中郎将吕方及弟右将军吕宝、振威将军杨范、强弩将军窦苟等东下攻金城，遭乞伏乾归反击大败，吕宝及将士万余人丧命。接着又派其子吕纂率步骑兵五千南下攻彭奚念，激战于盘夷，又大败而归。吕光遂亲率大军讨伐乞伏乾归和彭奚念，屯重兵于左南，彭奚念于白土津垒石筑堤，以水自固大营，而遣轻骑万人扼守河津渡口。吕光派将军王宝隐蔽移师上游，乘夜强渡湟水东进。彭奚念闻讯惶惧，军中大乱，吕光乘势攻白土津，捣其石堤，渡过湟水，直取枹罕。彭奚念军溃散，单骑突围逃奔甘松，吕光取得大胜。公元395年七月，吕光率十万大军伐西秦，西秦主乞伏乾归以子乞伏敕勃为人质称藩。

公元396年六月，吕光即天王位，国号大凉，以世子吕绍为太子，封子弟为公侯者二十人。次年秃发乌孤建南凉，攻克后凉金城；后凉乐都（今属青海）、湟河（今青海化隆回族自治县南黄河北岸）、浇河（治今青海贵德南）三郡投南凉，岭南羌胡数万落归顺南凉。而吕光年老以后，更加听信谗言，不辨忠奸。后凉尚书沮渠罗仇曾随吕光进攻西秦，吕光弟吕延因贸然追击兵败被杀。公元397年四月，吕光听信谗言，以败军之罪冤杀沮渠罗仇及其弟三河太守沮渠麹粥。沮渠部众万余人为沮渠罗仇发丧时，沮渠罗仇侄沮渠蒙逊痛斥吕光昏庸无道，召集部众起兵反凉，迅速攻克临松郡，十日之内，聚军万人屯据金山。五月，吕光遣太原公吕纂率军进讨沮渠蒙逊于忽谷，沮渠蒙逊兵败，逃入山中。沮渠蒙逊从兄沮渠男成响应沮渠蒙逊，起兵数千于乐涫。后凉酒泉太守垒澄率步骑万人攻讨沮渠男成，垒澄战败被杀。沮渠男成顺势进攻建康，遣人说服建康太守段业反后凉，并推举其为大都督、龙骧大将军、凉州牧、建康公，建元神玺，建立北凉。段业以沮渠男成为辅国将军，委以军国之任。沮渠蒙逊率众投奔段业，被任镇西将军。吕光命吕纂转兵进讨段业，不克。沮渠蒙逊乘机进攻临洮，支援段业，与吕纂战于合离，吕纂军大败。

　　后凉散骑常侍、太常郭黁，善天文数术，深得国人信重。郭黁认为吕光年老，太子暗弱，太原公吕纂凶暴，预言祸事不久将起，便与后凉仆射王祥相约反凉。郭黁率二苑之众夜烧洪范门，使王祥为内应。事泄。王祥被杀，郭黁遂据东苑反叛。民众视郭黁反凉为圣人举事，便群起响应，吕光召太原公吕纂讨伐郭黁。郭黁派军和吕纂战于白行，打败吕纂。吕纂又与西安太守石元良共击郭黁，郭黁兵败后投奔西秦。

公元 399 年十二月，在内忧外患中病重的吕光传位于太子吕绍，自称太上皇不几日病逝。吕光在位 14 年，终年 62 岁。

2. 隐王吕绍

吕光病重期间，传位太子吕绍不久去世。吕绍为吕光第三子。公元 389 年二月，吕光自称三河王，因吕绍嫡出而被立为世子。公元 396 年六月，吕光即天王位，立吕绍为太子。公元 399 年十二月吕光病重，传天王位于太子吕绍，并任命太原公吕纂为太尉，常山公吕弘为司徒。当日，吕光去世。吕纂入侧门恸哭不已，吕绍后怕，要让皇位给吕纂，吕纂不受。

吕绍堂兄、骠骑将军吕超劝吕绍早日下手除掉吕纂，并在吕纂拜见吕绍时，手握钢刀立在吕纂身旁，等吕绍示意就可控制吕纂，吕绍犹豫不决。吕绍二哥吕弘劝吕纂果断行事，吕纂便夜带几百壮士翻跃进北城，攻击皇城广夏门。吕弘带东苑兵众，砍开皇城洪范门。吕绍派虎贲中郎将吕开率宫廷禁军，在端门抵抗，吕超也率兵士二千人赶到。兵士们向来敬畏吕纂威名，没等交手便自行溃散。吕纂从青角门入禁城，吕绍逃到紫阁自杀。吕绍在位五天，生年不详。

3. 灵帝吕纂

公元 396 年六月，吕纂逼杀吕绍自立为王。吕纂为吕光庶长子，母亲赵淑媛。吕纂少年时弓马娴熟，喜好鹰隼猎犬。前秦苻坚在位时，吕纂与众臣之子一样进入太学，但吕纂不喜欢读书，只结交公侯纵情声乐。苻坚淝水之战失败后，吕纂于公元386年西奔上邽，转回姑臧投奔父亲吕光，被拜为武贲中郎将，封为太原公。吕纂常年领兵作战，威名震后凉。

公元399年吕光病重，册立太子吕绍为天王，任命吕纂为太尉。不久吕光去世，吕纂闯宫哭灵，吕绍担心被吕纂谋害，要让王位给吕纂，吕纂不同意。吕绍继位，堂弟吕超建议吕绍诛吕纂，吕绍不同意。

当初，吕光要立吕弘为世子，得知吕绍在仇池后作罢，吕弘因此对吕绍不满。吕弘派尚书姜纪秘密告诉吕纂，要吕纂杀弟夺位。吕纂当夜率领数百壮士翻越北城，进攻广夏门，吕弘率领东苑兵众劈洪范门。吕绍组织迎击不敌。吕纂从青角门进宫，升座谦光殿，吕绍登上紫阁自杀，吕超出奔到广武。吕纂忌惮吕弘兵势强盛，劝说吕弘即位。吕弘谦让，于是吕纂即天王位。

吕纂即位后，弟吕弘自认功高名重，担心难被吕纂容留；吕纂心忌吕弘名重功高，时刻提防吕弘。在相互猜忌提防之中，吕弘先在东苑起兵，劫持尹文、杨桓作为谋主，率兵攻打吕纂。吕纂派部将焦辨攻击吕弘，吕弘部众溃散，出奔广武。吕纂放纵士兵大肆抢掠，把东苑的妇女赏赐给军士，吕弘妻女即吕纂弟媳和侄女也惨遭士卒凌辱。后吕方捉住吕弘关进牢狱，派使者飞骑向吕纂报告，吕纂派力士康龙前去将吕弘杀死。

为显治国才能，吕纂兴兵征伐南凉秃发利鹿孤，被秃发利鹿孤弟秃发傉檀打败。吕纂不甘心，转身向西袭击张掖。秃发傉檀以侵扰姑臧解围，吕纂劳民伤财无功而返。

吕纂沉溺游猎无节制，沉溺酒色无时限，昏昧暴虐无悔改。公元401年，番禾太守吕超擅自讨伐鲜卑部落首领思盘，思盘派弟乞珍向吕纂告状，吕纂命吕超与思盘入京朝见。非常后怕的吕超来到姑臧后，吕纂斥责吕超依仗兄弟勇武，目中无人，应当处死。吕超磕头认错，心中担忧至极。是日，吕纂带吕超及大臣于内殿赴宴，吕纂醉酒后带吕超等在宫内游览，吕超趁机剑刺吕纂，致其死亡。吕纂在位3年，生年不详。

4. 建康公吕隆

公元401年吕超杀吕纂拥其兄吕隆即位。吕隆为吕光弟吕宝子，母亲卫氏。吕隆容貌俊美，善于骑射。吕光在位末年被任为北部护军，后逐渐担任显要职务。公元401年吕隆弟吕超杀吕纂，吕隆即天王位，封吕超为使持节、侍中、都督中外诸军事、辅国大将军、司隶校尉、录尚书事，安定公。

公元401年三月，南凉康王秃发利鹿孤讨伐后凉，吕隆与之交战，被打得大败，秃发利鹿孤强行迁移后凉二千多户居民而回。同年五月，魏安人焦朗派使者劝说后秦皇帝姚兴部将姚硕德趁后凉内乱之机建功立业，姚硕德率部达姑臧，一战大败吕超，吕隆收集散兵环城固守。当年八月，群臣上表请求与后秦通好，吕隆遣使向后秦请降，姚兴任吕隆为使持节、镇西大将军、凉州刺史、建康公。

公元 401 年八月，将军魏益多煽动民心，图谋杀死吕隆和吕超，事情暴露，吕隆将魏益多等诛杀，受牵连而死者三百多家。在这种情况下，群臣上表请求吕隆和姚兴通好，吕隆于是派同母弟、爱子、文武旧臣慕容筑、杨颖、史难、阎松等五十多家到长安做人质，姚兴派使者往后凉观察虚实。

当时，后凉都城姑臧谷价飞涨，一斗值五千文钱，出现人吃人的情况，饿死十多万人。城门整天关闭，百姓请求出城给夷虏当奴婢者每天有几百个。吕隆担忧扰乱人心，把他们全部杀死，尸骸堆满道路。公元 402 年二月，沮渠蒙逊带兵进攻姑臧。吕隆遣派使节向秃发利鹿孤求救。秃发利鹿孤派广武公秃发傉檀率骑兵一万前去救援，并把粮谷一万多斛送给吕隆救济饥民，以此与吕隆讲和结盟。

公元 403 年，吕隆因频遭秃发傉檀和沮渠蒙逊攻打，派吕超带珍宝请降于姚兴。姚兴派部将齐难率四万步骑，于公元 403 年八月接吕隆及一万多户部众到长安，后凉亡。姚兴任吕隆为散骑常侍，吕超为安定太守。公元 416 年二月，吕隆与儿子吕弼谋反被诛杀。吕隆在位 3 年，生卒年不详。

十六、南　凉

（397 年—414 年）

公元 397 年一月，时任后凉河西鲜卑大都统的秃发乌孤，自称大都督、大将军、大单于、平西王，后秃发傉檀改称凉王，史称南凉。

鲜卑秃发部的祖先与代、北魏拓跋部同源，秃发即拓跋的异译。南凉开国者秃发乌孤八世祖拓跋匹孤为代始祖拓跋力微兄。曹魏初年，鲜卑首领拓跋诘汾卒，次子拓跋力微继任首领，分得少数部众的长子拓跋匹孤为获得新牧场，于公元 219 年开始，率部众由塞北阴山南下，沿黄河顺贺兰山脉东麓至河西以北地区，时拓跋匹孤子拓跋寿阗改姓氏为秃发。公元 256 年后，曹魏镇西将军邓艾迁秃发等鲜卑数万人至雍、凉二州之间，即今陕西省中部及甘肃省东部一带。西晋初期，秃发寿阗孙秃发树机能杀秦州刺史，败凉州刺史，占领凉州近十年。公元 279 年十二月，秃发树机能遭到西晋攻击后，被部下所杀，秃发树机能堂弟秃发务丸嗣位。秃发务丸传位于其孙秃发推斤，秃发推斤传位其子秃发思复鞬。秃发思复鞬曾与张大豫、王穆等人联手，试图控制姑臧。秃髪思复鞬去世，子秃髪乌孤统领这一集团。

　　这时的秃髪部，在后凉东南部的廉川（今甘肃省永登县）周边半农半牧。秃髪乌孤采取养民务农的经济政策，政治上礼俊贤，修政刑，结邻好，不争战，十余年后，后凉东南广武一带的秃髪部势力渐盛。公元 394 年一月，后凉吕光遣使署秃髪乌孤为假节、冠军大将军、河西鲜卑大都统、广武县侯。时河西一带汉族豪门士族赵振等纷纷投奔秃髪乌孤，充当谋士，秃髪乌孤日益壮大，吕光遣使拜为广武郡公。公元 396 年吕光即天王位，改国号为大凉，遣使拜秃髪乌孤为征南大将军、益州牧、左贤王。秃髪乌孤决意摆脱吕光控制，谢绝封爵。之后，后凉国力衰退，秃髪乌孤于公元 397 年一月，在廉川称大单于、西平王，建元太初，正式独立。此后，秃髪乌孤逐渐夺得后凉东南部领土，至公元 398 年末，已逼近后凉姑臧。同年十二月，秃髪乌孤自称武威王，次年一月迁都乐都（今青海省乐都县）。公元 399 年八月，秃髪乌孤醉酒落马摔伤，不久去世，弟秃髪利鹿孤即位。

　　秃髪利鹿孤迁都西平（今青海省西宁市），加强与北凉之间的同盟关系，不断对后凉姑臧发动攻击。这时西秦暂时灭亡，南凉直接与东部后秦接壤，为保生存，向后秦臣服。公元 402 年三月，秃髪利鹿孤病逝，弟秃髪傉檀成了新凉王。

　　早在秃髪乌孤时代，秃髪傉檀作为车骑大将军、广武侯进入政权中心，并掌握实权。即位后，秃髪傉檀再次迁都乐都。公元403年七月，秃髪傉檀与北凉联合侵扰后凉，后凉随即投降后秦，占领姑臧后的秦，在凉州的势力大增。于是，秃髪傉檀便于公元404年二月，废凉王称号臣服后秦。

其后后凉灭亡，秃髪傉檀放弃与北凉的同盟关系，于公元406年六月出兵进攻北凉。之后秃髪傉檀通过向姚兴献羊献马，骗得信任并以后秦凉州刺史身份进驻姑臧。这时秃髪傉檀以姑臧为中心，将西平、湟河（今青海省循化撒拉族自治县）羌族纳入统治之下。公元408年五月，秃髪傉檀击退后秦的进攻，再度即凉王位，复活南凉。公元410年三月，姑臧被北凉包围。北凉军队撤退后，秃髪傉檀放弃姑臧迁都乐都，姑臧被北凉夺取。

在此期间，南凉同时遭到西北方北凉、东方西秦、西南方吐谷浑的共同打击，领土不断缩小。公元414年五月，西秦进攻南凉，乐都陷落。秃髪傉檀于次月向西秦投降，南凉灭亡。南凉传3主，历18年，统治区域有今甘肃、青海各部分。公元414年六月，南凉亡于西秦。

1. 武王秃髪乌孤

公元397年一月，时任后凉河西鲜卑大都统的秃髪乌孤自称西平王，后秃髪傉檀改称凉王。秃髪乌孤为河西鲜卑首领秃髪思复鞬子。公元394年，后凉吕光任秃髪乌孤为冠军大将军、河西鲜卑大都统，封广武县侯。公元395年七月，秃髪乌孤大败乙弗、折掘二部。为聚集二部，秃髪乌孤派将领石亦干建造廉川堡（今青海民和西北）。后秃髪乌孤接连大败卢陵、契汗及意云鲜卑，加快扩大自己实力。

公元 397 年正月，秃髪乌孤叛后凉自称大都督、大将军、大单于、西平王，改年号太初，建立南凉，兴兵广武，攻克金城。吕光派将军窦苟攻打南凉，秃髪乌孤大败窦苟，后凉乐都、湟河、浇河三郡（今青海乐都至同仁一带）投降秃髪乌孤，岭南羌胡数万前来归附，吕光将领杨轨、王乞基率领数千户投降。公元 398 年十月，后凉建武将军李鸾献城投降秃髪乌孤。同年十二月，秃髪乌孤改称武威王。

公元 399 年正月，秃髪乌孤从西平（今青海西宁）迁都至乐都（今属青海），任命其弟秃髪利鹿孤为骠骑大将军、西平公，镇守安夷；秃髪傉檀为车骑大将军、广武公，镇守西平，同时任用秦雍地方豪门大族为官。

公元 399 年五月，后凉太子吕绍、太原公吕纂率军讨伐北凉，北凉王段业向秃髪乌孤求救，秃髪乌孤派遣其弟骠骑大将军秃髪利鹿孤与杨轨一起前去救援。吕纂害怕，放火烧了氐池、张掖的谷麦而回。六月，秃髪乌孤任命秃髪利鹿孤为凉州牧，镇守西平。召回车骑大将军秃髪傉檀回朝，协助处理国家大事。

公元 399 年八月，秃髪乌孤醉酒之后骑马奔驰，摔落下马受伤。不久，秃髪乌孤病情严重，交代群臣立年长者为君，不久去世。秃髪乌孤在位 3 年，生年不详。

2. 康王秃发利鹿孤

秃发乌孤去世前，众臣遵嘱立秃发利鹿孤即位。秃发利鹿孤为鲜卑首领秃发思复鞬子、秃发乌孤弟。

公元 399 年，秃发乌孤迁都乐都（今青海乐都），任秃发利鹿孤为骠骑大将军、西平公，驻镇安夷（今青海平安县）。同年，后凉吕绍及吕纂进攻北凉，秃发乌孤应北凉段业请求，命秃发利鹿孤率军救援。后秃发乌孤任命秃发利鹿孤为凉州牧，镇守西平（今青海西宁）。同年秃发乌孤醉酒坠马去世，秃发利鹿孤继位，迁都至西平。

后凉吕光去世，秃发利鹿孤派将领屯兵昌松漠口。吕纂前来攻打，秃发利鹿孤派秃发傉檀将吕纂打败。吕纂往西攻打段业，秃发利鹿孤再派秃发傉檀率领一万骑兵乘虚袭击姑臧。吕纂弟吕纬坚守南北城而自保，秃发傉檀俘虏八千多户人口返回。公元 401 年，秃发利鹿孤以祥瑞为由打算称帝，但在众将劝告下改称河西王。同年率军攻伐后凉，大败后凉军，迁其二千户人口。

后秦姚兴打败西秦乞伏乾归，乞伏乾归率领数百骑兵前来投奔，秃发利鹿孤以上宾的礼节接待。不久，乞伏乾归转而投奔姚兴。公元 401 年，秃发利鹿孤率领军队攻打后凉吕隆，大败其军，擒获后凉右仆射杨桓，任命为左司马。

秃发利鹿孤在位期间，注重纳谏，在部族中提倡儒学，建立学校，任命田玄冲、赵诞为博士祭酒，以教育公卿子弟。公元 402 年三月，秃发利鹿孤病逝。其在位 3 年，生年不详。

3. 景王秃发傉（nù）檀

秃发利鹿孤去世，传位其弟秃发傉檀。秃发傉檀年少机警，有才干胆略。秃发乌孤在位时，任其为车骑大将军、广武公，镇守西平。秃发利鹿孤继位后，将军国大事委任于秃发傉檀。公元 402 年，秃发利鹿孤去世，秃发傉檀继立，自称凉王，迁都乐都，改元弘昌。

公元 404 年，秃发傉檀因后秦强盛，便自去年号，派参军关尚向姚兴修好。秃发傉檀一直致力占领姑臧，便向姚兴献骏马三千、羊只三万。姚兴任秃发傉檀为使持节、都督河右诸军事、车骑大将军、领护匈奴中郎将、凉州刺史，镇守姑臧。

公元 407 年，秃发傉檀假出游浇河，袭击西平、湟河诸羌，迁三万多户到武兴、番禾、武威、昌松四郡。强征胡汉军士五万多人，攻打沮渠蒙逊。沮渠蒙逊领军抵抗，在均石交战，秃发傉檀被沮渠蒙逊打败。秃发傉檀又与赫连勃勃交战，又被赫连勃勃打败，十多名将领阵亡。

公元 408 年，姚兴派将领姚弼、敛成等率领三万步兵骑兵攻打秃发傉檀。姚弼到达姑臧，屯驻西苑。秃发傉檀命各郡县赶牛羊于野外，任后秦部队抢掠。秃发傉檀派镇北将军俱延、镇军将军敬归等将领率骑兵分头攻打，杀七千多人，后秦将领敛成大败。姚弼固守营垒，秃发傉檀无法攻克，便于上游截断水源，欲困死后秦军。适逢天下大雨，堤坝冲坏，姚弼军队空前振作，冲出围困撤回。同年十一月，秃发傉檀复称凉王。

公元410年，秃发傉檀派左将军枯木、驸马都尉胡康攻打沮渠蒙逊，掳掠一千多户而回。沮渠蒙逊非常愤怒，率领五千骑兵到显美方亭，打败车盖鲜卑。秃发傉檀亲自率领军队攻打沮渠蒙逊，沮渠蒙逊率军抵抗，大败秃发傉檀。公元411年沮渠蒙逊围攻姑臧，百姓惊慌溃散，周边各部投降沮渠蒙逊。秃发傉檀担心被沮渠蒙逊消灭，迁都城到乐都，留大司农成公绪守卫姑臧。秃发傉檀出姑臧，姑臧即入沮渠蒙逊之手。

沮渠蒙逊乘余威攻打秃发傉檀，秃发傉檀派安北将军段苟、左将军云连出番禾袭击沮渠蒙逊后方，迁三千多家到西平。沮渠蒙逊围乐都，三十天未能攻下，便建造房屋犁地耕种作长久计，秃发傉檀送儿子为人质，沮渠蒙逊撤回军队。

不久，秃发傉檀又与沮渠蒙逊交战。沮渠蒙逊攻打乐都，镇南将军文支带领湟河人马投降沮渠蒙逊，迁五千多户到姑臧。公元414年，秃发傉檀西征乙弗，缴获四十多万头牛马羊。西秦乞伏炽磐乘虚袭击乐都，十天城池陷落。秃发傉檀意欲攻取契汗，于是率领军队西行，将领和士兵纷纷逃散，秃发傉檀投降西秦。乞伏炽磐任命秃发傉檀为骠骑大将军，封为左南公。一年后，秃发傉檀被乞伏炽磐鸩杀。秃发傉檀在位13年，终年51岁。

十七、北 凉

（397 年—439 年）

公元 397 年五月，后凉将军、匈奴人沮渠蒙逊、沮渠男成等叛后凉，拥建康（甘肃高台）郡首段业为大都督、龙骧大将军、凉州牧、建康公，两年后段业自称凉王，史称北凉。

汉人段业从小广涉经史，写一手文章，为前秦将军杜进记室。杜进随吕光征讨西域时，段业随军前往。后被吕光选拔为元帅大营著作郎，为吕光起草文件告示。公元 386 年吕光建立后凉，段业历任尚书、建康太守。段业虽然被拥立为王，但北凉实际权力尽在沮渠蒙逊兄弟手中。

沮渠部为匈奴一支，其先祖世为匈奴左沮渠王，以部落为姓。东汉时因居卢水（今青海西宁）一带，又称卢水胡。三国时向南扩展至今四川北部，一部分居于今甘肃武威附近，主要以游牧为业，之后，大部分改为农耕。公元 385 年吕光征西域班师回朝途中，沮渠部首领沮渠罗仇归附后凉，被吕光任命为西平太守，建忠将军、尚书；沮渠麴粥被任为三河太守。

公元 397 年二月，吕光因西秦乞伏乾归出尔反尔，数度叛离，决定出兵予以消灭。吕光派庶长子、太原公吕纂攻克金城（今甘肃省兰州市），派弟天水公吕延率大将沮渠罗仇、沮渠麹粥兄弟攻克临洮、武始、河关，后因吕延麻痹轻敌，兵败被杀，凉军被迫撤退。吕光埋怨沮渠罗仇、沮渠麹粥护卫不力，以败军之罪杀沮渠部落酋长沮渠罗仇、沮渠麹粥二兄弟。

沮渠罗仇被杀后，时任沮渠部落酋长的沮渠罗仇侄、在后凉建康太守段业部下为将的沮渠蒙逊，将二位伯父的灵柩运回故乡临松（今甘肃省肃南县）。安葬这一天，面对参加葬礼的一万多部落民众，沮渠蒙逊当众痛斥吕光荒虐无道，并与部众盟誓共讨吕光。之后，四方部众纷纷投奔而来。沮渠蒙逊由此起家，率领队伍攻陷临松，杀中田护军马邃和临松令井祥，屯兵金山。时任后凉晋昌太守的沮渠蒙逊堂兄沮渠男成也起兵响应，率部进军建康，劝说建康太守段业起兵反凉。段业因与吕光宠臣尚书王祥、侍中房晷不睦，于是同意举旗反叛。沮渠蒙逊闻知，由临松率部赶来，与段业、沮渠男成合兵一处。因为沮渠男成、沮渠蒙逊年纪尚轻、职爵不高，于是共推段业为盟主。公元 397 年五月，段业自称大都督、龙骧大将军、凉州牧、建康公，建元神玺，建都骆驼城（今甘肃高台县南）。公元 398 年四月，沮渠蒙逊攻陷西郡（今甘肃省永昌县），六月沮渠男成攻占张掖，并定都于此。公元 399 年二月，段业改称凉王。

段业称王后，任沮渠蒙逊为张掖太守、临池公、尚书左丞；任沮渠男成为辅国将军，负责军国大事。沮渠蒙逊兄弟虽然共推段业为君，但实际军政大权掌握在沮渠蒙逊兄弟手中，君臣之间一直貌合神离。等到沮渠蒙逊认为时机成熟，一个十分恶毒的夺权阴谋迅即推出。

公元401年，沮渠蒙逊主动要求去安西（今甘肃省敦煌市）当太守。段业一直谋求沮渠蒙逊离开张掖，于是答应沮渠蒙逊的要求。沮渠蒙逊以向沮渠男成告别为名，约定时间与沮渠男成前往兰门山祭祖。紧接着，沮渠蒙逊派亲信许咸密报段业，声言沮渠男成准备借祭兰门山之机发动政变。不几天，沮渠男成果然向段业禀报，要与兄弟往兰门山祭祖。本来昏庸无主见的段业信以为真，在沮渠男成祭祖途中埋伏士兵将其捕杀。沮渠男成一死，沮渠蒙逊以声讨段业滥杀忠臣为名，拉起队伍攻打段业，附近羌胡踊跃响应，段业身边五胡兵将纷纷倒戈。沮渠蒙逊很快攻下张掖城，抓住段业立即杀死。沮渠蒙逊一箭双雕铲除两大障碍，即自封为大都督、大将军、凉州牧、张掖公，改元永安。

沮渠蒙逊实际统治北凉时，其领土仅有东至西郡、西至张掖间的狭小地区。北凉周边西有西凉、东有北魏、南有后凉，后凉之南还有南凉及臣服于后秦的西秦，东南方有后秦。沮渠蒙逊与南凉联手施压后凉，在公元401年七月后秦攻打后凉时，沮渠蒙逊臣服后秦，同时直接与南凉、西凉等势力展开对抗，连年爆发冲突。公元411年一月，沮渠蒙逊占领南凉姑臧，并于公元412年十月迁都至此，同年十一月沮渠蒙逊即位河西王。

公元 414 年，逐渐衰落的南凉被西秦剿灭。公元 417 年二月，西凉李暠去世。北凉抓住机会攻击西凉，并于公元 420 年七月夺得酒泉，进而于公元 421 年三月消灭西凉。控制河西全境的北凉，开始与西秦发生冲突，并选择臣服于夏，不断与西秦展开攻防战。同时沮渠蒙逊于公元 418 年向东晋称藩。南朝刘宋建立后，沮渠蒙逊又向宋称臣。公元 431 年西秦与夏覆灭，北魏势力进一步扩展，沮渠蒙逊又向北魏称藩。

公元 433 年四月沮渠蒙逊病逝，沮渠牧犍即位。沮渠牧犍为加强与北魏的关系，嫁妹兴平公主于拓跋焘。拓跋焘看重北凉直通西域的战略地位，封兴平公主为右昭仪，并将妹武威公主嫁与沮渠牧犍，两国间组成二重婚姻关系。然而，志在统一华北的北魏很难被这种关系束缚。其后随着沮渠牧犍与武威公主关系的大起大落，北魏拓跋焘于公元 439 年九月率兵围于姑臧城下，沮渠牧犍率文武百官投降，北凉灭亡。北凉传 3 主，历 43 年，统治区域有今甘肃省西部。

1. 凉王段业

公元 397 年五月，后凉将军沮渠蒙逊等拥建康郡首段业自立，两年后段业自称凉王。

段业为京兆（今陕西西安）人，初担任后凉吕光部将杜进僚属。前秦苻坚命杜进跟随吕光征讨西域时，段业随杜进出征。段业精于刀笔，被吕光提拔为元帅大营著作郎，为吕光起草文件告示。公元 396 年吕光自称天王，任命段业为尚书、建康太守。公元 397 年，宿卫沮渠蒙逊与其堂兄沮渠男成为报家仇，杀死后凉中田护军马邃、临松令井祥，聚集人马进攻建康，派遣使者说服段业一同反叛，并推举段业为使持节、大都督、龙骧大将军、凉州牧、建康公，定年号神玺，建立政权，史称北凉。段业任命沮渠男成为辅国将军，全权掌管军政大事；沮渠蒙逊为镇西将军、张掖太守。

公元 398 年五月，段业派沮渠蒙逊攻打后凉重镇西郡（今甘肃省永昌县）。沮渠蒙逊引河水淹城，城墙倒塌，抓获西郡太守吕纯后回师。之后，后凉晋昌太守王德、敦煌太守孟敏献出本郡，投降段业。段业封沮渠蒙逊为临池侯，任命王德为酒泉太守，孟敏为沙州刺史。公元 398 年六月，后凉吕弘放弃张掖，带兵向东撤退。段业迁都城到张掖，接着追击吕弘，被吕弘打败而回。段业修筑西安城，任命将领臧莫孩为太守。臧莫孩不久被吕纂打败。公元 399 年二月，段业自称凉王，改年号为天玺，任命沮渠蒙逊为尚书左丞，梁中庸为尚书右丞。公元 400 年十一月，酒泉太守王德背叛北凉，自称河州刺史。段业派沮渠蒙逊带兵征讨，王德烧毁酒泉城投奔唐瑶，被沮渠蒙逊追击打败。

段业忌惮沮渠蒙逊的勇武谋略，于公元 401 年，让沮渠蒙逊堂叔沮渠益生为酒泉太守，沮渠蒙逊为临池太守。段业门下侍郎马权才智出众，气度非凡，谋略超群，段业让马权代替沮渠蒙逊为张掖太守。有智有谋的马权很受亲近和重用，沮渠蒙逊忌惮而又怨恨，于是经常在段业面前诋毁马权。段业听信沮渠蒙逊谗言，将这位忠于自己的能臣杀死。沮渠蒙逊看穿段业无治世之才而一味嫉贤妒能，便一边自己请求外调为西安太守，一边寻找起兵借口。于是，沮渠蒙逊便约沮渠男成一同祭奠兰门山，并派司马许咸报告段业沮渠男成要谋反，而且以祭奠兰门山为起事机会。果然沮渠男成向段业要求前去祭奠兰门山，段业便抓捕沮渠男成，并将沮渠男成杀害。沮渠蒙逊消灭异己的阴谋——得逞，便以为沮渠男成报仇为名，起兵讨伐段业。公元401年五月，沮渠蒙逊大军到达张掖，张掖守军打开城门迎沮渠蒙逊入城，段业侍从卫士纷纷倒戈，向来尽信书、迷巫卦、广听言、无主见的段业死于沮渠蒙逊刀下。段业在位5年，生年不详。

2. 武宣王沮渠蒙逊

公元401年五月，沮渠蒙逊自称使持节、大都督、大将军、凉州牧、张掖公，改年号永安。

沮渠蒙逊为狄地王沮渠法弘子，母亲车氏。沮渠蒙逊广读史书，通晓天文，才智出众，善于权变。在前秦凉州刺史梁熙和后凉吕光主政时，沮渠蒙逊以沉于游猎饮酒掩盖个人才能。及至在伯父沮渠罗仇、沮渠麹粥葬礼上，沮渠蒙逊煽动万余宗族姻亲部众反叛后凉，与堂兄沮渠男成推举段业建立北凉，被段业任命为张掖太守。之后，沮渠蒙逊发现段业和沮渠男成仍是自己大展身手的障碍，于是，阴构反叛重罪，一箭双雕除去北凉首辅重臣及元首，成功占据北凉一号人物位置。

当时，后秦姚兴派姚硕德兵临姑臧攻打后凉吕隆，大破后凉军。公元401年七月，沮渠蒙逊派使者前往长安拜见姚兴，以示臣服。公元403年，姚兴任沮渠蒙逊为镇西大将军、沙州刺史、西海侯。公元407年，沮渠蒙逊率兵三万攻打秃髪傉檀，军队到达显美（今甘肃武威境），迁数千户人撤回。秃髪傉檀率军追击，被沮渠蒙逊打败，并乘胜追杀到姑臧，又收纳一万多户。公元412年十月，沮渠蒙逊迁都姑臧。同年十一月，沮渠蒙逊即河西王位，改年号玄始，立其子沮渠政德为太子。

公元413年，沮渠蒙逊打败前来报仇的秃髪傉檀。公元415年，沮渠蒙逊派将领往湟河运粮，自己率领军队攻克西秦广武郡（治今甘肃永登）。西秦乞伏炽磐派将领抵抗，沮渠蒙逊打败乞伏炽磐，占领西秦湟河地区，以弟沮渠汉平为湟河太守。此后，沮渠蒙逊与南凉、西凉、西秦连年混战。公元420年七月，沮渠蒙逊击败三万西凉军，杀其主李歆，进入酒泉（今属甘肃）。次年三月，大败西凉敦煌太守李恂，灭西凉。控制河西全境的沮渠蒙逊，开始与西秦发生冲突。为了在强敌面前不被消灭，沮渠蒙逊选择臣服于势头正盛的夏，不断与西秦展开攻防战。同时，沮渠蒙逊于公元418年向东晋称藩，南朝宋建立后，沮渠蒙逊又向宋称臣。公元431年西秦与夏覆灭，北魏势力进一步增强，沮渠蒙逊又向北魏称藩。公元433年四月，沮渠蒙逊病逝，其在位33年，终年66岁。

3. 哀王沮渠牧犍

公元 433 年四月，沮渠蒙逊病重，北凉国内贵族和大臣们共同商议，认为沮渠蒙逊世子沮渠菩提年纪幼小，决定立沮渠菩提兄沮渠牧犍为世子，并加授沮渠牧犍为中外都督、大将军、录尚书事。不久沮渠蒙逊去世，沮渠牧犍继位，改年号永和。

沮渠牧犍聪颖好学，和雅有度，初任敦煌太守。当初，北魏太武帝拓跋焘派李顺迎娶沮渠蒙逊女为夫人，正遇沮渠蒙逊去世。沮渠牧犍遵父遗意，派左丞宋繇护送妹兴平公主到北魏，拓跋焘封兴平公主为右昭仪。公元 433 年四月，拓跋焘再派李顺授任沮渠牧犍为使持节、侍中、都督凉州、沙州、河州三州以及西域羌戎各地军事，车骑将军，开府仪同三司，领护西戎校尉，凉州刺史，封为河西王。

公元 434 年，沮渠牧犍派人出使南朝宋，宋文帝刘义隆下诏，任命沮渠牧犍为都督凉秦等四州诸军事，兼任征西大将军、凉州刺史，封为河西王。

胸有整个北方的拓跋焘，看重北凉连通西域的战略位置，有心拉拢沮渠牧犍。公元 437 年，拓跋焘嫁妹武威公主与沮渠牧犍。沮渠牧犍派丞相宋繇进表致谢，同时进献良马五百匹、黄金五百斤。

沮渠牧犍与嫂李氏有染，李氏与沮渠牧犍姊合谋，下毒谋害武威公主。拓跋焘派医驰马救治，免武威公主于一死。拓跋焘下令交出李氏，沮渠牧犍迁李氏居酒泉。

志在夺取北凉的拓跋焘，于公元439年派尚书贺多罗出使凉州，以观察北凉虚实。贺多罗返回，秉明沮渠牧犍表面向北魏称臣纳贡，内心叛离乖张。同年六月，拓跋焘发布文告，历数沮渠牧犍十二大罪状，要求沮渠牧犍投降。两月后，拓跋焘领兵渡过黄河，沮渠牧犍不肯出城迎接，却派人向柔然请求救兵，并派弟征南大将军沮渠董来率兵迎战魏军，结果沮渠董来大败而退。

公元439年八月初四，拓跋焘到达姑臧，派使者令沮渠牧犍出城迎接。沮渠牧犍听说柔然已经派兵，侥幸认为拓跋焘会率军撤退。沮渠牧犍侄沮渠祖越出城投降，拓跋焘指挥各路兵马攻城。魏军占领城池，沮渠牧犍与众位官员反缚自己，于九月二十五日向拓跋焘请罪投降，北凉灭亡。

沮渠牧犍投降北魏后，拓跋焘仍以妹丈对待。沮渠牧犍母亲去世，拓跋焘以王太妃礼仪厚葬；拓跋焘还指派三十家守墓之人为沮渠蒙逊守墓。沮渠牧犍却私下交结身边臣民图谋反叛，事发被拓跋焘赐死。沮渠牧犍在位7年，生年不详。

十八、南　燕

（398 年—410 年）

公元 398 年一月，后燕范阳王慕容德于滑台（河南滑县）自称燕王，史称南燕。

慕容德为后燕建立者慕容垂弟，父为前燕文明帝慕容皝。前秦灭前燕，慕容德与慕容暐等被押送至长安，前秦苻坚分别授以官职。淝水之战时，慕容德担任奋威将军。苻坚淝水之战大败，慕容德与其兄慕容垂等叛前秦建后燕，在后燕任车骑大将军、侍中。至慕容宝继位，慕容德镇守邺城，用心经营后燕南部地区。公元 397 年，北魏攻后燕都城中山（今河北定州），慕容宝北奔龙城。十月，北魏破中山，后燕被截为两部分。面对北魏攻势，慕容德认为邺城难保，便于公元 398 年率户南徙。

此后，慕容德挫败了东晋南阳太守间丘羡、宁朔将军邓启方的进攻，剿灭了前秦残余势力苻广的叛乱。但随着北魏不断南压，南燕开始向东部转移，并于公元 399 年八月到达广固（今山东省青州市），并定都于此。次年一月，慕容德即皇帝位。夹在北魏与东晋之间的南燕，领土仅限于齐鲁地区，人口也较为有限。尽管如此，慕容德休养军队，锻造兵器，扩大农耕，积储粮食，审核户籍，增加军资，聚集儒生，建立学官，简选公卿以下子弟为太学生，南燕一时很有起色。时东晋手握西府军的桓玄作乱，避乱之人纷纷逃亡至南燕，南燕一时拥兵三十七万，人口近二百万，国力增强。

慕容德于公元 405 年八月去世，其后太子慕容超即位。慕容超不断疏远慕容德政权中的主要人物，而以公孙五楼为侍中、尚书，兼领左卫将军，专擅朝政；公孙五楼兄公孙归为冠军、常山公，叔父公孙颓为武卫、兴乐公，公孙一族肆意专权。在诸如此类变故中，不断有人从南燕逃亡至北魏、后秦等地。对外方面，南燕向后秦称藩，并试图控制淮南。公元 409 年二月，南燕攻陷宿豫（今江苏省泗阳县），但未能进一步扩大自身势力。当时东晋镇压了桓玄叛乱的刘裕，以车骑将军身份掌握实权。刘裕于三月亲自上阵攻打南燕，于六月包围广固。公元 410 年二月，广固被攻陷，慕容超被刘裕捕获，南燕灭亡。随后慕容超在被押送到建康后杀害。

南燕传 2 主，历 13 年。统治范围有今山东、河南、江苏各一部分。公元 410 年二月，南燕亡于东晋。

1. 武帝慕容德

公元 398 年一月，慕容德自称燕王，史称南燕。慕容德为前燕文明帝慕容皝子，母为辽东公孙氏。慕容德身体魁伟，博览群书，有识有胆。前燕时期，历任幽州刺史、散骑常侍，册封范阳王。公元370年前燕灭亡后归顺前秦，苻坚授其张掖太守。苻坚率军攻打东晋时，授其奋威将军。苻坚失败后，慕容德跟随慕容垂叛前秦建后燕，被慕容垂授为车骑大将军，复封范阳王，参决政事，之后升任司徒。慕容宝继位，任慕容德为车骑大将军、冀州都督、护南蛮校尉，镇守邺城。

公元397年北魏攻占后燕都城中山，慕容宝北奔龙城，后燕被南北隔断。北魏将领拓跋章攻打邺城，慕容德派南安王慕容青等夜袭并击败拓跋章。北魏复派辽西公贺赖卢率领骑兵与拓跋章联合围攻邺城，慕容德请后秦姚兴救援无果，便亲赏将士，抚慰人心，最终击败拓跋章。但面对北魏进逼，慕容德放弃邺城，于公元398年率众迁往滑台（今河南滑县东）后，依燕元旧例自称燕王，建立南燕。东晋南阳太守闾丘羡、宁朔将军邓启方率军来攻，慕容德派中军将军慕容法、抚军将军慕容和打败晋军。

当初，前秦苻登被姚兴消灭后，苻登弟苻广率部落投降慕容德，慕容德任其为冠军将军。后苻广自称秦王，打败慕容德将领慕容钟。慕容德亲自率军讨伐斩杀苻广，平息叛乱。

慕容德认为，滑台进有强大敌人，退无安身之地，便率军继续向南。慕容德一路探访当地长者，严禁军队行掠，兖州北部各县纷纷投降。慕容德进据琅邪，徐兖两州十多万人归附，琅邪以北四万多人迎接。慕容德进入广固后，于公元400年称帝，改年号建平。

时东晋内外交困，无暇北伐；北魏正酣战于西、北二地，无暇东顾。慕容德借机休养军队，鼓励耕种，积储粮食，审核户籍，炼铜煮盐，加快发展经济；慕容德建立学官，聚集儒生，亲自策试，挑选公卿以下子弟为太学生，一时声名鹊起。这时，手握西府军权的桓玄作乱篡晋，众多东晋避难者逃亡至南燕，南燕人口大增，慕容德一时拥兵近四十万。

公元405年，慕容德从长安接回兄慕容纳子慕容超。同年九月，慕容德病重，因其无子，急立慕容超为太子。不久慕容德病逝，其在位8年，终年70岁。

2. 慕容超

慕容德去世后，太子慕容超即位。慕容超为前燕北海王慕容纳子、南燕献武帝慕容德侄。

公元370年前秦苻坚灭前燕，任慕容纳为广武太守，后慕容纳辞官居张掖（今甘肃张掖）。公元383年慕容德南征时，留金刀于慕容纳。慕容纳兄慕容垂建后燕围攻前秦太子，前秦张掖太守苻昌尽诛慕容纳、慕容德诸子及家人。时慕容纳母公孙氏年老、妻段氏有孕而免死下狱，狱吏呼延平原为慕容德手下小吏，曾犯死罪被慕容德赦免。为报慕容德大恩，呼延平护送公孙氏及段氏逃往羌人居住地，后段氏生慕容超。

公孙氏去世前，传金刀于十岁慕容超，嘱咐慕容超一定要带着金刀面见叔父慕容德。其后，呼延平又带慕容超母子投奔后凉吕光。后凉吕隆投降后秦，慕容超母子被迁往长安（今陕西西安）。呼延平去世，慕容超母亲做主，慕容超娶呼延平女为妻。

慕容超担心被后秦姚兴识破心机，便装疯行乞骗得行动自由。慕容德派人接慕容超，慕容超立即不顾一切独身回广固，向慕容德出示金刀、禀告祖母遗言。慕容德封慕容超为北海王，授侍中、骠骑大将军、司隶校尉。慕容德无子，欲以慕容超继嗣；慕容超心领神会，极意奉事慕容德、谦恭对待后燕贤士，博得内外嘉许，终于如愿以偿。

慕容超治国无新措，然好淫乐，宠奸臣，重赋税，杀功臣，应有尽有。初即位，担心前朝重臣慕容钟权势，便有意信任公孙五楼，逼慕容钟挖地道出青州，单人投奔后秦姚兴。侍中、尚书、兼领左卫将军的公孙五楼专擅朝政，其兄公孙归为冠军、常山公，叔父公孙颓为武卫、兴乐公，公孙五楼宗族兄弟尽在慕容超左右，朝野广传要封侯，奉五楼。

公元 409 年夏，东晋刘裕率军讨伐慕容超，慕容超领兵四万奔临朐。刘裕派精锐兵马攻破临朐，慕容超逃回广固，迁外城居民到内城固守，派尚书郎张纲向姚兴请求救兵。刘裕军队四面合围广固城，而姚兴与夏苦战无暇他顾，南燕人心离散，出城投降者接连不断。次年二月，慕容超裹身边数十人出城逃跑，被刘裕军队生擒，南燕亡。刘裕押送慕容超到建康（今江苏南京），斩其于街市。慕容超在位 6 年，终年 26 岁。

十九、西　凉

（400 年—421 年）

公元 400 年十一月，北凉敦煌太守、镇西将军李暠叛北
凉，自立为冠军大将军、沙州刺史、凉公，史称西凉。

李氏世为凉州大姓，史书载李暠为西汉将军李广十六世
孙。李暠高祖李雍、曾祖李柔曾任西晋郡太守，祖父李弇为前
凉武威将军、安世亭侯。世代为官的李家，一直处于河西汉人
豪族社会的中心位置。李暠也曾出仕后凉，而且在河西汉人中
具有很高的威望。公元 397 年沮渠男成兄弟起兵后，推举段业
为凉州牧，段业以敦煌太守孟敏为沙州刺史，以李暠为效谷县
令。公元 398 年孟敏去世后，当地名流推举李暠为宁朔将军、
敦煌太守，并向段业称臣。段业任命李暠为安西将军、敦煌太
守，兼任护西胡校尉。事实上，从此李暠已经割据一方，统治
敦煌。公元 399 年，段业自称凉王，索嗣欲杀李暠反被李暠击
败，段业杀索嗣，派遣使者向李暠道歉，并分出敦煌郡的凉
兴、乌泽，晋昌郡的宜禾三县设置凉兴郡，升任李暠为持节、
都督凉兴以西诸军事、镇西将军，护西夷校尉。

位于丝绸之路重要节点的敦煌，为联结东西商业贸易的枢纽，经济发展一直好于周边。在前凉、前秦统治时期，敦煌通过整备水利设施和实施徙民政策，经济实力得到增强，人口也进一步增加。在这种经济社会背景下，敦煌出现了阴氏、党氏、李氏、张氏等拥有强大政治势力的汉人豪族。在这些豪族的推举下，李暠成为敦煌首领。公元400年十一月，北凉晋昌太守唐瑶反叛北凉投靠李暠，向敦煌、酒泉、晋昌、凉兴、建康、祁连六郡传发檄文，推举李暠为大将军、护羌校尉、秦凉二州牧、凉公，李暠借此机会宣告独立。次年沮渠蒙逊攻杀段业，段业手下汉人尽投西凉。

在中原地区长期战乱频繁动荡不定时期，西凉为中原受害之众最为理想的避难之地，经常有中州避难者相继而来。为便于向东方发展，公元405年九月李暠攻占并移都酒泉，迁徙两万三千户于酒泉一带，以内地流民汉人一万户侨置会稽、广夏二郡，余户分置武威、武兴、张掖三郡。之后，又遣折冲将军宋繇东伐凉兴，并击玉门以西伊吾、高昌所辖诸城，遂屯兵玉门阳关，置西戎校尉府，又于高昌郡设立五经博士。之后，西凉北防柔然，南御吐谷浑，联结南凉，痛击北凉，北凉统治下的酒泉、凉宁（今甘肃省酒泉市）归顺西凉，原后凉范围内酒泉以西领土全部为西凉所有。

为稳定政局，西凉录用令狐、张、宋氏等敦煌汉人望族进入政权中枢，广泛吸收敦煌东部汉族，注重弘扬中原文化。面对中原地区儒家文化惨遭破坏的情况，西凉虽与中原偏安王朝阻隔而偏居西陲，但仍能够以弘扬儒家文化为己任，采取兴儒重农政策，大规模屯田，推行促进开垦、发展水利等措施，致力于农耕与养蚕，主动与西域诸国展开贸易，成为经济上较为安定的社会。李暠广开言路，修筑议政堂，收集各方意见，堂内绘图盛赞中原古圣先贤、圣帝明王、忠臣孝子、烈士贞女，实施汉代的选举制度，任用具有儒学教养的人员为官吏；大力奖励儒学，敦煌修建学宫，各郡设置五经博士，负责传授经学，设立县学、州学和医学，广招学生就读，吸引聚集中土大批文人名流，敦煌一时成为中国西陲边疆传播汉文化和儒学思想的中心，为汉族文化的保存和发展做出了重要贡献。尤其在音乐歌舞方面，西凉整理汉代以来产生于古凉州的西凉乐舞，广泛融合当地音乐、中原古乐、龟兹音乐和天竺音乐，产生了《秦汉伎》等一批尊为西凉国乐的乐舞代表作。西凉乐分为以声乐曲为主的歌曲、器乐曲为主的解曲和舞曲三种，著名乐曲有《永世乐》《神白马》《万世丰》《燕支行》《于阗佛曲》《部落稽》《钜鹿公主》《白净王》《太子企喻》等，主要反映各民族生活和佛教活动，曲调娴雅柔婉、活泼动人。西凉乐舞中的舞蹈，有单人表演的白舞和四人合舞的方舞。当时西凉的《胡旋舞》《胡腾舞》《柘枝舞》《狮子舞》等，除了经常在宫廷表演外，每遇盛大节日、传统性活动以及佛教活动，百姓也广泛参与，到处翩翩起舞。据专家考证，敦煌石窟中第220窟的乐舞图壁画，所表现的正是演奏《西凉乐》的场面。壁画中乐队共28人，分为两组，左右相对，乐工或上身袒露，或斜披天衣，肤色、发式各不相同，演奏来自中原和西域、域外传入的各种打击、吹奏、弹拨乐器。乐器有筝、排箫、竖笛、方响、筚篥、五弦、横笛、腰鼓、都昙鼓、答腊鼓、羯鼓、毛圆鼓、拍板、钹、竽、箜篌、法螺等。两队舞伎素裹白裙，或锦衣石榴裙，在灯火辉煌、器乐协奏中翩翩起舞，微妙传神。

然而，公元412年北凉迁都姑臧，南凉加速衰退，北凉全力挤压西凉，柔然、吐谷浑等民族频频入侵。公元417年二月李暠病逝，继任世子李歆，于公元418年十月被东晋任命为镇西大将军、护羌校尉，封酒泉公，但李歆欲高智短，在公元420年七月的战斗中，西凉落入北凉陷阱，最终败北，李歆战死，酒泉陷落。李歆诸弟逃至敦煌，三弟李恂在敦煌承继凉州刺史之位。北凉穷追不舍，公元421年三月敦煌陷落，李恂自杀，西凉灭亡。西凉传3主，历22年，统治区域有今甘肃西部，公元421年三月亡于北凉。

1. 昭武帝李暠（hǎo）

公元400年十一月，北凉敦煌太守李暠叛北凉自立，史称西凉。李暠为汉将李广后代，世为西州大姓。李暠性情沉静聪慧，宽厚谦和，自幼尊儒好学，年长后精通武艺，通读经史，诗文俱佳。公元397年三月，后凉建康太守、京兆人段业自称凉州牧，建立北凉政权，任命敦煌太守孟敏为沙州刺史，委任李暠为效谷县令。李暠同母异父弟宋繇担任段业中散常侍。

　　李暠为效谷县令期间，勤政爱民，受众拥戴。孟敏去世，敦煌护军郭谦、沙州治中索仙等人推举李暠担任宁朔将军、敦煌太守，不久进号为冠军将军，并向段业称臣。段业任命李暠为安西将军、敦煌太守，兼任护西胡校尉。公元399年段业自称凉王，北凉右卫将军索嗣唆使段业放逐李暠，段业让索嗣代替李暠担任敦煌太守。索嗣率五百骑兵前往敦煌任职，李暠先派宋繇前去拜见索嗣，用恭顺谦诚的好话将其稳住。接着派儿子李歆与张邈等带兵攻击索嗣，索嗣大败而走，逃回张掖。李暠曾与索嗣结为生死之交，索嗣背信弃义反而排挤李暠，李暠更加痛恨，于是向段业上疏索嗣罪状，请求处死索嗣。辅国将军沮渠男成也讨厌索嗣，便劝段业斩草除根。段业于是杀索嗣，遣使向李暠道歉，并分出敦煌郡的凉兴、乌泽，晋昌郡的宜禾三县设置凉兴郡，升任李暠为持节、都督凉兴以西诸军事、镇西将军，兼任护西夷校尉。

　　公元400年，北凉晋昌太守唐瑶反叛北凉，向敦煌等六郡传发檄文，推举李暠为冠军大将军、沙州刺史、凉公。李暠抓住时机建立西凉政权，建年号庚子。公元401年，李暠遣使捧奏章向后秦纳贡。次年后秦姚兴任命李暠为安西将军，封高昌侯。公元405年十月，李暠与长史张邈商议，决定迁都城于酒泉，以便对北凉施加威胁与压力，于是任命张体顺为建康太守镇守乐涫，任命宋繇为敦煌护军镇守敦煌。

　　公元405年十月，李暠迁都酒泉，敦促奖励发展农业生产，积极通商西域，连年五谷丰登，百姓安居乐业。后来沮渠蒙逊来犯，李暠诚恳立约，志在和好。公元410年，沮渠蒙逊背约入侵，李暠派太子李歆截击打败北凉军，擒获北凉将领沮渠百年。

李暠建国后，以息兵按甲、务农养士为指导思想，政治上努力做到知人善任，积极纳谏，执法宽简，赏罚有信，号召因战乱而背井离乡的百姓返回家园，重视农桑，并给这些重返家乡的百姓以优惠待遇和资助，很快就有二万三千多户逃民迁回敦煌。为了统一河西，李暠派遣重臣宋繇东征凉州，西击玉门，获得全胜。随后，李暠实施寓兵于农措施，将大批军队开到玉门关、阳关等地屯田，广积粮谷作为东伐资本，使敦煌因战乱而遭到破坏的经济，很快得以恢复和发展。

李暠执政后，广开言路，重视儒学，珍惜人才，知人善任，积极振兴文化教育。在他统治的西凉境内，当时好多文人名流都前来投靠，著名地理学家阚骃，经济学家宋繇，教育学家刘昞等，都得到李暠重用，一时群英聚集敦煌。李暠曾在南门外水边修建殿堂，取名为靖恭堂，作为与朝臣商议朝政、检阅武备的处所。为振兴文教，培养儒士，李暠修建学校，增收富贵人家学生五百人，并在各郡设置五经博士，负责传授经学。李暠本人也著有《靖恭堂颂》《述志赋》《槐树赋》等传世作品。

公元417年二月，李暠病逝，其在位18年，终年67岁。公元743年，唐玄宗李隆基追尊李暠为兴圣皇帝。

2. 李歆

李暠去世，太子李歆即位。李暠建立西凉，曾立长子李谭为太子。公元404年李谭去世，李暠于同年立李歆为太子。公元410年，沮渠蒙逊背弃盟约前来侵犯，李暠派李歆打败北凉军，擒获北凉将领沮渠百年。

李歆继位后，沮渠蒙逊派张掖太守沮渠广宗诈降，引诱李歆出兵迎接。沮渠蒙逊率领三万士兵埋伏蓼泉，被李歆识破。李歆率兵回撤，沮渠蒙逊率众追击，被李歆斩杀七千多人。公元418年九月，李歆派人出使东晋。十月，东晋任命李歆为持节、都督七郡诸军事、镇西大将军、护羌校尉、酒泉公，实现其父久盼之愿望。

李歆用刑过于严厉，又喜欢大造宫殿，公元419年五月，从事中郎张显上疏劝告李歆发展农耕、怀柔远方、宽大统治、简单刑罚，李歆看过奏章非常不高兴。主簿汜称也上疏劝告李歆礼遇英才俊杰、爱护臣属民众、停止兴建宫室、减少游狩娱乐，李歆反感而不听从。加之李歆贪功好战，多次对北凉用兵，而智谋实力远逊于沮渠蒙逊，失败在所难免。公元420年，沮渠蒙逊使诈往东进攻西秦浩亹，大军一到浩亹立即秘密回师，等待李歆上钩。李歆得知沮渠蒙逊东进的消息，认为北凉西部防务空虚，便怒斥劝谏者，亲自率兵向东进攻张掖。沮渠蒙逊半道围攻，李歆大败。众将劝李歆退军保卫都城酒泉，李歆执意率领将士与北凉二次决战，西凉军大败，李歆被沮渠蒙逊所杀。李歆在位 4 年，生年不详。

3. 李恂

李歆被杀，众将西撤，推举李暠第三子李恂即位。公元420 年，北凉击败西凉，杀死李歆，攻占西凉都城酒泉，李歆弟李恂及众兄弟逃往北山。

李歆在位时，担任敦煌太守的李恂亲民敬业，受民拥戴。李恂败逃北山，正值公元 420 年冬季。敦煌人宋承、张弘秘密请李恂回敦煌，拥立李恂为主。沮渠蒙逊派世子沮渠德政率军进攻敦煌，李恂与众紧闭城门不战。公元 421 年春天，沮渠蒙逊亲率两万兵众攻打敦煌。同年三月，沮渠蒙逊修筑长堤引水灌敦煌。李恂请降，沮渠蒙逊拒绝。李恂派壮士决堤未成，沮渠蒙逊攻克敦煌，李恂自杀，西凉灭亡，敦煌被屠城。李恂在位 2 年，生年不详。

二十、西 蜀

（405 年—413 年）

公元 405 年二月，变兵杀东晋益州刺史毛璩（qú），强拥毛璩参军谯纵为成都王，史称西蜀。

公元 405 年，桓玄子桓振率军攻陷东晋都城江陵、俘东晋安帝、篡东晋大权。东晋命益州刺史毛璩率兵讨伐桓振，毛璩命参军谯纵及其将侯晖率诸县氐人，沿涪江东下讨伐桓振。行军途中，蜀兵不愿辞别故土远去征战，将领侯晖遂与杨昧合谋，借兵将不愿离开故土的情绪发动兵变，武力威逼谯纵为盟主。于是，谯纵自称梁、秦二州刺史。之后谯纵随军攻陷成都，自称成都王。

西蜀立国得益于东晋桓氏作乱，致使朝廷一时无暇顾及长江上游。西蜀建立，谯纵为百姓休养生息，一度罢武息兵，受到百姓拥戴。然而四川独立，东晋安危受到威胁，来自下游的攻击必不可少。因此，西蜀于公元 407 年向后秦称藩。同年，刘裕命襄阳太守刘敬宣率领五千兵马征讨西蜀。刘敬宣进入三峡后，派巴东太守温祚带二千士兵出外水，自带益州刺史沿江开进。谯纵求救后秦，后秦姚兴派兵二万相救。刘敬宣来到黄虎，距成都五百里，西蜀辅国将军谯道福率众据险抵御，两军僵持六十多天，刘敬宣未能前进一步，后因粮草耗尽而退兵。公元409年，后秦姚兴封谯纵为蜀王。次年，谯纵以桓谦为荆州刺史，以谯道福为梁州刺史，起兵2万攻东晋荆州。后秦姚兴也令前将军苟林统骑兵前来相助，并派人与东面卢循相通。谯道福攻破巴东（今奉节），杀死东晋守将时延祖等。桓谦率兵进入荆州，招集旧部，得2万余人，进驻江陵西北的枝江。苟林的骑兵在寻阳击败入援建康的司马镇之，进军到江陵东南的江津。东晋江陵处在两面夹击之中，都城建康又受到户循进攻，不但没有援兵，音信也阻隔不通。这时，驻守嘉陵江的刘道规安定部众，雍州刺史鲁宗之率数千人由襄阳南下援救。于是，他们率全军之众首先打败桓谦，回师打败苟林，取得反击战的胜利。西蜀经此失败，再也无力向东晋进攻。

公元413年，刘裕任西阳太守朱龄石为益州刺史，宁朔将军臧喜、下邳太守刘钟、兰陵太守蒯恩等率军两万，从江陵出发征讨西蜀。朱龄石进驻白帝城，西蜀派谯道福重兵据守涪城。朱龄石的军队进驻平模，离成都二百里，西蜀派大将军侯晖、尚书仆射谯诜屯聚平模。朱龄石各路全面推进，斩杀侯晖等人。不久，西蜀各地守军相继瓦解，谯纵出逃，西蜀尚书令马耽封仓库等待官军进城。朱龄石进入成都，杀死谯纵宗亲。谯纵逃出成都，叩别祖茔后自缢而死，西蜀亡。西蜀传一世，立国9年，统治区域有今成都周边，公元413年三月亡于东晋。

蜀王谯纵

公元 405 年二月，东晋安西府参军谯纵攻陷成都，自称成都王。

谯纵为巴西南充（今四川南部县）人，出身世家大族。生活在东晋后期的谯纵，从小目睹了军阀混战、民不聊生的社会现实，立志要做救民于水火的一番事业。于是，谯纵怀着济世安民之志投军，由于武艺高强，足智多谋，讲究义气，乐于助困，在军中有着较高威望，不断建功升职，直到升任负责参谋军务的安西府参军。

公元 405 年一月，东晋荆州刺史桓振挟安帝司马德宗，以谋割地称雄，二月桓振攻陷江陵。东晋下旨，命益州刺史毛璩率兵东下长江讨伐桓振，益州刺史毛璩派谯纵和侯晖等人率领各县氐人东下。侯晖早有反叛之心，借梁州人不愿东下的情绪，有意攻打平西将军、益州刺史毛璩，便与巴西人阳昧谋划，在五城水口共同逼迫谯纵为盟主。谯纵不肯听从，纵身投江躲避，侯晖从水中救起谯纵再次请求，最后用兵器逼迫谯纵坐在车驾上回军，率兵在涪城袭击毛璩弟西夷校尉毛瑾，攻陷涪城，杀死毛瑾。事已至此，谯纵便自称梁、秦二州刺史。

毛璩来到略城（今四川省盐亭县西南），听说军中发生叛乱，飞马回成都，派遣参军王琼率兵三千征讨谯纵，又派弟毛瑗率四千兵在王琼后边继进。谯纵派弟谯明子及侯晖在广汉抵御王琼，王琼打败侯晖，追到绵竹。谯明子设两路伏兵等待，大败王琼军，官军死亡十之八九。益州营户李腾打开城门迎入谯纵的军队，杀毛璩与其弟毛瑗，屠灭毛璩全家。谯纵入据成都，自称成都王，建立西蜀政权，任命堂弟谯洪为益州刺史，弟谯明子为镇东将军、巴州刺史，率五千人屯驻白帝城。一时，东晋及周边政权内忧外患，无暇顾及西蜀，谯纵便罢兵息战，让人民休养生息，受到百姓拥戴。

公元 407 年九月，谯纵向后秦遣使称臣。次年五月又派使节前往后秦，请求为后秦藩属。公元 409 年正月，姚兴遣使节册封谯纵为大都督、相国、蜀王，加授九锡，并可奉制书直接任命官员、封赏爵位，所用礼仪等同君王。公元 410 年九月，谯纵派遣侍中谯良等人前往后秦，请求后秦出兵讨伐东晋。谯纵任命桓谦为荆州刺史，任命谯道福为梁州刺史，率领二万军队进攻东晋荆州，姚兴派遣前将军苟林率领骑兵与西蜀配合作战。

公元 413 年，刘裕任西阳太守朱龄石为益州刺史，率宁朔将军臧喜、下邳太守刘钟、兰陵太守蒯恩等，从江陵出发征讨谯纵。朱龄石挥师进兵，谯纵各地守军相继瓦解。公元 413 年七月初五，谯纵放弃成都出逃，尚书令马耽封存府库等待东晋军队。七月初九日，朱龄石进入成都，诛杀谯纵亲属。出逃的谯纵拜过祖陵后自缢。谯纵在位 9 年，生年不详。

二十一、夏

（407 年—431 年）

公元 407 年六月，后秦安北将军赫连勃勃叛后秦自立，自称大夏天王。公元 418 年十月赫连勃勃围长安，在打败屯驻长安的东晋刘裕子刘义真后，于当年十二月在长安东郊即皇帝位。

赫连勃勃祖上为南匈奴后裔，被称为铁弗匈奴，内迁后改姓刘，与前赵刘渊同族。前赵刘聪在位时，赫连勃勃曾祖刘虎受封楼烦公，任安北将军、监鲜卑诸军事、丁零中郎将，据肆卢川。刘虎被鲜卑拓跋部首领拓跋猗卢打败后，出居塞外。赫连勃勃祖父刘务桓招集部众，其部再度强盛，后赵皇帝石虎派使任刘务桓为平北将军、左贤王、丁零单于。公元 359 年四月，赫连勃勃父刘卫辰继承铁弗部，入居塞内。刘卫辰在归顺代国的同时，积极投靠前秦，因此遭到代国攻击。公元 374 年刘卫辰逃至前秦，被前秦苻坚任命为西单于，督摄河西各部族。公元 376 年，前秦大举进攻代国，刘卫辰担任先导，在灭代战役中勇立大功。前秦灭代后，将代国领土以黄河为界分为东西两部分，刘卫辰领其中的西部，屯居于代来城（今陕西省榆林市）。淝水之战后前秦分裂，刘卫辰据朔方，拥有军队三万八千人，曾与西燕、后赵合作，图谋在朔方独立。公元391年十一月，北魏发兵攻击，刘卫辰被杀。

当时，刘卫辰子赫连勃勃投奔叱干部。叱干他斗伏慑于北魏压力，要送赫连勃勃给北魏。就在赫连勃勃被送往北魏的路上，叱干他斗伏侄叱干阿利派猛士抢走赫连勃勃，送到后秦高平。高平公没奕于收留赫连勃勃，并嫁女给赫连勃勃为妻。之后，赫连勃勃见后秦皇帝姚兴，得到姚兴格外赏识。姚兴任命赫连勃勃为骁骑将军，加任奉车都尉，经常参预朝廷军国大事。公元406年，姚兴任命赫连勃勃为持节、安北将军、五原公，并将五部鲜卑以及杂胡二万多落配给赫连勃勃，任赫连勃勃为安北将军、五原公，命其镇守朔方，为赫连勃勃崛起和大肆屠戮后秦提供了人力和地盘。当时，河西鲜卑杜崘向姚兴进献八千匹良马。马匹渡过黄河到达大城时，赫连勃勃率兵将马匹全部扣留，后召集三万多人以前往高平游猎为名，袭杀收留自己的恩人和岳父没奕于，将没奕于的军队和地盘全数兼并。公元407年六月，赫连勃勃自称天王、大单于，叛秦自立。赫连勃勃认为匈奴为夏启后代，故以国号为大夏。同年，赫连勃勃攻击并打败鲜卑薛干等三部，收降一万多人。接着侵掠后秦三城以北的各处边防驻军，杀死后秦将领杨丕、姚石生等。这时的后秦姚兴，悔叹当初未听君臣劝告，以致养虎成患到如此地步。

大夏以鄂尔多斯为中心，主要以游牧抢掠为主。公元407年十月，赫连勃勃曾向南凉秃髪傉檀提出娶其女为妻，秃髪傉檀没有答应。赫连勃勃遂率领二万骑兵攻打秃髪傉檀，从杨非到支阳一直攻击三百多里，屠杀一万多人，抢掠二万七千人和数十万牛马羊后回辙。秃髪傉檀率领军队追击，赫连勃勃转身斩杀秃髪傉檀将领和士兵一万多人，命令兵士以败军尸首头颅向外叠垒成高台，取名曰髑髅台。同年十月，姚兴派将领齐难率领二万军队攻打赫连勃勃，赫连勃勃退至河曲寻找战机。齐难以为赫连勃勃远遁，便放纵士兵四处抢掠，赫连勃勃派兵伏击齐难，俘获七千多人。齐难领兵后退，赫连勃勃又追击到木城擒获齐难，俘获一万三千人，一万匹战马。接着，夏连年对后秦的定阳、三城、安定、平凉、略阳等地展开攻击。赫连勃勃和后秦将领张佛生在青石原交战，打败张佛生，杀死五千多人，岭北夷人、汉人纷纷降归赫连勃勃。

公元413年，赫连勃勃征发十万人，在无定河上游北岸地区（今陕西省靖边县）构筑统万城，并定都于此。赫连勃勃筑此城时，以极其残忍的手段对待劳工，在黏土、石灰加水混合后筑起的城墙上，锐利锥刃刺入城墙一寸者，施工人员即刻刀下毙命，尸体被筑进墙体。

赫连勃勃定都统万城以后，加紧进攻陇东关东地区。公元417年八月东晋刘裕灭后秦，占领长安（今陕西省西安市）。同年十二月，赫连勃勃占领关中平原，并于次年十月围长安。在打败驻屯长安的东晋刘裕子刘义真后，赫连勃勃于当年十二月在长安东郊即皇帝位。

公元 424 年，赫连勃勃意欲废太子赫连璝为秦王，立酒泉公赫连伦为太子。赫连璝听说父亲要废黜自己而立赫连伦为太子，于是率兵七万北伐赫连伦，赫连伦率骑兵三万抵抗，在平城被赫连璝所败，赫连伦被杀。太原公赫连昌率骑兵一万袭杀赫连璝，然后率兵八万五千回到统万，赫连勃勃立赫连昌为太子。

赫连勃勃于公元 425 年八月去世，赫连昌继承其位。其后北魏接连攻击夏，并于公元 427 年六月攻陷统万城。逃往上邽的赫连昌于公元 428 年二月被俘获，押送至北魏首都平城（今山西省大同市）。在平凉即位的赫连昌弟赫连定，在北魏攻击下，于公元 430 年十一月转移至上邽。公元 431 年一月，赫连定率兵灭西秦。同年六月，赫连定在渡过黄河西去攻击北凉的途中，被吐谷浑捕获，大夏灭亡。吐谷浑于翌年送赫连定至平城，赫连定被北魏处死。大夏传 3 主，历 25 年，统治区域有今陕西、山西、内蒙古、甘肃、宁夏各部分，公元 431 年六月亡于吐谷浑。

1. 武烈帝赫连勃勃

公元 407 年六月，赫连勃勃叛后秦自称大夏天王。十年后，赫连勃勃夺得长安后即皇帝位。

赫连勃勃本名刘勃勃，为南匈奴铁弗部后裔，祖上内迁后改为刘姓。父亲刘卫辰被前秦苻坚任命为西单于，母亲为前秦公主苻氏。刘卫辰被杀时，刘勃勃投奔叱干部。在被叱干部送交北魏的路上逃脱，投奔后秦高平公没奕于，没奕于收留并嫁女于刘勃勃。

刘勃勃身体魁梧，外表华美，很受后秦姚兴看重。姚兴任刘勃勃为骁骑将军，加任奉车都尉，经常参预军国大事。公元406年，姚兴任命刘勃勃为持节、安北将军、五原公，将五部鲜卑以及杂族二万多落交给他，派其镇守朔方。远离帝都的刘勃勃野心勃发，以探望为名杀死岳父，尽得高平、朔方精锐，即刻举兵攻打恩主姚兴，以显赫连天之意弃刘姓而改姓为赫连，并于公元407年六月，叛后秦自称天王、大单于。同年，赫连勃勃讨伐鲜卑薛干等三部，收降一万多人；征伐后秦三城以北各处边防驻军，杀死后秦众多将领。

赫连勃勃自立初，请求娶南凉秃髮傉檀女为妻，秃髮傉檀没有答应。赫连勃勃便率二万骑兵攻打秃髮傉檀，杀伤一万多人，抢掠牛羊马匹数十万。赫连勃勃与后秦将领张佛生在青石原交战，打败张佛生，杀死五千多人。姚兴派将领齐难率二万军队攻打赫连勃勃，赫连勃勃伏击齐难，齐难领兵后退，赫连勃勃追击，擒获齐难，俘获一万三千人及万匹战马。赫连勃勃派尚书金纂率领一万骑兵攻打平凉，姚兴赶往救援，两军苦战，赫连勃勃连破城池，屠城坑杀掳掠残暴至极。

公元413年，赫连勃勃征发十万民夫在朔方水北、黑水之南（今陕西靖边北）修筑都城，意欲统一天下、万邦来朝，取名统万城。赫连勃勃听说后秦将领姚嵩和后仇池杨盛相持不下，即率四万骑兵袭击上邦。时姚嵩已被杨盛杀死，赫连勃勃攻打上邦，二十天攻克，杀死后秦秦州刺史姚平都和五千官兵，毁城而去。接着进攻阴密，杀死后秦将领姚良子和一万多官兵，任命儿子赫连昌为使持节、前将军、雍州刺史，镇守阴密。姚泓将领姚恢丢下安定逃奔长安，安定人胡俨、华韬率领五万户占据安定，向赫连勃勃投降。赫连勃勃前往雍城进攻姚泓的将领姚谌，姚谌逃回长安。赫连勃勃率军前进，驻扎郿城，姚泓派将领姚绍抵抗，赫连勃勃退据安定，姚泓在岭北的郡县全都投降，后秦岭北之地尽被赫连勃勃占领。

公元 417 年，刘裕灭后秦入长安，留儿子刘义真镇守。赫连勃勃指挥多路骑兵攻长安。刘义真内讧不断，出战不利，召军队入城，闭门坚守。赫连勃勃占据咸阳，封锁通向长安道路。刘裕急命刘义真东往洛阳，刘义真一路大肆抢掠，赫连勃勃军追击刘义真，刘义真大败而逃。公元 418 年，赫连昌在潼关的曹公故垒攻打朱龄石和龙骧将军王敬，攻克并抓获朱龄石和王敬，送到长安。赫连勃勃在灞上筑起坛场，即皇帝位，改年号为昌武。

赫连勃勃派将领叱奴侯提率兵二万到蒲坂，进攻东晋的并州刺史毛德祖，毛德祖逃到洛阳。赫连勃勃任命叱奴侯提为并州刺史，镇守蒲坂。赫连勃勃在长安设南台，任命赫连璝兼领大将军、雍州牧、录南台尚书事。赫连勃勃回到统万城，因为宫殿大规模建成，于是在都城南部刻石歌颂自己功德。

赫连勃勃生性残暴，视人如蚁，遇不顺眼者挥刀即杀。蒸土筑城，锥进一寸尽杀施工之人；督令制造兵器，弓箭射甲不入斩弓匠，射入甲胄杀制甲人；见人目光不悦刺双眼，看人面带笑容割双唇，残酷暴虐旷世不二。公元424年，赫连勃勃改立赫连昌为太子。公元425年八月，赫连勃勃病逝，其在位19年，终年45岁。

2. 昌秦王赫连昌

赫连勃勃去世，太子赫连昌即位。赫连昌为赫连勃勃第三子，身材伟岸，容颜可人。公元424年十二月，赫连勃勃准备废黜太子赫连瑱而改立幼子酒泉郡公赫连伦。赫连瑱听到这个消息，立即率兵七万北上进攻赫连伦。赫连伦率兵三万迎击，双方在高平大战，赫连伦兵败被杀。赫连昌奉命率骑兵袭击赫连瑱，将其斩首。赫连勃勃高兴，立赫连昌为太子。

公元425年八月赫连勃勃去世，太子赫连昌继位，改年号为承光。第二年，北魏太武帝拓跋焘听闻赫连勃勃去世，即以轻骑一万八千渡过黄河袭击赫连昌。时值冬至季节，赫连昌正在大宴群臣，魏军突然将至城下，赫连昌上下一时惊恐不安。拓跋焘的部队到达黑水，离城三十余里，赫连昌仓促出战。拓跋焘驰马攻击，赫连昌难以抵挡，急忙退却入城，城门未及关闭，北魏士兵乘胜进入城内，焚烧西门。次日，魏军分兵四面出击，掠抢该城居民，杀死或活捉数万人，迁徙一万多家居民、驱赶十几万牛马而归。

公元 427 年六月，赫连昌派遣弟赫连定在长安与北魏司空奚斤对峙，拓跋焘乘其空虚又西出征伐，渡过君子津，率三万轻骑日夜兼程而进。兵近统万城，拓跋焘分兵埋伏深谷，以少数兵力到统万城下挑战。赫连昌带步骑三万出城，魏军佯败，赫连昌追杀，魏军卷土折回，赫连昌大败，来不及进城，只好奔逃上邽（今甘肃天水），魏军攻克统万城。

公元 428 年，北魏平北将军尉眷围攻赫连昌所在的上邽，赫连昌退到平凉据守。北魏大将奚斤率领军队抵达安定，与娥清、丘堆率领的大军会师。奚斤军中战马染上瘟疫，大批死亡，士卒缺乏粮饷，只好深挖沟堑，营造堡垒固守。奚斤派遣丘堆率军队到乡村抢粮。北魏士卒只顾大肆烧杀抢掠，赫连昌乘机进攻，北魏军大败，丘堆只带几百名骑兵逃回安定。赫连昌乘胜追击，每天到城下抢掠，魏军得不到粮秣，而奚斤以战马太少为由不肯决战，监军侍御史安颉暗中谋划，挑选精骑等待时机。不久，赫连昌果然又来攻城，安颉出城应战。赫连昌亲自出阵与安颉交锋，北魏士卒认出赫连昌，争相围攻不舍，赫连昌抵挡不住，打马逃走，安颉在后紧追。赫连昌的坐骑栽倒，赫连昌坠马被擒。

公元 428 年三月，赫连昌被押解到平城。北魏太武帝拓跋焘安排赫连昌住在西宫，饮食用具似皇帝，又嫁妹始平公主于赫连昌，封赫连昌为常忠将军、会稽公。公元 430 年三月，拓跋焘进封赫连昌为秦王。公元 434 年闰三月十一日，赫连昌背叛北魏，向西逃走。闰三月十三日，北魏河西边哨将领抓住并杀赫连昌。拓跋焘在核实赫连昌谋反的事实以后，下令将赫连昌所有兄弟全部诛杀。赫连昌在位4年，生年不详。

3. 平原王赫连定

赫连昌被擒，赫连昌弟、赫连勃勃第五子赫连定收拾残兵逃回平凉，自立即位。

公元427年正月，北魏拓跋焘前往幽州。赫连昌意欲收复长安，派赫连定率军二万，与北魏大将奚斤在长安对峙。当年六月，统万城陷落，赫连定逃往上邽与赫连昌会合。赫连昌进封赫连定为平原王，官拜司徒、大将军。公元428年二月，北魏攻上邽，赫连昌被擒，赫连定收集夏军残部数万人，一路逃奔至平凉（今甘肃平凉）即皇帝位，改年号胜光。

公元428年四月，赫连定派使臣到北魏，请求和解。拓跋焘下诏命令赫连定投降。同年五月，赫连定打算收复统万城，于是亲率大军向东抵达侯尼城，却不敢再向前进发，只好班师。公元430年九月，赫连定派其弟赫连谓以代攻击北魏城池。北魏平西将军、始平公拓跋隗归率兵反击，杀死夏军一万余人，赫连谓以代远逃。赫连定又亲自统率数万人截击拓跋隗归，留其弟上谷公赫连社干与广阳公赫连度洛孤驻守平凉。又派使臣出使刘宋请求和解，约定联合消灭北魏。拓跋焘得到消息，立即动员军队袭击平凉。同年十月，西秦乞伏暮末在北凉威胁下，派使臣王恺、乌讷阗出使北魏，请求派兵援助。北魏许诺把尚在夏国掌握中的平凉郡和安定郡封给乞伏暮末。乞伏暮末于是统率部众一万五千户，向东前往上邽。赫连定听说乞伏暮末前来，于是发兵抵抗，乞伏慕暮止步南安城。

同月，拓跋焘抵达平凉，上谷公赫连社干等人绕城固守。拓跋焘命赫连昌招抚他们，赫连社干等不听赫连昌的劝招。于是，拓跋焘派安西将军古弼等率兵直指安定。赫连定返回安定，率领步骑兵二万人向北增援平凉。途中与古弼军遭遇，古弼假装撤退诱敌深入，赫连定紧追不舍，拓跋焘派高车部落飞速增援，截击夏国军队，夏军大败，赫连定仓皇逃回，退守鹑觚原，布置方阵自保。北魏军队赶来团团围困赫连定。魏军围攻赫连定数日，切断水源和粮草运输线。夏国人马饥渴交加。公元430年十一月，赫连定率众冲下鹑觚原。北魏武卫将军丘眷截击夏军，夏军全军溃败，被杀一万多人。身负重伤的赫连定只身骑马逃跑，途中集结残兵败将，驱使百姓五万人向西退保上邽。魏军生擒赫连定弟丹杨公赫连乌视拔、武陵公赫连秃骨以及公、侯以下的贵族大臣一百多人。当日，魏军乘胜进攻安定，守城的夏国东平公赫连乙斗丢弃城池，逃奔长安，又强行裹胁百姓数千家向西逃往上邽。

公元431年正月，赫连定突袭西秦大将姚献，姚献军大败。赫连定又派叔父赫连韦伐率军一万攻打西秦乞伏暮末据守的南安城。时南安城中饥馑严重，军民无力自卫，乞伏暮末车载棺材出城投降。赫连定斩杀乞伏暮末，以及西秦皇族五百多人，劫持西秦百姓十余万，谋求夺取北凉国土。位于甘肃、青海之间的吐谷浑可汗慕容慕派益州刺史慕容慕利延、宁州刺史慕容拾虔统兵三万，乘夏军渡河截击，生擒赫连定，大夏灭亡。公元432年三月，慕容慕将赫连定交给北魏，北魏将赫连定斩杀。赫连定在位4年，生年不详。

二十二、北　燕

（407 年—436 年）

公元 407 年七月，后燕中卫将军冯跋杀后燕天王慕容熙灭后燕，立夕阳公慕容云为帝，国号燕，史称北燕。冯跋以侍中、征北大将军掌握实权。

慕容云原名高雲，为高句丽人后裔。公元 342 年前燕攻打高句丽后，高雲被迁徙至青山（今辽宁省义县）。后燕建国，太子慕容宝收高雲为养子，赐姓慕容。冯跋拥其即位后，又改回高姓。

冯跋为汉人，出身于长乐信都（今河北省冀州市）。其祖父冯和为避永嘉之乱，迁徙至上党（今山西省长子县）。其父冯安雄武有力，西燕皇帝慕容永以他为将军。西燕灭亡后，冯安举家东徙和龙（今辽宁朝阳）。冯跋素与慕容宝养子慕容云友善，慕容宝弟慕容熙称帝后为政暴虐，冯跋发动政变杀慕容熙，拥慕容云为天王，改年号正始。慕容云任冯跋为使持节侍中、都督中外诸军事、征北大将军，封武邑公。

北燕继承后燕领土统治辽西，与高句丽关系较前好转。但建国后，原后燕幽州刺史慕容懿投降北魏，使北燕与北魏关系日趋紧张。公元 409 年十月，高雲宠臣离班、桃仁杀高雲，引起混乱。冯跋平定混乱后，被拥立为天王，改元太平。

冯跋政权除冯氏一族外，主要由汉族构成。此时，来自西方强国北魏的威胁与日俱增，冯跋试图与东晋通好，并与当时控制蒙古高原的游牧民族柔然建立通婚关系，并与契丹、库莫奚（蒙古东部以狩猎游牧为生的民族）等北方势力建立交往，希望以此增加应对北魏的信心和力量。然而，从公元 416 年起，北魏开始对北燕进行军事打击。但由于北魏与大夏这个西部之患的争夺大战正在进行，北燕生存空间尚未受到特别挤压，这给冯跋留下十多年的执政时间。

冯跋统治时期，留心政事，革除后燕苛政，简省赋役，奖励农桑，惩治贪污，农业生产得以恢复；建立太学，选派二千石以下子弟入学读书，培养人才；推行胡、汉分治政策，设置大单于、单于四辅等官职，积极摄取鲜卑文化，谋求民族团结；改革殡葬习俗，提倡丧事从简，减轻百姓负担，北燕社会较为安定。

公元 430 年九月，冯跋患病后将国事委托于次子冯翼。冯跋妾宋氏意在立自己儿子冯受居即位，于是切断冯跋与外界的联系。冯跋弟冯弘奋起反抗宋氏，冯跋也因此事随即去世，冯弘继承天王位，改元大兴。

公元 431 年，北魏灭大夏，解除西部威胁的拓跋焘，经过精心准备和周密部署，于公元 432 年六月发兵伐燕，同时遣左仆射安原、建宁王拓跋崇等屯兵漠南（今蒙古高原大沙漠以南地区），以防柔然袭其后。七月，拓跋焘至濡水（今河北东北部滦河），遣安东将军奚斤征发幽州（治今北京城西南）民众及密云（今属北京）丁零族万余人运送军资，出南道会师于燕都和龙（今辽宁朝阳）。拓跋焘经辽西至和龙，收降北燕石城太守李崇等十郡。拓跋焘以其民3万人挖围堑困和龙。八月，北燕冯弘派数万人出城挑战，为魏昌黎公拓跋丘、河间公拓跋齐所击破，死万余人。魏平东将军贺多罗攻克带方（今辽宁义县北），抚军大将军永昌王拓跋健摧毁建德（今辽宁建昌西北），骠骑大将军乐平王拓跋丕攻破冀阳（今辽宁凌源境）。九月，拓跋焘引兵西还，徙营丘、成周、辽东、乐浪、带方、玄菟六郡民众三万家于幽州。其间任命在北燕继承权争夺中败北出逃的冯弘世子冯崇为辽西王，协助组建流亡政权，多头并举打击北燕。公元434年正月冯弘派使臣出使北魏，请求和解，被拓跋焘拒绝。两月后，冯弘派遣尚书高颙到北魏请罪，请求娶拓跋焘小女为嫔妃，拓跋焘同意，但要求冯弘送太子冯王仁入朝侍奉，冯弘拒不接受。散骑常侍刘训劝说冯弘同意送子入北魏，反被冯弘杀害。公元436年三月，拓跋焘诏令乐平王拓跋丕等人率兵前往征讨，情况日益紧张急迫，冯弘秘密派人联络高句丽请求归附。高句丽派将领葛卢等人率领部众迎接冯弘。于是，冯弘带着和龙城内的成年男女向高句丽逃亡。冯弘到辽东，高句丽遣使慰劳，冯弘以皇帝身份应答使者，高句丽便将冯弘安置在平郭，不久又让他迁往北丰。冯弘向来轻侮高句丽，事已至此仍趾高气扬。高句丽也不再客气，夺走冯弘侍从，扣冯王仁为人质。冯弘十分气愤怨恨，计划奔走南朝刘宋。时拓跋焘向高句丽征索冯弘，高句丽在北丰将冯弘及其子孙十多人全部杀死，北燕灭亡。北燕传 3 主，历 30 年，统治区域有今辽宁西南部及河北西北部一带。公元 436 年五月，北燕亡于北魏。

1. 惠懿帝高雲

公元 407 年七月，后燕冯跋立高雲为帝。高雲原为高句丽支庶，前燕文明帝慕容皝攻破高句丽，高雲随父高和被迁居青山。高雲深沉有器量，忠厚稳重，沉默寡言，时人以为其愚笨而疏远，冯跋惊异其见识志度，主动结交，成为好友。慕容宝为太子时，高雲凭武艺效力东宫，被慕容宝任为侍御郎。公元 397 年四月，慕容宝子清河公慕容会谋反，高雲率敢死壮士偷袭慕容会营寨，慕容会部众崩溃，被救一命的慕容宝任命高雲为建成将军，并收其为养子，赐姓慕容，封夕阳公。

后燕慕容熙荒唐无度，公元 407 年七月，后燕中卫将军冯跋和其弟侍御郎冯素弗、冯乳陈、堂弟冯万泥、左卫将军张兴以及荷进等 22 人，乘慕容熙出城送葬之机发动政变，拥立慕容云为帝，慕容云恢复高姓。高雲即皇帝位，高句丽国王派使臣到燕都龙城与高雲连亲叙宗，结为友好。

高雲自知无功而登大位，心中一直怀有恐惧。为防不测，即选拔、供养一批精壮武士护卫自己。最受宠信的卫士头目离班、桃仁日夜跟随左右，高雲每月赏其金钱数以万计，衣食住行几乎等同高雲。无度宠信挖深离班、桃仁欲壑，反致二人怨气满腹，暗动杀机。公元409年十月十三日，怀藏利刃的离班与桃仁来见高雲，离班乘高雲不备突然抽剑直刺，高雲举几抵挡，桃仁从旁助杀，高雲当场身亡。高雲在位3年，生年不详。

2. 文成帝冯跋

高雲被杀，冯跋诛杀肇事者，后自立为天王。冯跋为西燕将军冯安子，少时恭慎寡言，宽厚大度，勤于农事，深受父母钟爱。后燕慕容宝在位时，冯跋署中卫将军。慕容熙继位后，提升冯跋为殿中左监，后升为卫中郎将。慕容熙为政暴虐，曾有杀冯跋兄弟之意，冯跋兄弟遂逃匿深山。

慕容熙荒淫乖张，凶恶残酷，供其皇后苻氏享乐无所不用其极，百姓深受其害。尤以苻氏去世以后，慕容熙似疯似癫，逆乱天常，折腾官民，官僚百姓难以忍受。冯跋兄弟等22人借慕容熙为其宠后发丧之机发动政变，杀慕容熙，拥立高雲为帝。高雲任冯跋为使持节、侍中、都督中外诸军事、征北大将军、开府仪同三司、录尚书事、武邑公。

公元409年，高雲被近臣离班、桃仁杀死。冯跋杀离班、桃仁，平息事态稳定局势后，在昌黎继天王位，建年号太平。冯跋初继位，弟冯万泥、冯乳陈自以为人亲功大，应入朝廷为三公辅相，冯跋以两个藩国责任重大而将其外任，二人心生怨恨，于公元 410 年领军反叛。冯跋派冯弘和将军张兴率领二万步兵骑兵讨伐，平息叛乱。

冯跋在位期间，整顿朝政，肃清吏治，勤于政事；劝课农桑，省徭薄赋；设立太学，重视教育；巩固统治；提倡俭办丧事，减轻百姓负担；分派使者巡行郡国，凡孤寡老人或久病难以痊愈者，给予粮食布帛救济；凡有孝悌、努力耕田或举家和顺者，都进行表彰，昌黎郝越、营丘张买成、周刁、温建德等因为贤良，得到选拔授官；任命太子领大单于，设置四辅，重视鲜卑文化，善待和管理鲜卑民众，谋求民族团结；为利国利民，主动与柔然、契丹、东晋交好，柔然可汗郁久闾斛律派使者献来三千匹马，要求娶冯跋女乐浪公主。虽然远隔千里，冯跋仍派游击秦都率领二千骑兵送女嫁予郁久闾斛律；库莫奚虞出库真献马千匹，率领三千多部落前来请求通商互市，冯跋将他们安置在营丘。于是，北燕朝廷内外勤于政务，社会较为和睦安定。

公元 430 年八月，冯跋病重，征召中书监申秀、侍中阳哲来到寝殿嘱托后事。九月，冯跋病情加重，乘辇登金銮殿，令皇太子冯翼主持朝政，统率全国军队。冯跋妃宋夫人意在立自己儿子冯受居继位，劝说冯翼皇上在世时不必急于君临天下。冯翼性情文弱仁厚，听宋夫人话后退回东宫。之后宋夫人假传圣旨，不许朝廷内外官员进宫探病。中给事胡福将宋夫人图谋报告于司徒、录尚书事、中山公冯弘。冯弘率领武士闯进后宫，一时冯跋病床周围剑拔弩张、血雨腥风，躺在病床上的冯跋突遭如此惊吓，一时气绝身亡。冯跋在位 22 年，生年不详。

3. 昭成帝冯弘

冯弘逼宫，冯跋去世，冯弘乘势来到金銮殿，登上大位。冯弘为冯跋弟，公元 407 年八月，高云任命冯弘为征东大将军，兼任中领军，封为汲郡公；公元 409 年十月，高云被杀，冯跋继位，任命冯弘为尚书左仆射。公元 410 年十二月，广川公冯万泥与上谷公冯乳陈谋反，冯跋派冯弘与张兴带兵两万前去征讨，成功平叛，冯跋任命冯弘为骠骑大将军，改封中山公，内掌宫廷禁卫，外管朝廷政事。

公元 430 年九月，冯跋病重，命太子冯翼主持朝政，统率全军。冯跋妃子宋夫人为立自己儿子，施计让冯翼回东宫，宋夫人假传圣旨封锁消息。冯弘率领武士闯进后宫，惊吓中冯跋去世，冯弘篡位，派人宣告百官中入宫朝见者进级二等。太子冯翼统率东宫卫队出宫抵抗，大败，冯弘逼迫冯翼自尽。冯跋所生一百多个儿子，尽被冯弘杀害。

公元 432 年八月，北魏太武帝拓跋焘亲自率兵征讨北燕，冯弘固城自守。九月，北燕所辖营丘、辽东、成周、乐浪、带方、玄菟等六郡全都投降北魏，拓跋焘迁北燕三万多户人家到幽州。尚书郭渊劝冯弘向北魏投诚归附，并进献女儿入朝，请求做北魏的附庸，以保全自己的王位，被冯弘拒绝。

冯弘继位后废掉原配夫人王氏，废黜王氏所生长子冯崇，立后妻慕容氏所生冯王仁为太子。冯崇同母弟冯朗、冯邈逃出奔往辽西，与冯崇归降北魏，北魏太武帝授冯崇侍中、都督幽、平二州东夷诸军事、车骑大将军、幽、平二州牧等职，封为辽西王。冯弘派将领封羽率领部众围攻冯崇，封羽献城投降北魏。

公元 436 年五月，太武帝令乐平王拓跋丕率兵征讨冯弘，情况日益急迫，冯弘密派使者请高句丽迎纳。高句丽派将领葛卢率部众迎接冯弘，冯弘与龙城男女启程前往高句丽。

冯弘行至辽东，高句丽遣使慰劳。冯弘以皇帝身份应答使者，高句丽安置冯弘于平郭，不久迁往北丰，夺走冯弘侍从，扣冯弘太子冯王仁为人质。冯弘十分怨恨，计划奔走南朝宋。时北魏太武帝向高句丽征索冯弘，高句丽见冯弘已经无用，于公元 438 年三月在北丰杀冯弘及其子孙。冯宏在位 7 年，生年不详。